戦前北海道における 中等教育制度整備政策の研究

― 北海道庁立学校と北海道会 ―

大谷 奨 著

学文社

戦前北海道における中等教育制度整備政策の研究
― 北海道庁立学校と北海道会 ―

目　次

序　章　本書の意図と課題	1

　第1節　研究の対象　　1
　第2節　本書の課題　　5
　第3節　研究の方法と対象　　11
　第4節　先行研究の検討　　14
　第5節　本書の構成　　22

第一章　第一回北海道会における庁立学校整備論争 　　　　　―小樽中学校の設立をめぐって―	29

　第1節　北海道会の開設とその意義　　29
　第2節　第一回北海道会における普通教育／実業教育論争　　32
　第3節　建議という戦略と院外での活動　　40
　第4節　第一回北海道会とその影響　　48

第二章　中等普通教育機関と地元負担 　　　　　―上川中学校と函館高等女学校の設立をめぐって―	53

　第1節　建議と道会の主導権――第一回北海道会の影響　　53
　第2節　第二回北海道会と上川中学校　　55
　第3節　第三回北海道会と函館高等女学校　　65
　第4節　庁立学校と地元負担　　73

第三章　第五回北海道会における中等教育機関増設計画とその決定過程	79

　第1節　複数校一括審議という方法　　79
　第2節　諮問の性格と道会の反応　　81
　第3節　道会に対する反応　　89
　第4節　答申案をめぐる論議　　93
　第5節　諮問の通過とその意義　　97

第四章　明治末期の北海道における庁立学校整備政策 　　　　　―道庁による統制から地域による選択へ―	105

　第1節　明治末年の中学校増設　　105
　第2節　1905年道会答申の実施経過　　108
　第3節　釧路中学校と小樽商業学校の遅延　　112
　第4節　第十一回北海道会における庁立学校増設案　　118

第5節　庁立学校の整備と地元負担　122

第五章　大正期における北海道庁立中等学校整備政策　　129
　　　　　―1921年答申に注目して―

第1節　大正期における中等教育機関の増設と北海道　129
第2節　大正前半における中等教育機関の整備状況　132
第3節　1921年北海道会における諮問とそれに対する答申　138
第4節　増設計画の頓挫と移管方式への着目　143
第5節　余市，留萌中学校の庁立移管　147
第6節　大正期北海道における中等学校の増設　151

第六章　昭和前期の北海道における公立中等学校とその移管問題　161

第1節　昭和戦前期と道内の公立中等学校　161
第2節　北海道内における女子中等普通教育　163
第3節　設置理由・変更理由の分析　167
第4節　町立学校から庁立学校へ　174
第5節　中学校への援用　180
第6節　庁立移管の意味　182

終　章　研究のまとめと今後の課題　187

第1節　本研究のまとめ　188
第2節　本研究の成果　194
第3節　今後の課題と展望　200

あとがき　209
索　　引　215

序　章

本書の意図と課題

第 1 節　研究の対象

1．問題の所在

　本書は，1901（明治 34）年に発足した北海道会（以下，単に道会とも）における議論を主たる手がかりとして，戦前の北海道における公立中等教育機関の整備過程を検討する。それにより，戦前日本において複線型の中等教育制度を構成していた中学校，高等女学校，実業学校が，互いにどのように関わり合いながら設立されていったのかをより包括的に把握しようとするものである。

　同時にそのような戦前の公立中等教育機関の大半が府県立（本書では北海道庁立。以下，単に庁立とも）という設置形態をとったにもかかわらず，実際には新設費用の多くが地元負担によって賄われていたことに着目し，なぜ道庁府県立施設に地元の財産が宛てがわれるようになったのか，その行為が自明視されてゆく背景にはなにがあったのかを考察する。

　周知のように，日本において近代的な公教育制度が整えられる初期段階では，まず初等教育の普及と高等教育の整備が優先された。そのため中等教育は人民自為のこととされ，国の政策としてはいわば後回しとなった。実際，当初の中学校令（1886（明治 19）年）は「中学校ハ実業ニ就カント欲シ又ハ高等ノ学校ニ入ラント欲スルモノニ須要ナル教育ヲ為ス」と規定して，「又ハ」という形ではあるものの，上級学校進学のための準備教育と，社会にでるための職業教育・

完成教育という中等教育の二つの役割を中学校という単独の教育機関が担うことを想定していた。喫緊の課題でなければこのような包括的な目的規定でもさほど支障は生じないかもしれないし，むしろ中等教育の機能を一つの学校に集約させようとしていた点で，今日的な規定であるともいえよう。

これが問題となるのは，就学率の上昇により義務教育段階の初等教育とそれを引き継ぐ中等教育とが制度上のみならず，実質的にも接続を深めてゆく明治中期以降である。すなわち1899（明治32）年の中学校令の改正と実業学校令，高等女学校令の制定により，性別や目的別の教育をそれぞれの学校が提供するという戦前の中等教育制度が本格的な整備期を迎えることになるのである。

このいわゆる三勅令によって完成する戦前の複線型教育制度は，教育機会均等の観点からしばしば批判的に評価されており，また後述のように先行研究の多くはこの複線を構成するそれぞれの学校種に関心を寄せてきた。しかしたとえば，中学校の設立が高等女学校の新設機運を高める，といった学校種相互の影響関係やこれらの諸学校が全体としてどのように整備されていったのかを考察することは，中学校，高等女学校，実業学校がその後中等学校として一元化され，戦後の新制高等学校の母体となっていることを考慮すると極めて重要な課題といえる。ここではそれを，三勅令とほぼ同時に中等教育機関の本格的整備が進められることになった北海道において考察する。

一方，先ほどの人民自為と関わって，中等教育機関（中学校）が当初さまざまな設置主体によって維持運営されていたこともよく知られている。しかし後に政府は方針を翻し，中学校については府県を設置主体とするという「府県立中学校本体観」によって明治10年代後半に設置者の整理を進めていく[1]。「明治初年からの慣行」として「大学は国でやる，それから初等教育は市町村でやる，それから昔の中等学校ですね，中学校，高等女学校，これは今の高等学校に当たりますが，それは府県団体でやるという」国と自治体との役割分担についての「暗黙の伝統」[2]については夙に指摘されているところであるが，府県が中等教育機関設置の主体であるという考え方の定着には，この中学校正格化の動きが関わっているといえよう。

しかしこの府県本体論が速やかに浸透したとも言い難い。確かに中学校令は「尋常中学校ハ各府県ニ於テ一校ヲ設置スヘキモノトス」と校数を一校に制限した上で府県に設置を促すものであったが、同時に、中学校令とともに制定された諸学校通則によって、寄付された私立中学校を「府県立ト同一ニ之ヲ認ム」という府県管理中学校という設置形態が認められており、この措置によって廃校から免れた中学校も少なくなかった[3]。これらの学校のほとんどは、1900（明治33）年の諸学校通則廃止に伴いその後県立中学校となっている[4]。

 さらに、町村立学校としての経営が不可能になったものの、私立学校として存続し、その後県立に移管していった事例もある。たとえば新潟県立長岡中学校（現、新潟県立長岡高等学校）は「町村立長岡学校」として運営されていたが、中学校令の制定により「区町村費を以て尋常中学校を設置する能はざることとな」ったため「私立長岡学校」として存続を図り、その後「郡立長岡尋常中学校」という形態を経て1900年に県立中学校へと移管している[5]。つまり中等教育機関の設置は府県が行うという慣行が文字通り慣行として定着していったのは1900年前後からということになろう。

 ところが、この慣行が広がっていくと同時に、その府県立学校の設置に際し、後述のように新設費用の多くを地元自治体や住民が負担するというケースが往々にして確認される。現在の学校設置者に関する理念をこのような地元負担に厳密に当てはめるならば、設置者負担主義からの逸脱を指摘することができよう。換言すれば、府県立施設に地元の財産を供出することは、その学校が誰の学校であり、そして誰のための学校であるのかという問題を極めて複雑なものにするのである。無論、このような地元負担について批判がないわけではなかったが、それでも結局は多くの県立学校の新設には地元負担が伴った。あるいは、府県立学校を本則とするという学校設置者観が、地元に支持された結果、その支持の具体的表現として寄付が行われ、またそれが自明視されていったのかもしれない。

 本書では、北海道庁立学校設置に伴い通例化していた地元負担に関する論議を検討することで、中等教育とりわけ非義務教育の学校は誰によって設置され、

誰によって運営されるべきと考えられていたのか、そしてそのための費用は誰が負担するべきと考えられていたのか考察してみたい。

2. 対象としての北海道

中学校令や高等女学校令ではこれらの学校の設置義務を府県に課していたことから、中等教育機関の整備については道庁府県といった地方政府のレベルでもっとも活発に論議されることになる。本書が地方議会における議論に注目する所以であるが、その際、北海道の地方政府、地方議会を考察の対象とするのは以下の理由によっている。

周知のように、北海道は1869（明治2）年の開拓使設置以来、地方予算を議決する北海道会が1901（明治34）年に発足するまで、長く地方自治制度の埒外に置かれていた。この道会設置以前の道内の中等教育機関はほぼ未整備の状態であったといってよく、この道会の発足と同時に本格的に着手されることになる。一方、上述のようにそれまで全国的に安定していなかった中等教育制度については、1899（明治32）年の三勅令によって性別や目的別の教育をそれぞれの学校が提供するという複線型をもって展開されることとなった。つまり北海道における中等教育機関の整備とそれをめぐる地方議会での論議は、中等教育制度の法制が整ったのとほぼ同時に開始されることになり、北海道会においては、その複線型を前提としつつ、いわば白地図上にどの学校を、どこに、どうやって、どのような順序で設置してゆくかという論議が比較的明瞭な形で展開されている可能性が高い。そのような論議からは当時の日本の中等教育制度観ないし制度整備観を端的にすくい取ることができるのではないかと考えるのである。

その一方、いったん着手されると道内の拓殖開発は急速に進展し、それは学校教育にも及ぶことになる。1900年前後には50～60％と低迷していた道内の小学校就学率はその後急速に全国平均に追いつき、明治末期には98％を超えるまでになる。これに伴い、道会発足以後、庁立中等教育機関の開設も相次ぎ、大正末期には中学校18、高等女学校8、実業学校12の設立をみるに至っている。この模様は典型的には「拓殖の進運に伴ひ、小学教育の普及を図り来れる結果、今や僻陬の地と雖も教育機関の施設を見ざるは無く、殊に明治三十四年地方費

法実施以来，向学の機運は続々中等学校の設置を促したり」と表現され[6]，他府県から遅れていた分，迅速な普及という側面が強調されることになる。

もっとも，その「長足の進歩」[7]の背後には，たとえば，簡易な教育の提供によりアイヌ児童[8]や新開地の子弟を学校教育に包摂することで就学率の底上げを図ろうとする進歩を演出するための操作が認められるのであるが[9]，それも含めて北海道庁が他府県に比肩するための方策を積極的に打ち出すようになったのも明治30年代であり，北海道会開設時期とほぼ重なっている。

本書が考察を試みるような，複線型を構成する諸学校が徐々に一括して捉えられていく傾向や，道庁府県立学校の設置に際し地元負担が常態化し，次第にそれが当然視されていく過程は，それほど劇的に現れるとは考えにくく，それらの捕捉には長期にわたって同一地域を経時的に観察してゆく手法が有効であろう。後発でありながら急速なテンポで中等教育機関が整備されようとしていた北海道では，時間的に凝縮されているぶん，道庁当局や議員の発言から中等教育制度の整備やそれに伴う地元負担の問題に関する認識やそれらの変化を把握しやすいと考えるのである。

このようないわば後発性と急進性に加え，北海道に着目する理由として，後述するように研究遂行上もっとも重要な資料である『北海道会議事速記録』が第一回通常会から完全な形で残されていることもあげておきたい。北海道会は地方議会としては唯一初回から速記を入れており，道庁の政策の意図や，当局者と道会議員双方の中等教育制度の整備に関する所見や判断を地方議会発足当初から継続的に確認することが可能となっている。しかも本会議に留まらず，予算委員会に相当する調査委員会の速記録もほぼ整っており，より詳細に議論の行方を確認することができることも付言しておきたい。

第2節　本書の課題

1．戦前における複線型中等教育制度の考察

中学校令の改正，そして実業学校と高等女学校に関する勅令の制定が同時に

行われたのは象徴的であった。改正により中学校は単に男子の高等普通教育を担う機関として再規定され，その目的からは進学または就業のためといった進路先の提示が消えた。対して新たに制定された実業学校令が実業学校を「実業ニ従事スル者」を教育する学校であると自己規定することで，中学校の「高等普通教育」の内実は，進学準備とほぼ同義と受け止められることになる。またその男子の高等普通教育に対し，二つの勅令に1日遅れで制定された高等女学校令は，従前の中学校から女子の高等普通教育機関を独立させるものであり，これにより男女別に中等教育機関が整う。かくしてこの三勅令により，初等教育修了者がさらに進んだ教育を受けようとしたならば，男子普通教育機関である中学校，女子普通教育機関である高等女学校，そして実業教育機関である実業学校に分岐されるという中等教育制度の複線化が成立することになる。

　この複線的な中等教育制度の成立については「原理的には整合性をもたずに，『高等普通教育』と『実業教育』，さらにその『高等普通教育』が男子と女子とに，それぞれ種別された構造を備えて」おり，「広範なプール（小学校）から最頂点（大学）に至るまでに人材選別をかたちづける機構としての日本の中等教育がもつ歴史的問題性の原型の発足を意味していた」と評価されることもある[10]。つまり，「中等教育の全体構造とのかかわりでみるならば，実業学校は中学校の亜流，中等教育の傍系として位置づけられるようになったといわねばならない。いわゆる複線型学校体系の問題である」といったように[11]，複線化によって生じる教育機会の区分けが批判的に捉えられることになるのである。

　しかし複線型学校制度についてはこのような指摘がある一方，この制度を構成していた中学校，高等女学校，実業学校が戦前一貫して量的拡大をたどってきたこと[12]，そしてその拡大が進む中で，これら分立していた中等教育機関の一元化が議論されてきたことも忘れてはならないだろう。大正以降昭和にかけて，これらの学校を束ねる「中等学校」という通称が一般化していくことや[13]，実際に中等学校令（1943（昭和18）年）の制定により不完全ながらも中等教育の一元化が制度的に達成されたことにその模索のあとを確認することができる。さらに戦前の中等教育制度が戦後の後期中等教育制度の発足を促したこ

とも無視できない。旧制中等学校の多くが新制高等学校の母体となったこと，そしてその高校自身も年史を編纂する際自身の発祥を旧制学校に求めていることを考えると，単線型を標榜して発足した新制高等学校と戦前の複線的な中等学校との間に何らかの連続性を認めなければならない。

そうすると，まず戦前における中等教育制度がどのように発達したのかについて，この複線的な系統を構成していた中学校，高等女学校，実業学校それぞれの学校の発達もさりながら，それらをできるだけ包括的に捉えながら考察することが重要となる。男子の普通教育機関の設立が，女子普通教育機関の必要性の自覚を促し，普通教育機関の充実がそれに歩調を合わせた実業教育機関の整備意欲を引き出すかもしれないからである。本書の課題の一つは，北海道における北海道庁立中等教育機関の整備過程を検討することにより，戦前の中等教育制度が複線型という枠組みの中でどのように整備されていったのかを考察することである。

２．中等教育機関の設置と地元負担の問題

ところで上述の三勅令は，府県に中学校と高等女学校の設置義務を課し，また実業学校の設置も促していた。そのため，これらの学校の設立には中間自治体である府県が大きく関与することになる。これが本書において北海道庁立学校に注目する所以であるが，さらにそのような自治体の中等教育制度に関する行政意志は，教育費予算という形で地方議会に提示されることになるため，これにより府会，県会そして本書における検討対象である北海道会は，学校の設置方法やその順番をめぐる論争場所となる。

このような地方議会においては，学校の設置は鉄道や行政機関といった他の公共施設と同様に，地方利益の問題として捉えられやすい。ために中等教育機関の設置に関する論争が，各地での誘致運動を背景にしながら，地方政府と地方議会の相互不信や，地域どうしの深刻な対立にまで発展することは現在でもしばしばみられる。その背景として，まずは中等教育を受ける機会の要求というシンプルな動機を読み取ることができる。しかし，たとえばそれが近隣どうしでの争いとなった場合，通学が可能であるならどちらでもよいとはならず，

まさに自分たちの市内や町内に中等教育機関が設立されるというその意味に重要性を見出しながら対立が先鋭化してゆくことに注目しなければならないであろう。つまり，中等教育の施設は，教育機関であると同時に，その設立によって当該地の市勢や町勢などが示されるような象徴的機関として取り扱われる，という傾向に注意しながら増設過程を検討する必要があるといえる。

　その象徴的側面がいかに重い意味を持っていたのかは，中等教育機関が増設される際，道庁府県立であるにもかかわらずしばしば開設費用の多くを地元が負担していた，という学校設置者とその費用負担者の齟齬に表れているといえる。他地域との競合の中で教育機関を誘致するために，県立施設の費用を担うことをあえて受忍したわけであり，その態度が当該地における学校設立の意味を強調することになるからである。そのため，地元の費用負担については，設置費用の地方転嫁として問題視されるよりも，その経済的な困難を敢えて被りそして克服した，という篤志的行為として語られる傾向がある。

　たとえば，茨城県立水海道中学校（1900年分校として発足し，1902（明治35）年に独立。現，茨城県立水海道第一高等学校）の創立にあたっては地元水海道町が「中学校に敷地を『献納』し」ているが，これは「相当な負担」であったと『水海道市史』は述べ，しかし「それにも拘わらずこうした多額の町費を投じた意味」について，「こうした中学を置くことが町の名誉であり，将来は必ず町の発展に寄与する所が少なくないとしてのことであったろう」と忖度している[14]。

　同様に『十日町市史』も，新潟県立十日町中学校（1926（大正15）年開校。現，新潟県立十日町高等学校）設置に際しては，地域が県に向けて陳情を重ねるとともに，「地元の受入態勢を固めるため，郡内町村でも地元寄付金として一〇万円の拠出を決定し，また十日町も用地九〇〇〇坪（約三万平方㍍）の提供を議決するなど，八方手をつくし」たと伝えている。そして中学校の開校はこうした「地元の一体となった努力が功を奏し」た結果と捉えているのである[15]。このような献身性は必ずしも現在に至っての事後評価としてだけではなく，誘致に際しての「建設費ヲ寄納スルガ如キハ固ヨリ辞スル所ニアラザルナリ」という当時の「県立中学校設置請願」からも確認できるのである[16]。

一方で，寄付を受ける県側もそのような自発的負担を期待していた節が濃厚である。上の十日町中学校に関する請願に対し，新潟県は「県立中学校設置ニ関スル条件」として九千坪の敷地と十万円の寄付を提示してこの「条件ヲ承認セラルルニ於テハ大正十五年度ニ於テ新設ノ事ニ内定」するとの通牒を十日町に発している[17]。また，福島県立喜多方中学校（1918（大正7）年開校。現，福島県立喜多方高等学校）の設立に際して，喜多方町会が「中学校ヲ本町ニ設置ノ希望ニ付県ノ慣例ニ依リマシテ敷地及建築費ノ幾分ヲ寄附スル必要」があるために招集されている[18]。

しかし，道庁府県立学校の設置に際して地元負担が伴うのは，やはり平仄が合わないというべきであろう。にも関わらず喜多方町はこれを自明と受け止め，「県ノ慣例」としてこれを甘受している。これについて福島県の中等教育機関の拡充過程を研究している山谷は，「設立地の郡市町村が施設設備費の全部あるいは一部を負担することは全国的に見て珍しいことではなく，福島県でもこうした方法が従来から採られてお」ると述べているが[19]，なぜ珍しくないのであろうか，あるいはどのようにして珍しくなくなっていったのであろうか。

本書の課題の第二は，道庁府県が設置者である中等教育機関の設立にどのように市町村が設置費用を負担するという形で関わることになっていったのか，そのプロセスを解明することである。

3.「庁立（県立）志向」とその背景

そしてその地元負担の受忍を支えたものはなにか，これを析出することが本書の第三の課題である。これについては，あらかじめ見通しを述べておいた方がよいであろう。

大正以降から昭和の終戦に至るまで，全国の公立中等教育機関の数はますます増加していった。地域の中等教育に対する要求の高まりを示しているといえるが，道庁府県がそれに対応できなくなった際，市町自らが中学校や高等女学校の開設に踏み切る場面が確認される。しかし多くの場合，それは暫定的措置であり，いずれ道府県に移管されるであろうことを予定して市町立学校が設置されていたように思われる。ところで，市町立の中学校や高等女学校を県立に

移管することは，市や町の費用で開設した学校を県に譲り渡すことであり，もし無償で移管されたのであれば結果的には地元負担で県立学校を設けたことと同じ意味となる。

そのため移管の動機を確認することは，地元が県立学校を設置してもらうために経済的な負担に応じた背景を探ることにつながる。

移管を経験した学校の歴史は，県立学校誘致の場合と同じように，苦労とその克服の過程として記憶されている。たとえば香川県立津田高等学校の場合，その前身は1929（昭和4）年に開設された津田町立高等女学校であった。そして「創設以来の念願であった県立移管が」実現したのは1942（昭和17）年であるが，そこに至るまでには「農村疲弊などの苦難を乗り越え」「ひたすらに内容の充実をめざした職員生徒一丸となっての血のにじむような努力」があったと記されている[20]。では，その努力を県立移管まで保ち得た原動力はどこにあったのか。移管に携わった当時の校長は以下のように懐古している。

　生徒募集が非常に困難であったという理由の一つには，当時の家庭では，やはり町立学校では卒業したにしても「嫁にゆけない」というほどの風評があったわけなんです。そしてやはり，県立高女へと逃げるんです。何とかそれをひきとどめようとしましたね。それにはまず学校の実績をと頑張ったわけです[21]。

つまり，このような町立の中等教育機関を敬遠する風潮を超克しつつ，教育機関としての威信を発揮して地域からの信頼を獲得するためには，自らが県立学校となる必要があったといえる。これをさしあたり設置者についての「県立志向」と捉えておこう。

この県立志向は，生徒によって次のように表現されることもあった。

　私が本校に入学した頃は，まだ郡立の実科高等女学校でありましたので何となく県立の高等女学校に圧される様な厭な気持もありましたが，二学年の時

高等女学校に変り，昨年から県立になりました。校門に書き改められた標札がかかつた時，私たちはどんなに狂喜したことでせう[22]。

郡制廃止に伴う県立移管は全国規模で比較的円滑に進んだことや，ここには実科から本科へ組織変更されたという感概が混在していることを考慮したとしても，「県立」に「圧される厭な気持」が県立移管によって見事に解消されている様をうかがうことができる。

この県立志向は，北海道において庁立学校の増設を論議する際，また市町立学校の移管を検討する場合に「庁立志向」として確認されるであろう。本書では，この庁立志向の存在を指摘することによって市町村が地元負担に応じたメンタリティを説明することとしたい。

第3節　研究の方法と対象

1．北海道会と北海道会議事速記録

本研究では，北海道会において交わされる北海道庁当局者と北海道会議員の議論やその背景にある文脈を検討することにより，上記の諸課題の解明につながるような中等教育制度観，増設方法に関する考え方，地元負担を支える動機などへの接近を試みる。そのため，『北海道会議事速記録』はもっとも主要な資料となる。

北海道会の発足は1901（明治34）年のことであるが，先述のように「地方議会で第一回の会議から速記を入れたのは北海道会を以て嚆矢と」[23]されている。後ほどに発言の取り消しがあったり，議案の関係上速記が中止されることがしばしばあったにしても，議会発足時からの中等教育制度をめぐるやりとりをほぼ肉声に近い形で残している速記録の存在は貴重である。さらに，よりいっそう現実的な論議が展開される議案等調査委員会（実質的には予算委員会）の筆記録・速記録も初回道会から残されている。本研究の遂行に際しては，1901年の第一回通常会から1945（昭和20）年の第四十五回通常会までの議事速記録を

縦覧し，庁立学校の設置や中等教育のあり方，そしてその際の費用負担の方法に関する議論を収集した。

　ここで北海道会の特質について若干敷衍しておく。1901 年に成立した北海道会法によると，議員の任期は 3 年（後に 4 年）であり，北海道会は北海道地方費の歳出入予算，地方税の課目率を議決することとされていた。当初は参事会の規定がなかったこと，そして道庁長官の専決事項が多かったことから，他の府県に比べると自治権限は弱かったとされている。ただこれは裏返すならば，参事会という事前の調整機関がなかったことで，本会議においてより根本的な議論が交わされたり，長官の権限が大きかった分，そこでは道庁の教育方針の意図がより明瞭に現れる可能性もあることになる。

　また道会発足時，道内には政友会の支部しかなかったため第一期で当選した議員の大半は政友会系であったが，逆にこれにより，初期の道会は党派性の薄いものとなった[24)]。むしろ従来道庁が保護し続けてきた農業がこの時期ようやく盛んとなり，その生産額が漁業を追い抜くまでに成長する。これを根拠に，漁業関係者は北海道会に水産税の軽減を求め，初期道会は水産税軽減をめぐって農業関係者（陸派）と漁業関係者（海派）に分かれて争われることとなった。地方政府が産業別の利益代表の競合からスタートしたことは，他の府県会と異なる点といえる[25)]。

　この党派性の不在は，北海道会における「大体明治期の特徴」といわれており，期を重ねるにつれ選挙運動は激しくなっていったが，政党間の争いはほとんどなかった[26)]。むしろ明治後半には政友会系議員が道政調査会と同志会に内部分裂し，両者で激しい多数派工作が展開された。そのため，教育機関の誘致といった地方利益の獲得が地方間で争われる場合，政党内部での会派間がしばしば衝突することになった。その後大正期には立憲同志会の隆盛により，対立する政党間で論争するという他府県の地方議会の状況に近づいてゆくのであるが[27)]，特に明治期の道会を分析するに際しては発言する議員がその時点でどのような会派に所属していたのかに注意する必要がある[28)]。

2．地方新聞と行政資料

　また議会運営において，事前の内示や実際の議決の落としどころの調整，議論紛糾時の交渉や会派間の多数派工作といった院外活動が盛んであったことはよく知られるところである。北海道会もその例外ではなく，議会内での発言や議案の成否のみからでは表層的な考察に留まるおそれが強い。このため道会開催前からの道庁や議員の動き，会期中の彼らの動静，そして道会終了後の行動や発言などを報じている新聞記事に着目することとした。新聞の報道内容が道会内の動きの解説となり，またその報じ方が中等教育に関する，たとえば普通教育と実業教育のどちらを優先すべきか，道内一円にどのように中等教育機関を配置していくべきか，その際の費用は誰がどのように担うべきか，といった世論を一定程度反映していると考えるからである。

　むろん中等教育機関の設立は地方利益の問題でもあることから，新聞自体が世論を形成するために積極的な報じ方をする場合も考えられる。そのため研究を進める際，可能な限り複数の新聞を閲覧してその記事を収集することに努めた。研究でもっとも多用したのは戦前において全道的な新聞であった『北海タイムス』であるが，当紙は同時に札幌の地域紙という性格も持っており，小樽，函館，釧路といった地域の中等教育機関設置についてはつとめて中立的，時として無関心でさえあった。したがって『小樽新聞』『函館日日新聞』『函館毎日新聞』『函館新聞』『釧路新聞』といった道内有力地域の地方紙も活用している[29]。

　さらに後年になると，参事会が設置 (1922 (大正11) 年) されたことで，本会議や調査委員会での論議は，あらかじめ参事会で了承された事項の追認や最終調整の場所となっていくため，初期ほどにはそこから本質的な論議や整備過程の詳細をうかがうことは難しくなっていく。加えて，昭和期の庁立中等教育機関の大半は，もともと市町立で開設した学校を庁立移管したものであった。道会では地元を代表して移管を求める発言が繰り返されているが，最終的には道庁と自治体とのあいだで移管に関する話し合いがつけば，ほとんどの場合移管に伴う予算事項は参事会の専決として委任してしまうため，移管過程の捕捉は

速記録のみでは難しい。

そこで本書では，移管が文部省の認可事項であることに着目し，行政文書から移管のプロセスを拾い上げることとした。すなわち国立公文書館に所蔵されている「設置廃止（位置変更）に関する許認可文書・中学校・北海道」等の簿冊には，当該学校が移管をしている場合，費用負担者変更に際しての申請書類が綴じられており，その文書類からはもともとの設置者である市町と移管を引き受ける北海道庁の双方が示す移管理由やその際の条件，さらにそもそも市や町が自ら中等教育機関を設置した動機や道庁がそれを認めた背景などを知ることができるのである。この国と地方の文書のやりとりを綴じた公文書館の簿冊類を，北海道内における庁立学校整備過程とその結果生じることになる地元負担を検討する有力な資料として取り扱うこととしたい。

設置者の移管は庁立学校設置に際しての，時間的なズレを伴う地元負担の問題として捉えることができる。同時に，明治大正期には道内の各地域が庁立学校をめぐって激しい誘致競争を繰り広げているが，昭和期に入るとそれは移管運動として引きつがれているといえる。そのため，速記録のみからそれらを浮かび上がらせるのは困難だったとしても，戦前を通じて中等教育制度の整備に対して，北海道会という地方議会の役割は大きかったといえよう。

その意味で，本書は，戦前の中等教育機関や中等教育制度が整備されていく模様を地方議会の動向に注目して検討する試みであるといえる。

第4節　先行研究の検討

本書はこのように，地方議会の動向に注目しつつ戦前の中等教育機関や中等教育制度が整備されていく過程を検討しようとするものである。そこで先行研究として，戦前の地方議会を検討の対象としている――具体的には府県議会会議録，県会日誌の類を主要な資料としている――中等教育研究の動向を確認しておく。

1. モデルとしての京都府会研究

　地方議会の論議を正面から対象に据え，議会内での教育関係全般の論議を考察したもっとも大がかりな研究成果としては，本山幸彦編『京都府会と教育政策』(1990年，日本図書センター)がまずあげられよう。本山らは「地方教育史研究には，府県会の教育議事を中心課題に据えることなど，ほとんど考慮にのぼらなかった」当時の研究状況のなかで，「京都府当局と府会の攻防を分析し」「地方における教育政策形成過程の実際を明確にしようと」試みている（まえがきiv）。本書は地方議会を分析対象とした研究のさきがけであり，「今後各地で着手される地方議会の教育史分析のひとつのモデルとなろう」と評されるものであった[30]。確かに現時点においても，明治期という期間を定め，一つの道府県を対象として教育議題全般を検討した著作は他に見当たらない。それはその作業量が膨大なものとなり，なかなか簡単には着手できないためであるが，共同研究という組織がそれを可能にしたといえる。

　しかしその一方，「多岐的観点を多数の執筆者で執筆したばあい，序章に課せられた使命は重い」としてその「『序章』の出来は不十分の感をまぬがれない」[31]という論評もなされている。この評価は「序章」に対して厳しすぎるかもしれないが，「気づかざるを得ない点は，序章の『構図』と各章の分析とのずれである」[32]とも評されていることからすると，研究枠組みや問題意識の共有が必ずしも十分ではなかったという限界も指摘できよう。

　しかし，たとえ執筆者によって論調が異なり，全体的なまとまりが弱いという憾みがあったとしても，広く地方教育全般についての地方議会での議論を検討した本書の意義は大きい。というのは，その他多くの研究は，地方議会を分析対象としても，複線型の中等教育制度を念頭に置きつつ，まずは中学校，高等女学校，実業学校といったそれぞれの学校へとその問題関心を向けているからである。中等教育をトータルに捉えようとした研究は本山らの著作以外にはほとんど見当たらない。

2. 先行する明治20年代以前の中学校研究

　ただ，個別に研究が進められているという事情にはそれなりの理由を見てと

ることもできる。三つの中等教育機関のなかでもとりわけ中学校，それも明治20年代までの中学校教育やその制度についての研究が盛んであるが，そこにはやはり学制以降，中等教育機関の最初の形態である――したがってやがて様々な形で発現する中等教育の課題を抱え込んでいるであろう――中学校そのものを問うことがまず必要であるという問題意識があるのであろう。

　新谷恭明の『尋常中学校の成立』(1997年，九州大学出版会) は明治20年代初頭までを対象として近代中学校教育が成立した過程を明らかにする著作であり，福岡県会での議論が当時の中学校観を探る際に活用されている。ここでは当初，身分意識を濃厚に反映しつつ藩主の寄付金をもとに設立された民費公営とでもいうべき尋常中学校が，近代的な学校体系が整備されていく中で，初等教育と高等教育を取り結ぶ連結部分となっていく過程が明らかにされている。明治前半が対象となる以上，検討すべき中等教育機関はこの尋常中学校に限られてしまうことになるが，「まえがき」からは，新谷はそういった時代的な制限によってではなく，現在の中等教育が抱える完成教育と準備教育との両立という難問の原型を尋常中学校の成立過程に求めるがゆえに，積極的に検討の対象としたことが理解される。

　永添祥多も「日本における中等教育は，明治中期に尋常中学校という形で成立した」「これらのことを明らかにすることは，日本における中等教育がどのような理念の下に成立したかを明らかにすることにもなる」と述べ，新谷と同様の期待を寄せつつ明治20年代を中心として議事録（『通常会日誌』）を活用しながら大分県における中学校観を検討している[33]。

　一方，三木一司は佐賀県を事例として，明治10年代の公立中学校の統廃合論争を検討する際に『佐賀県通常会日誌』を用いている。上のふたりに比べると現代的な課題を強くは意識していないようであるが，それでも「黎明期にあった明治10年代の中等教育」という初発性に注目している点では共通しているといえる[34]。

　また三谷晃人は，中学校令制定によって県内の中学校が全廃され，その再興が積年の課題となっていた明治20年代の香川県会における議論を分析し，中

学校設置に伴う配賦から住民を守るという「地元利益」よりも，次第に学校の設置が「地元利益」として認知されて誘致合戦が盛んとなっていくなかで，議員の意志が，高松に本校，丸亀に分校を置くという妥協案に収斂されていった模様を明らかにしている[35]。中等教育機関が県費削減の観点から廃止されていった明治10年代からの転換を示す研究として興味深い。

さらに近年，荒井明夫が『明治国家と地域教育—府県管理中学校の研究』（2011年，吉川弘文館）をまとめている。本研究は，民間財源で賄われており，本来なら私立学校として扱われるべきところ，その管理を願い出によって府県に委ねることで，実質的に「府県立」学校として運営することを可能とした1886年の諸学校通則の適用を受けた学校（＝府県管理学校）を研究対象とするものであるが，その際群馬，福島などの県会議事録が活用されている。荒井の意図は，「財源は『私的』だが学校の性格は『府県立』」という「独特な性格を有する」この府県管理中学校を研究対象とすることで(11頁)，「地域的公共性と国家的公共性の関係を近代国家成立過程に即して考察しよう」とするものであり(7頁)，これもまた，新たな公共性をどのように創出していくかという極めて現代的な問題意識を背景としており，それまでまったく未知の制度であった中学校制度が，初発においてどのように受け止められ，定着していったかを追求するものである。

3．明治30年代以降の中等教育機関に関する研究

このように明治20年代までの中等教育機関（＝尋常中学校）に関する地方議会を射程に入れた研究成果の蓄積が進む一方，明治30年代以降，すなわち三勅令制定後はどうであろうか。もし20年代までのように，中等教育の定着について学校制度を通じてみようとするならば，ここで対象となるのは中学校，高等女学校，実業学校であり，またそれらの学校が構成する複線型の中等教育制度も検討の対象となるはずである。

米田俊彦『近代日本中学校制度の確立—法制・教育機能・支持基盤の形成』（1992年，東京大学出版会）は三勅令以後の中学校観の確立過程を描いた画期的な著作であった。特に第3部「地方社会における中学校観の変質」では，宮城，

長野，大分，青森，愛媛各県における中学校設置問題が考察され，当時の中学校観の分析が試みられている。当初地域住民に広く開かれた高等普通教育機関として期待されていた中学校が，その制度の確立とともに上層住民の特権的な機関として認識されるという中学校観の転換がみられることを，県会議事録等を駆使しながら指摘しており，地方議会の記録が当時の中等教育制度を探る上で有力な資料であることを示している。

ただ，神辺靖光が「実業学校との関連をもう少し深めて貰いたかった」と述べているように[36]，明治後半ともなると，やはり中学校にならんで設立が進んでゆくもう一つの男子中等教育機関との関係は気になるところである。むろん明治30年代の中学校を検討する米田のねらいは，明治20年代に中学校が制度的に確立していたという従来の通説を疑い，その模索や動揺が中学校令改正後の30年代まで続いていたことを指摘することであり，他の中等教育機関を無視しているわけではない。また，中学校が上層住民の特権的な学校として位置づけられていくと同時に，実業学校の普及が進み始めるという中等教育制度の複線化の初発についても触れている。しかし論じるべき学校の検討水準が精深なものになっていく一方で，他の教育機関やそれらとの関係の検討，といったセットになって進められてもよい考察との進捗について前後差が生じてしまうことについては留意しておく必要があろう。

この米田に示唆を受けながら，山谷幸司は以前から，「明治後期に於ける中等教育機関増設の論理―宮城県の尋常中学校増設計画を中心に―」[37]や「明治中期福島県に於ける中学校の設置形態論争に関する考察」[38]などで，宮城や福島の県会を対象として中学校の設置・増設過程を論じている。いずれも県会の『議事筆記』『議事録』を主たる資料とした丁寧な考察であるが，たとえば前者では題目に「中等教育機関」とあるものの，実際にはもっぱら（尋常）中学校の増設を論じている。もっともこれは明治20年代を対象としておりやむを得ない。しかし後者では，神辺が米田に要請したような，実業学校に対しての目配りがあってもよいのではないかと思えるのだが，山谷は自身の先行研究として有泉貞夫（後述）のそれに触れる際，「有泉の指摘も示唆に富むもので

はあるが，中学校と実業学校の増設を一括して捉えるなど分析がマクロにすぎる憾がある」[39]と述べており，この時点では複種の学校を包括して捉えることに懐疑的であった。

ただ後年，大正後期の福島県における中等教育機関の増設過程を検討する際，中学校と実業学校を合わせて論じ，当初中学校不要論とセットになって展開されていた実業学校振興論が，総花的増設計画の中に埋没していく過程を明らかにしている。かつて自身が疑問を呈していた普通教育機関と実業教育機関を一括して捉える視点によって新たな知見を得ているといえるが，「学校網計画には」「高等女学校の増設も含まれているが，本稿では筆者の関心と紙幅の関係から中学校と実業学校に考察対象をしぼ」られてしまっていることが惜しまれるのである[40]。

このように，30年代以降は中学校，高等女学校，実業学校それぞれの学校が発達してゆくため，研究対象としてそれぞれの学校種に関心が寄せられていく傾向が強いことを指摘することができよう。

とりわけ高等女学校の研究にはその傾向が顕著であるように思われる。男女別学という戦前の中等教育システムから差別性を看取し，その背景や機序を追求するためには，まず高等女学校制度全体を通時的に把握しておく必要があるのは当然である。また，高等女学校が補習科や専攻科で初等教員を養成し，実科高等女学校制度により女子実業教育機関としても機能したこと，さらに専攻科や高等科が女子高等教育機関としての役割を担ったことなど，男子中等教育機関に比べ，極めて多角的な機能を持っていたことも関心が高等女学校制度の中で濃厚となっていく背景となっているのであろう。

このため，高等女学校研究会『高等女学校資料集成』およびその別巻の『高等女学校の研究―制度的沿革と設立過程―』（1989-1990年，大空社）のように大がかりで通史的な研究成果が目立ち，近年では水野真知子が単独で大著『高等女学校の研究―女子教育改革史の視座から―（上・下）』（2009年，野間教育研究所）を刊行している。水野の著作は幕末維新期から終戦間近までという広いスパンの中で，「高等女学校の史的展開過程を女子教育改革史の視座から据え，あわ

せて近代日本女子教育史の時期区分を明示」することを目的としており（上，37頁），その際必要に応じて地方議会の論議も検討対象としている。しかし上記のような問題関心が基底となっているため，高等女学校令制定前後に公立高等女学校が新設されにくかったのは，議会の理解が乏しかったことも一因であることを指摘する際に用いられている程度である。

　しかし初発は低迷していたとしても，その後は増設が進み，大正後半には公立高等女学校の数は中学校を追い抜く。どのような形であれ（女子教育研究の立場からはまさにその形が問題なのであろうが），高等女学校は中等教育機関として発達し，他の学校の動向に影響を及ぼすようになるのである。あらかじめ述べておくならば，北海道では札幌，函館，旭川といった主要地にはまず中学校が設置される。しかし中学校が設置されると数年を経ずして例外なく各地は高等女学校の開設を要求し始める。さらに大正，昭和になると通学の弊を慮り，公立高等女学校は中学校よりも狭い間隔で開設されるようになる。これが地方部に，高等女学校はあるが，中学校がないという当初とは逆転した状況を生じさせ，今度は中学校増設の引き金となる。男女別学だからこそ，あえて両者をセットにすることで中等教育機関の地域への均霑過程という側面をうかがうことができるのである。

　実業学校についてはどうであろうか。管見の限り，明治30年代の地方議会を対象とした研究は，有岡英俊が「高松商業学校設立の経緯について―香川県会の議論を中心に―（中国四国教育学会『教育学研究紀要』第47号第1部，2001年，85-90頁）において，当初坂出に設置された県立商業学校が，高松に移転される際の県会での議論を分析したもの以外はほとんど見当たらない。有岡自身も先行研究については「山岸治男と，羽田新の都城商業学校と，福島商業学校をそれぞれ事例とした研究[41]においては，議会資料は学校の沿革を概述するためにのみ扱われている」と述べており（85頁），実業学校の検討に際して地方議会の論議が資料として積極的に用いられてこなかったことを指摘している。ただ，実業学校令制定以前の地方議会における実業教育機関に関する研究は皆無というわけではない[42]。しかし実業学校は産業別に論じられやすい教育機関

であるという性質上，もともと中学校や高等女学校と総括する以前に，実業学校として一体的に取り扱う視点が弱いといえよう。

4. 研究状況の認識

このように中等教育機関の研究は，学校種それぞれに関心が寄せられながら進展してきた一方，三勅令によって成立した複線型中等教育制度そのものを問う，すなわち中学校，高等女学校，実業学校が分立している状況を地方議会を題材として捉える研究は乏しいといってよい。その背景には，中等教育史研究というフィールド自体が近年になって急速に開拓されてきた，という研究事情を指摘することができる。

米田は「日本の中等教育史研究は，戦前から1970年代にかけて少しずつ蓄積されていくものの，本格的には1980年代に入ってから展開しはじめた」と述べているが，そのきっかけとして1986（昭和61）年の中等教育史研究会の発足をあげている[43]。荒井もまた後発であった「中等教育史研究が，その後大きく進展した理由」の一つとして同研究会の結成を指摘している（前掲書，13頁）。

しかしその研究会の発足に際し，代表であった神辺は「中等教育史という共通概念を持つことは難しかった」と述べていることには注目しておきたい[44]。また当初からの主要メンバーであった新谷も「内輪話であるが，中等教育史研究会の最初の会合のときに名称を旧制中学校研究会とするか中等教育史研究会とするかで随分悩んだ」と打ち明けている。その背景には「中等教育史研究が中等教育史研究として共通の研究視角を持っていない」という認識がうかがえるのであるが[45]，これが「中学校史には中学校史の発想と論理があり，女子中等教育史には女子中等教育史のそれがあり，実業教育史や師範学校史となると全く別の観点が存在するのである。それらをひとつの議論の場で語り合うことは現段階では無理というものかもしれない」（新谷，前掲1997年，27頁）と当面はこの学校種毎に研究が進められている状況を容認せざるを得ないという判断につながっている。先に山谷が有泉の研究に対し，「中学校と実業学校の増設を一括して捉えるなど分析がマクロにすぎる」と述べていることに触れたが，これも同様の認識に立つ先行研究への評価であるといえよう。

しかしそう評されている有泉貞夫の『明治政治史の基礎過程―地方政治状況史論―』(1980年, 吉川弘文館) は, もともと「道路・港湾・河川改修・鉄道・官公立学校誘致・各種補助金獲得などの地方的・局地的利益要求の生成・膨張・多様化」が「地方政治状況を形成」する過程の解明を目指すものであり (序1頁), そこには中等教育機関を種別毎にみていこうとする教育学研究の姿勢とは全く逆に, 学校の設立を他の社会インフラである土木工事や交通施設の整備と同列におき, 地方議会での交渉に基づく地益配分の成果と見なしている点で刮目させられる[46]。

無論, 同じ社会インフラであっても, たとえば交通機関と教育機関とでは果たす役割や性格は異なるのであり, 教育学研究という位置から教育費を勧業費や土木費と全く同次元で語ることはためらわれるのであるが, 府県立という点では中学校, 高等女学校, 実業学校は同じである。すなわち府県立学校費で括って観察することは試みられてよいであろう。

実際, 地方議会はそのような利益配分の場所なのだと気づけば, 利益獲得をめぐる論争において, 中等教育機関どうしの違いは, 状況や事情によっては従属的に扱われることは容易に想像できる。また公費をもって設立する以上, 箇所付けと同様, いわば校種付けも論議の対象となるはずであり, そこから複線型中等教育制度をどのように維持運営するか, という当時の中等教育制度観を浮き彫りにすることが可能であると考える。

第5節　本書の構成

本書は, 全6章をもって, 北海道会開設以降から戦前期まで, 北海道庁立中等教育機関の整備過程を通時的に追うこととする。

第一章では1901年の第一回北海道会における道庁当局者と道会議員との間で交わされた中等教育制度整備政策に関する論争を検討する。これは小樽における中学校と商業学校の先設に関する議論であったが, 当時の北海道の中等教育機関は「皆無の二字を以て之を評するを以て適当なり」[47]という状態であ

ったため，その優先問題はすなわち，複線型の中等教育制度をどのように整備していくかそのあり方をめぐる議論として展開されることになった。実業教育の優先を主張して小樽商業学校設置の予算原案を示した道庁と，中等教育制度整備の手順としては普通教育を先にすべきとして小樽中学校を主張する道会議員，という構図の元で，中等教育機関整備の本格的な着手にあたり，まずは道庁と議員がそれぞれにどのような中等教育観を抱えながら議論を進めていったのかを確認することにしたい[48]。

　第二章では，上川（旭川）中学校の早期設置が論議された第二回道会，および函館高等女学校の設置形態について論議された第三回道会を検討する。第一回道会の結果を受け，各地から選出された道会議員は建議によってまず中学校や高等女学校といった普通教育のための庁立学校を地元に設置させようと試みるが，財政難を理由とする道庁を動かすことは容易ではなかった。そのため，上川中学校を早期に開設するため，地元からの校地や新設費の寄付が重要な財源として注目されるようになる。さらに道庁は翌年，今後庁立として設置するのは実業学校に留め，普通教育機関については地方立学校を補助するという大胆な方針を示し，当初から持っていた実業学校優先の立場を鮮明にする。庁立函館高等女学校を期待していた関係議員はこの道庁に対し，設置費用の寄付を条件に庁立での開校を求めるようになる。このような地元負担をしてまで庁立学校の設置にこだわる姿勢から，中等教育機関の設置者の問題を指摘することにしたい。

　続く第三章では，第五回北海道会における中等教育機関増設計画をめぐる問題を取り扱う。1905（明治38）年のこの道会において道庁は6つの庁立学校の増設計画を諮問という形で道会に示すが，候補地となった地方からの選出議員は諮問通りに答申を成立させるために，また他地域の議員は候補地からの庁立学校の奪取を目指して道会は大いに紛糾し，その調整や交渉のために院外活動が活発化した。またこの諮問は大規模な計画であったことから，新聞によって大きく報じられ，議員の院外活動なども新聞記事からうかがうことができる。最終的に答申は，地元負担を原則としてほぼ諮問通りに成立する。ここでは庁

立学校がはっきりと地元利益として自覚され，その誘致に際して地元負担がいっそう自明視されていく模様を確認する。またこの道会を経て，実業学校もなし崩し的に地元の寄付によって開設されることが決まり，庁立学校全般が地元負担の対象となっていくことを明らかにする。

しかし答申は，地元からの寄付がなければ開設に着手しないとしていたため，計画は必ずしも順調に進まなかった。そこに新たな教育要求が加わることで，明治末年の第十一回の道会では，複数の庁立学校の設置が決定されている。第四章ではこの1905年答申以降，第十一回道会までの複数年にわたる道会の論議を検討する。答申にあった釧路中学校と小樽商業学校については，道庁は寄付がないとして設置要求を毎年のように拒否してきたが，地元負担の準備が整いはじめると今度は開校後の維持費のめどがつかないとして先送りを求めるようになる。道会側はこの態度の変化を察知して積極的に増設要求を行い，上の2校に加え，札幌に第二中学校を設立するよう求める。これは実業教育を優先するという従来からの道庁の方針に反する要求であったが，結局十一回道会では予定されていた工業高校に先んじて札幌第二中学の新設が決まる。寄付がなければ設立しないという道庁の方針が，逆に地元負担することで任意の庁立学校の獲得が可能となるという逆転を招いてゆく過程を確認することにしたい。

このように，初期道会では単年ごとに数校の庁立学校の設置が検討されるが，明治後半以降になると，繰り延べられる学校設置要求を地元負担を前提に数年ごとに一気に解消するようないわば総花的な整備方法が取られるようになる。そこで第五章では大正期という長めのスパンを設定し，5年間で40あまりの庁立学校を開設することを答申した1921（大正10）年第二十一回道会を中心に据え，そこに至るまでの道会における中等教育機関に関する論議と答申の実施過程を確認してみたい。大正前半，庁立学校の設置場所をめぐる激しい争いや，その過程で不可能な地元負担を申し出てしまった自治体が後に困窮するという弊害が生じていたが，各地の設立要求は止むことがなかった。これを一気に解決しようとしたのが1921年の諮問「地方費教育施設ニ関スル件」とそれに対する道会の答申であった。答申可決後，当初はほぼ予定通りに設置が進んだが，

戦後不況と関東大震災が北海道庁の財政に与えた影響は大きく，維持運営に関わる経常費の負担に耐えられないとして計画は実質的に中止となる。このなかで，是が非でもと考えた留萌町と余市町は町立中学校を設立し，これを北海道へ移管するという方法で庁立中学校を獲得している。本章後半ではその移管過程を確認しながらこれが地元負担の変形であることを指摘する。

　この移管方式は昭和期の終戦まで，とりわけ高等女学校を庁立化する際に頻繁に確認される。最後の第六章では，留萌と余市の中学校で見られたような移管方式による庁立学校の設立が，昭和戦前期，道内の高等女学校を増設する際，積極的に活用されたこと，すなわち多数の町立高等女学校が庁立化されてゆく過程を国立公文書館に残されている許認可文書から明らかにする。庁立移管に当たって道庁は自治体に対して施設整備などの厳しい条件を課していたが，高等女学校制度が比較的柔軟であったことから自治体がその整備を小刻みで進めることができたこと，そして何よりも庁立学校を獲得したいという「庁立志向」がその努力を下支えしていたことを示しておきたい。またこの一般化した高等女学校の移管が，戦中や戦後旧学制下の中学校の移管にも適用されていることについて触れ，戦前を通じ，庁立学校を獲得したいという動機が地元負担を受忍させていたことを指摘する。

　終章では本書のまとめとその成果を提示すると同時に，今後の課題と展望について述べている。特に，今後の展望については本書の主題の一つである地元負担の問題が，戦後の新制高等学校の増設にもつながる連続的な課題であること，そしてこのような都道府県による中等教育制度整備に際しての市町村の負担と，国による高等教育制度整備に際しての都道府県負担が相似関係にあり同根の問題であることに触れて，研究の意義と普遍性を強調することとした。

注
1) 山内太郎「教育令期文政にうかがわれる中学校観の特質と意味―中学校正格化の構想を中心に―」(『学校観の史的研究（野間教育研究所紀要第27集）』1972年，野間教育研究所，

155-182頁）および神辺靖光「設置者からみた近代日本の学校観」（早稲田大学哲学会『フィロソフィア』第68号，1980年，23-51頁）。
2) 加藤精三の発言．『第33回国会参議院文教委員会会議録第9号』1959年12月10日，5頁．
3) 神辺靖光「明治後期における私立中学校の設置―諸学校通則による府県管理学校と徴兵令による認定学校をめぐって―」（日本私学教育研究所『調査資料65　教育制度等の研究（その8）―明治後期における私立中学校の設置―』1979年，12-35頁）。また荒井明夫によると，現時点では20校あまりの府県管理中学校が確認されているという（『明治国家と地域教育―府県管理中学校の研究―』2011年，吉川弘文館，88頁）。
4) 「寄附財産ヲ以テ設置スル官立公立学校ニ関スル件」（1900年勅令第136号）は「諸学校通則」では曖昧だった寄付を受けて府県が管理する学校を「公立学校」と明確に位置づけた。これによりほぼすべての府県管理中学校が府県立となった。
5) 「本校の沿革」（長岡中学校和同会『創立五十周年記念和同会雑誌』1921年，79-82頁）。
6) 北海道庁『北海道治概況』1936年，182頁。
7) 「本道学事毎十年比較表」（『北海之教育』197号，1909年6月，34頁）。
8) アイヌ教育制度については，小川正人『近代アイヌ教育制度史研究』北海道大学図書刊行会，1997年に詳しい。
9) 明治後半の北海道における就学率の急激な上昇とその意味について考察したものに，大谷奨「明治後期の北海道における義務教育就学率に関する考察―道庁の督学政策の展開と就学率『上昇』の意味」（『筑波大学教育学系論集』第14巻第1号，1989年，15-27頁）がある。
10) 佐藤秀夫「日本における中等教育の展開」（吉田昇ほか『中等教育原理新版』1980年，有斐閣，67頁）。
11) 国立教育研究所『日本近代教育百年史　第四巻　学校教育2』1974年，1174頁。
12) 『文部省年報』によると，三勅令制定時1899年の学校数は，中学校166，高等女学校36，実業学校98であったが，終戦直後の1946（昭和21）年は中学校793，高等女学校1413，実業学校1583まで増加している。
13) 中等学校という語が社会一般から行政用語としても一般的に用いられていく過程については，米田俊彦「実業学校の〈中等学校化〉の軌跡―戦前期日本における「中等学校」の使用慣行の成立―」（望田幸男・広田照幸『実業世界の教育社会史』2004年，昭和堂，242-262頁）に詳しい。
14) 水海道市史編さん委員会『水海道市史（下巻）』1985年，72頁。
15) 十日町市史編さん委員会『十日町市史　通史編4　近・現代一』1996年，492頁。
16) 「県立中学校設置請願」（十日町市博物館所蔵『十日町町誌』に所収）。『十日町市史　資料編6　近・現代一』（1993年，743頁）より重引．
17) 「学発秘第九八号　県立中学校設置ニ関スル件」。同上745頁。
18) 「大正四，五年喜多方町会議録」（喜多方市史編纂委員会『喜多方市史　第六巻（下）　近

代資料編Ⅵ』(1993年，189頁)より重引。
19) 山谷幸司「1920年代における中等教育拡張の政治過程―福島県における学校網計画を事例として」(中等教育史研究会『中等教育史研究』第8号，2000年，31頁)。
20) 「県立移管」(香川県立津田高等学校『四十年のあゆみ』1969年，6頁)。
21) 六車茂の発言。「寒中の梅―創立座談会」(同上，3頁)
22) 五井善「我が校」。香川県立石田高等学校『真清水　創立七十周年記念誌』(1980年，14頁)より重引。原典は香川県立大川高等女学校校友会誌『真清水』であるが，『記念誌』には出版年と号数が記載されていない。県立移管(1922年)が昨年とあるので，1923(大正12)年と思われる。
23) 北海道議会事務局『北海道議会史第一巻』1954年，532頁。
24) 今里準太郎『北海道会史』1918年，北海石版所活版部，82-83頁
25) 榎本守恵・君尹彦『北海道の歴史』1969年，山川出版社，186-187頁。
26) 北海道庁『新撰北海道史第四巻通説三』1937年，64頁。
27) 上畠彦蔵『道政七十年』報文社出版部，1941年，72-74，102-107頁。
28) なお，上の上畠は初期道会の議員の出自について，「開拓功労者」「地方徳望家」「企業家財閥」「弁護士」「有志政治家」に分け，「開拓功労者」は一期で退き，「地方徳望家」も「出たくて出たんぢやな」く「全く出されて出た」ので早々に引退しており，「企業家群も漸次退却して天下国家の事有志の専門と化しつつある」と述べている。議員の構成も徐々に他府県と変わらないものになっていったといえよう(同上，90-92頁)。
29) 北海道では地方紙の刊行は盛んであった。まず1878(明治11)年に旧来から開けていた函館において『函館新聞』が創刊され，その後都市として発達していった札幌，小樽でも新聞が刊行されるようになる。札幌では『北海道毎日新聞』(1887(明治20)年刊)，『北門新報』(1891(明治24)年創刊)，『北海時事』(1898(明治31)年創刊)が北海道会開設運動を主導し，その後3紙は1901年に『北海タイムス』に統一される。この『北海タイムス』は，既往の経緯と購読者数から北海道内で最も影響力をもった新聞であるといえよう。また小樽では1894(明治27)年に前年創刊の『北海民燈』を改題した『小樽新聞』が刊行され主要商業地である小樽の有力紙となった。主要港を抱えていた釧路でも1900年に『釧路新聞』が創刊され，道東の主要紙となっている。なお道内紙の嚆矢であった『函館新聞』が『函館毎日新聞』と改題した1898年に，地域の競合紙として『函館日日新聞』が創刊されている。やや込み入っているが，この『函館日日新聞』は1912(明治45)年に『函館新聞』と改題しており，本書で用いる『函館新聞』はこちらを指す。
30) 梶山雅史「日本教育史の研究動向」(教育史学会『日本の教育史学』第34集，1991年，240頁)。
31) 伊藤彌彦による書評(『同志社法学』第42巻4号，1990年，124頁)。
32) 横井敏郎による書評(『日本史研究』第377号，1994年，109頁)。
33) 永添祥多「尋常中学校の移転・増設問題における地域の『中学校観』とその推移過程―

大分県を事例として―」(『九州大学大学院教育学コース院生論文集』創刊号, 2001年, 85頁)。
34)三木一司「明治10(1880)年代の佐賀県における中学校統廃合論争に関する一考察」(『近畿大学九州短期大学研究紀要』第37号, 2007年, 60頁)。
35)三谷晃人「香川県会における尋常中学校設立論議」(香川歴史学会『香川史学』第32号, 2005年, 19-31頁)。
36)神辺靖光による書評(『教育学研究』第59号第2号, 1992年, 61頁)。
37)東北大学教育学部教育行政学・学校管理・教育内容研究室『研究集録』第16号, 1985年, 69-81頁。
38)同上, 第17号, 1986年, 155-169頁。
39)同上, 167-168頁。
40)注19)に同じ, 12-40頁。
41)両者の論文は, 豊田俊雄編『わが国産業化と実業教育』国際連合大学, 1984年に所収。
42)杉林隆「地方議会における中等教育論議―明治前期滋賀県会の場合―」(地方史研究協議会『地方史研究』第26巻第5号, 1976年, 1-11頁), 江森一郎, 胡国勇「石川県における実業教育の展開過程―納富介次郎と石川県工業学校の創立をめぐって―」(『金沢大学教育学部紀要 教育科学編』48号, 1999年, 1-15頁)といった先行研究がある。また三好信浩は, 『増補日本農業教育成立史の研究』(2012年, 風間書房)の中で明治10年代の府県立農業学校(369-384頁), 『増補日本商業教育成立史の研究』(2012年, 風間書房)において県立商業学校(439-440頁)の成立について県会での議論に言及しながら取り上げている。
43)教育史学会50周年記念出版編集委員会『教育史研究の最前線』2007年, 日本図書センター, 63頁。
44)神辺靖光「『中等教育史研究』発刊にあたって」(中等教育史研究会『中等教育史研究』創刊号, 1993年)。
45)「課題と展望 中等教育史」(日本教育史研究会『日本教育史研究』第7号, 1988年, 73-74頁)。
46)同様の試みとして, 中里裕司・山村一成は, 千葉県の県会議事速記録を資料としながら, 県立中等教育機関の整備を鉄道敷設問題, 工業化政策, 公共事業政策と同じく地方利益の観点から検討している(『近代日本の地域開発―地方政治史の視点から―』2005年, 日本経済評論社)。
47)「北海道会議員の当選を聞きて望む所あり」(『北海道教育雑誌』第104号, 1901年9月, 1頁)。
48)なおこの章の執筆を進める上で, 初回道会での論争に重要な影響を及ぼした小樽教育会の動向を詳らかにした坂本紀子「明治中期における北海道の中等教育機関設置をめぐる住民要求―小樽中学校設置過程における教育要求をとおして―」(『北海道教育大学紀要教育科学編』第59巻第1号, 2008年, 241-250頁)は参考になるところが極めて大であった。

第一章

第一回北海道会における庁立学校整備論争
―小樽中学校の設立をめぐって―

第1節　北海道会の開設とその意義

1．北海道会法と北海道地方費法の成立

　1901（明治34）年，第十五回帝国議会において北海道会法および北海道地方費法が成立し，この年の秋，第一回の北海道会が開催されることになった。副議決機関としての参事会の不在と，そこから派生する多くの長官専決事項の存在は，他府県に比べ北海道会の権限を制限するものであった点でなお官治性は残されていた。しかし北海道会の開設は政府が関与する拓殖行政から北海道の地方行政が一歩独立したことを示すものであった。

　北海道会開設に至るまでの経緯を概略しておこう。道会開設運動は明治20年代に入り本格化し，1890（明治23）年の府県制の制定はその運動をさらに刺激した。札幌や函館といった道内主要地からは中央に対し道会開設に関する請願や意見書の提出が頻繁に試みられるようになる[1]。一方の帝国議会でも1891（明治24）年には自由党代議士から「北海道に地方議会を設くるの議」が建議案として提出され，その翌年には議員からの提案として北海道議会法案と付属関係法案が提出されている。

　しかし地方議会の開設は地方財政の基盤整備とセットの問題であり，未だ開発費用を国庫に仰がなければならなかった北海道に地方自治は時期尚早との意見は，中央のみならず，北海道内においても根強かったようである[2]。そのた

めなかなか開設には至らなかったが，明治 30 年代に入ると北海道の人口が100 万人に迫り，また各種産業の発達も著しいことから遂に北海道会法案は政府提案として提出される。

その提案理由について政府委員であった園田安賢は貴族院で以下のように述べている。

　　北海道ノ事情ハ内地ニ汎ク紹介サレマシタト見エテ，近来移住民ノ増加ヲ始メ諸般ノ進歩発達ハ誠ニ著シキ有様デゴザイマス……北海道ハ既ニ人口モ百万ニ達シマシテ，サウシテ二十一箇所ノ市町村ヲ内地同様，自治制モ施行サレテ居リマス……且ツ移住民ハ内地自治制度ノ下ニ棲息シタル所ノ人民デゴザイマスルカラ，進歩ノ度合ハ決シテ内地ニ後レテ居ラヌト信ジマスル，故ニ地方制度ヲ設ケマシテ地方行政費ハ北海道民ニ於テ之ヲ負担スルコトニ致シタナラバソレダケ国庫ノ負担ヲ減ズル訳デゴザイマスカラ，其減ジタ額ニ多少ノ増額ヲシマシテ拓殖費ヲ求メマシタナラバ地方行政，拓殖行政ニツナガラ革新スルコトガ出来ヤウト信ジマシテ此案ヲ提出致シタル訳デゴザイマスル [3]

不完全とはいえ市街地として整備された地域には，市制町村制に準じて 1897（明治 30）年に公布された北海道区制，一級二級町村制が順次適用されつつあり，一定程度拓殖が進展したので，地方制度については他府県と同様のものに近づけてよいのではないか，というのが骨子の一つである。しかし交通，治水，土地改良といった社会インフラの整備はなお国に頼らざるを得ない。そこで「地方行政，拓殖行政」に分け，前者は北海道地方費で支弁し，後者については国庫負担を維持するという二重行政を敷くこともこの法案の意図するところであった。またこの議会に列席していた先の園田は 1898（明治 31）年から北海道庁長官を務めていた。その立場から推し量れば，園田自身が道会開設に前向きであったと考えてよいであろう [4]。法案は可決され，同年北海道会が発足する。

この北海道会法とセットで成立した北海道地方費法には「北海道地方費ヲ以テ支弁スベキ費目」が掲げられており（第8条），そのなかに教育費が含まれている。従前北海道に投下される事業費とその内容は，北海道庁と内務省，大蔵省との折衝によって決められていたが，この二つの法案の成立により，そのうちのいくつかの事業は，予算案として北海道会の検討を経て執行される，という手続きを経ることになる。教育に関する事業も当然審議の対象となるわけであり，とりわけ道庁が主体となって行われるべき庁立学校の整備政策過程に北海道会が深く関与することになるのである。

2．北海道十年計画と小樽中学校

ところでこの法案審議の際，「拓殖行政」または拓殖費についてはどのように考えられていたのであろうか。園田はこの法案提出に先行して1900（明治33）年，内務大蔵両大臣に対し北海道拓殖に関する長期計画，いわゆる「北海道十年計画」を提出していた[5]。

この計画は1901～1910（明治34～43）年度までの10年間に道内において実施されるべき事業とその概算，および支出の分担を示し，道路整備，築港，河川改修などに総額3300万円の国費を投入するという大がかりなものであった。

「途中日露戦争が起きたこともあって国費の支出は大幅に減らされ，計画はずたずた」[6]になったとされているが，「十年計画」には国庫事業に併記する形で今後10年間の地方費歳出が示されており注目される。その多くは警察費，教育費，勧業費といった従来国庫から支弁されていたものを地方費に振り替えたものであるが，教育費のうちその大部分を占める中等教育機関に要する費用については表1-1のようになっており，北海道師範学校，札幌中学校，函館中学校，函館商業学校といった既設の学校に加え，1901年度以降順次庁立学校を新設してゆく計画であることがうかがえるようになっている。『北海道教育雑誌』はこれについて「道庁の十年計画に依れば地方費を以て三十四年度に小樽中学校，札幌高等女学校三十五年度に水産学校三十六年度に女子師範学校三十七年度に上川中学校三十八年度に札幌工業学校を漸次新設する予定なり」と伝えている[7]。

表1-1 北海道十年計画にある庁立学校年次予算計画

	1901年度	1902年度	1903年度	1904年度	1905年度	1906年度	1907年度	1908年度	1909年度	1910年度
北海道師範学校費	54799	56859	56859	56859	56859	56859	56859	56859	56859	56859
札幌中学校費	18788	20329	20329	20329	20329	20329	20329	20329	20329	20329
函館中学校費	16819	20329	20329	20329	20329	20329	20329	20329	20329	20329
函館商業学校費	5888	5888	5888	5888	5888	5888	5888	5888	5888	5888
小樽中学校費	7703	9428	12124	14760	14980	14980	14980	14980	14980	14980
札幌高等女学校費	5831	7202	9707	9707	9707	9707	9707	9707	9707	9707
水産学校費	-	8609	10534	7682	7682	7682	7682	7682	7682	7682
女子師範学校費	-	-	12752	17326	25202	23832	23832	23832	23832	23832
上川中学校費	-	-	-	6749	7627	9187	10688	10688	10688	10688
札幌工業学校費	-	-	-	-	6439	8466	9426	9426	9426	9426

注:網掛けは既設の庁立学校。1円未満は切り捨て

　また，計画中の1901年の地方費歳出には「北海道議会諸費」といった費目が見えることから，園田をはじめとする道庁当局は，北海道会が開設されることを織り込み済みで「十年計画」を作成したことになる。換言すれば，上記の庁立学校新設にあたっては北海道会の審議を経なければならないことを十分に承知してこの計画を策定したということになる。
　第一回北海道会開催に先立ち，北海道地方費による庁立学校設立のあり方をめぐる論議の場は高い水準で整えられていた。計画通りであるならば，最初の道会に示される北海道地方費予算には，小樽中学校と札幌高等女学校という二つの庁立学校の新設費用が計上されるはずである。では実際の第一回北海道会での議論を見てみよう。

第2節　第一回北海道会における普通教育／実業教育論争

1．道庁の小樽商業学校案

　前述のように道会は，今まで道庁が中央との折衝で編成していた予算を民選の議員が編成案として審議する場所となり，教育費についても当然，その対象

第2節　第一回北海道会における普通教育／実業教育論争

となった。道会の発足は，師範学校，中学校，高等女学校，実業学校といった庁立学校の経営や新設といった中等教育整備政策が，初めて公の場で検討されることを意味するのであった。そのため，北海道内の中等教育の現状を「皆無」と捉えていた道内教育界は「中等教育の増設は，本道教育に関する緊急事業」と位置付け，第一回の道会における議員の活躍を強く期待していた[8]。

その第一回通常会において道庁が示した明治35年度北海道費経常支出における教育費の原案は以下のようなものであった。

```
第五款　教育費　139823円10銭
    第一項　師範学校費　　　51677円50銭1厘
    第二項　札幌中学校費　　21754円6厘
    第三項　函館中学校費　　18230円45銭9厘
    第四項　小樽商業学校費　10609円17銭
    第五項　函館商業学校費　 9213円45銭3厘
    第六項　札幌高等女学校費 9926円10銭
    第七項　函館商船学校費　 6659円04銭
    第八項　高島水産学校費　 9272円37銭1厘
    第九項　学事諸費　　　　 2481円
```

このうち，師範学校，札幌，函館の中学校および函館商業学校は既設，また函館商船学校費は従前の逓信省東京商船学校の函館分校の廃校に伴い，これを庁立に改組して存続するための措置であるから，事実上道庁が新たに設置しようとした庁立学校は，小樽商業学校，札幌高等女学校，高島（小樽）水産学校の3校となる。

先に見たように，北海道十年計画では初年度には小樽中学校と札幌高等女学校の開設が予定されていたはずであった。また場所は指定されていなかったが翌年には水産学校の設立も計画されていた。そのため，札幌高等女学校と高島水産学校について議員はさして異論をはさまなかったが，残る小樽商業学校の

設立案については，なぜ普通教育機関である中学校から実業教育機関の商業学校に変更したのかをめぐり活発な論議を惹起することとなった。

2．道庁の実業教育優先論

当然ながら，議員からは商業学校を置くこととした道庁の原案に対し，強い疑問が示され，後ほど見るように，開会直後から商業学校案を中学校設置案に復するよう求める建議案が出されている。既往の経緯から反対論が出ることは明らかだったにもかかわらず，道庁が商業学校案を提出したのはなぜか。まずは商業学校設置を先とする道庁の実業教育優先論を検討してみよう。

道庁視学官の大窪実は，3校の新設理由について，札幌高等女学校は，「本道未ダ女子ノ中等教育ヲ授クル機関ノ設備ナキ為」，高島水産学校は「本道ハ全国ニ比類ナキ夥多ノ水産物ヲ産出スルニモ拘ハラス，未ダ水産ニ関スル研究，機関ノ設備ナキハ甚ダ遺憾ト考ヘマスルノデ之ヲ提出致シタ」と述べる[9]。高等女学校については，1899（明治32）年の高等女学校令により道庁府県に設置義務が課されていたこともあり，その設立は法制上からも要請されるものであった。また水産学校については北海道十年計画が設置場所を指定しないまま1902（明治35）年度に予算を手当てすることとしており，これも既定の計画といえる。

しかし，小樽にはこれらとともに予定されていたはずの中学校ではなく商業学校を設置することとした今回の予算措置について，大窪は以下のように説明している[10]。

　小樽商業学校ニ就テハ商業学校ヨリ中学校ニスル方宜シカラントノ議論モアル様聞キ居リマスガ，今日当局者ガ小樽ニ於テ実業学校ヲ設クルト云フ理由ニ就テハ一言弁スルノ必要アルカト思ヒマス，先ヅ中等教育ノ組織ハ如何ニスレバ本道ノ事情ニ適スルヤ，此辺ニ付テ能ク調査致シマシテ大体ノ主義方針ヲ定メタノデアリマス，而シテ当事者ガ実業学校ノ適当ト認メテ新設スルコトニ致シタル次第ハ中学校ニ入リ中等教育ヲ受クベキ子弟ハ，各種ノ希望ヲ抱キ居ルニ相違アリマセン，併シ中学校卒業后ノ現況ヲ見マスト，中学校

ヲ卒業シテ更ニ高等ノ学校ニ進ムモノハ少ナイ，又多クハ学期中半途ニ於テ退学スルモノ非常ニ多ク……半途退学スルモノノ理由ニ付テハ，……多クハ実業家ノ子弟カ実業ニ従事スルノ目的ヲ以テ退学スルモノデアリマス，是レ当事者カ実業教育機関ノ設備ヲ急要ト認メタル所以デアリマス，彼ノ独逸ニ於ケル中等教育ハ如何ナル情況テアリシカ〔「簡単々々」「無用無用」ト呼フ者アリ〕実業学校ハ如何ニ発達セシヤ，沿革及歴史ヲ一寸述ヘマスカ，独逸ニ於テハ最初ニ中等教育ニ重キヲ置キタル為ニ，非常ニ一般ノ実業家ノ子弟ハ不便不自由ヲ感ジ，兎ニ角実業家ニ応用スルコトノ出来ル教育デナケレハナラヌト云フコトカ，幾十年ヲ経タ後ニ分リ，ツイニ実業学校ヲ設置スルコトニナリマシテ，〔「簡単々々」「謹聴々」「外国ノコトヨリ日本ノコトヲ述ヘ給ヘ」ト呼フ者アリ〕是ガ彼ノ国ノ工業上ニ於テ貿易上ニ於テ進歩発達スル原因トナリマシタト云フコトヲ聞イテ居リマス，斯ル訳デ事業家ニハ，実業学校ト云フモノハ極メテ必要デアリマス，故ニ本道中等教育ノ組織ニ付テモ，他日取返ノ出来サルコトガアツテハナラヌト思ヒマシテ，充分ニ慎重ニ調査ヲ致シマシテ，実業学校ノ設置ヲ計画致シマシタ次第テアリマスカラ大体右ニテ御承知願イマス

　この発言からは，中学校を設立すべきであるという意見を承知した上で，敢えて商業学校を選択したことがうかがえる。その上で，「各種ノ希望ヲ抱キ」中学校に入学しても「中学校ヲ卒業シテ更ニ高等ノ学校ニ進ムモノハ少ナ」く，「多クハ」「半途退学スル」。その「多クハ実業家ノ子弟カ実業ニ従事スルノ目的ヲ以テ退学スル」のであり，そうであるならば「事業家ニハ，実業学校ト云フモノハ極メテ必要」だという認識が披露されている。
　確かにこの時期，道内では札幌農学校以外，中学校と接続する高等教育機関はなかった。また中学校の中途退学は当時全国的に問題視されており，退学の理由としては「家事係累ニ因ルモノ」が過半を占めていた[11]。しかしその退学者の多くが実業家の子弟で，その家業を継ぐために退学していると推断してよいか，また商業学校はそのような彼らのための教育機関として果たして適切

であるかどうか。大窪は，ドイツの例を引きながら了解を求めているが，「外国ノコトヨリ日本ノコトヲ述ヘ給ヘ」といった不規則発言の激しさからは議員の反発が強かったことが読み取れる。

　また，もともと道庁は小樽中学校の設立を考えていたのであり，後述のようにその設立についての小樽区との折衝は煮詰まっていた。そうすると，道庁は最初から商業学校設立の必要性を強く認識していたのではなく，何かをきっかけとして実業教育優先論に傾斜していったと考えるべきであろう。

　「教育ニ関スル大体ノ方針ヲ承リタイ」という議員からの質問に応えた北海道庁長官園田安賢は，当初の中学校案を途中で変更したことを認めながら，商業学校を先設しようとする理由を以下のように述べている。

　　内地ニ於テハ普通中学校ト中学程度ノ実業学校ト其数ヲ比較致シマスレバ実業学校ノ数ハ非常ニ少ナイノデアリマシテ，中学校ハ御承知ノ通リ或ル地方ニ於テハ六校モアリマシテ実業学校ハ殆ントナイト云フ有様デアリマス，……今日ノ有様デハ実業学校ハ毫モ発達セス之ニ反シ普通中学校ハ日々増加シ今ハ殆ント濫設ト云フコトハ識者ノ与論ト為ツテ居リマス，本道ニ於テハ未ダ中学校ノ濫設ノ傾ハアリマセン，……ソコデ本道ハ未ダ其弊ニ陥ラナイカラ此ノ中ニ国家ノ実利ヲ増進スル上ニ要スル子弟ヲ今日ヨリ養成スルガ宜シカロウト云フ考カラシテ是マデ中学校ニ致シタイト云フ考デアツタノモ商業学校ニ改メタ次第デ御座イマス，ナゼ比較的少ナイ此ノ商業学校ニ改メタカト云フニ従来中学校ヲ卒業シテ高等学校ニ入ルモノ比較如何ト云フニ卒業生ノ半バニ達セザルノミナラス中ニハ中学校ニ入リ半途退学スル数モ多イノデ，今日ノ所デハ高等学校ニ進学スル階梯トシテ格別差支ナカロウト思フ，中学ヲ卒業シテ高等学校ニ這入ルモノガ半バニ達セズ，中学校ヲモ半途ニシテ退学スルモノガ多ヒトスレバ，夫レ等ノ者ハ其儘実業ニ就クモノガ多イノデアリマス，故ニ実業学校ヲ設ケテ始メヨリ夫レ等ノ生徒ヲ養成スルノハ，最モ社会ノ為国家ノ為宜カロウト思ヒマス，之レ一時ハ中学ニ傾イテ居リマシタ方針モ勢ヒ商業学校設立ト云フ方針ニ改メタ次第デアリマス，……内地各府

県ハ只今申ス通中学校ガ濫設ニナツテ居リマスガ我北海道ハマダ其弊ニ陥ラナイカラ其中ニ内地ニ鑑ミテ，大ニ実利実益ノ為実業学校ノ設立ヲ一日モ忽ニスヘカラサルコトヲ認メマシタ次第デアリマス[12]

「中学ニ傾イテ居リマシタ方針モ勢ヒ商業学校設立ト云フ方針ニ改メタ」理由として，大窪と同様半途退学者の存在を指摘しているが，加えて，内地の中等教育機関の状況についての認識が注目される。つまり「内地各府県ハ」「中学校ガ濫設ニナツテ居リ」，それを前車の轍とするのであれば中学校設立の計画を改め商業学校を開設する方が適当である，という論法である。

当時，このように中学校が全国的には濫設状態にあるということは，少なくとも地方行政当局者にとっては共有されるべき認識であった。この年の6月，文部大臣に就任して間もない菊池大麓は地方長官会議で，「中学校ハ濫設ノ弊あり本官は将来中学の設立を認可せざることあるべし」と訓示しており[13]，中学校の増加を抑制するよう道庁府県に求めていたからである。道庁の政策転換は中央の意向を汲んだものと見ることもできる。

ただ菊池のこの訓示は田所美治によって「中学校の濫設を戒め，実業教育特に工業学校の完成と実業補習学校の普及とを促がされしは最時宜に適した卓見」[14]とまとめられているように，中学校に代えて実業教育の振興を奨励しているのであって，その実業学校の中で商業学校を選択したのは道庁の判断ということになる。また菊池は訓示で中学校中途退学者の存在を憂えてはいるが，大窪や園田のような「高等ノ学校」への進学者の不在が中学校の存在理由を薄くしている，という認識はうかがえない。

道庁の実業教育優先論は，進学先が確保できない普通教育機関の設置を濫設となる前に抑制してしまい，実業教育を施すことで半途退学者を防ぐ，という主に中等教育のアウトプットに焦点をあてたものであった。この優先論は全国的な傾向に沿うものであったといえるが，では実業教育の中でなぜ商業教育を優先させるのかについてはあまり明示されていない。

もともと，道庁も議会も「今日北海道ニ於テ中等教育機関ヲ設備スル最初ノ

時機」[15]という点では認識を同じくしている以上，両者の主張は，なぜ商業学校（あるいは中学校）を優先させるのかよりも，むしろなぜ中学校（あるいは商業学校）ではだめなのか，という互いの主張を退ける際により鮮明となる。

次に道会議員による，商業学校が不適であり，従って中学校を優先させるべきであるという普通教育優先論を検討する。

3．道会議員の普通教育優先論

早くも道会二日目，商業学校に代えて小樽中学校を提案するよう求める建議案が提出されている。このことからも理解されるように，多くの道会議員は道庁の商業学校案に反対であった。

まず計画されていたはずの中学校案が覆されていることから，「商業学校ニセヨ，中学校ニセヨ，高等女学校ニセヨ，当局者ハ如何ナル目安ヲ以テ増設スルノ御見込デアルカ」[16]と中等教育整備計画の全体像を問う質問が発せられる。これに対して参事官の横山隆起は「長官ノ胸中ニ於カレマシテハ略ボ画策セラルル所ガアルニ相違アリマセヌ」が，「愈々ソレヲ実行スルト云フコトニナルト経費ト云フモノカ必ス伴ハナケレバナリマセヌ，此経費ト云フ範囲内ニ於テ之ヲ実行スルコトニナルト，其計画カ果シテ実行セラルルヤ其方針カ果シテ実行セラルルヤト云フ事ハ到底期セラレヌ」と述べ，計画はないわけではないが経費の都合上そのまま実行できるわけではない，「予算ヲ組ムニ当ツテハ，其時ノ負担力如何ト云フコトヲ能ク対照シテ，其負担ガ其必要ニ応スルヤ否ヤト云フコトガ始メテ問題ニナツテ来ル」と一種場当たり的な対応にならざるを得ないことに理解を求めている[17]。

しかし限られた経費を有効に用いるのであれば，なおさら商業学校を優先する理由を説得的に明示しなければならない。一通りの質疑が本会議で済むと，議論の場は調査委員会に移るが，そこでは「商業学校ヲ中学ニ先チ設置スルノ理由及，実業学校中商業学校ヲ撰ビタル理由」[18]が集中的に問われている。これに対して道庁側は，「中学校ノ中途退学者ノ中家事上ノ都合ト云フ者尤モ多ク，是等ハ重ニ実業ニ従事スルモノト云フ事実」だから，と本会と同様に，中途退学して実業に就くのであれば最初から実業教育を施すべきであるという

考えを繰り返すが[19]，村田不二三は「当局者ハ頻リニ中学生ノ半途退学ハ家事ノ都合トカ或ハ実業ニ従事スル為トカ云ハレマスガ退学理由ノ如キハ毫モ当テニナルモノデハナイ」[20]とこれを一蹴している。

また商業学校を優先したのは，「現在実業学校中欠ケテ居ルモノカ農商ノ二ツデアル」が農業は「札幌農学校中ニ農業専習科ナルモノアレバ当分之ニ依ルヲ得」るのでそうしたのだと述べるが[21]，実際にはすでに函館に商業学校があったので正確には「欠ケテ居ルモノ」は農業と工業であり，同様に村田から「番外ノ説明デハ未ダ実業学校中ニ於テ商業学校ヲ必要トスルノ理由薄弱ト認ム」[22]と断じられている。

このように，議員側の中学校優先論は，まず当初の計画に沿うべきであるという「正論」に立った上で，道庁側の論理の脆弱性を突くという形で展開された。

また道庁が進学先の不在といった出口を問題として中学校の設立を後回しにしようとしていたのに対し，議員側は入学者，入学志願者といったインプットから商業学校案を退けようとしていた。

すなわち，既設の函館商業学校と函館中学校の状況について，「三十四年函館中学校入学志願者二百廿九人，函館商業学校八十六人」[23]という答弁を引き出す。一方，道庁の計画では小樽商業学校の募集定員は160名であった。ここから商業学校が不人気であるという雰囲気を議会に形成し，「小樽ニ商業学校ヲ建テテ利益ノ無イト云フコトハ函館商業学校ニ徴シテ明カナコト」と，商業学校案の不適を訴えるのである[24]。

北海道内においても中学校志願者は年々増加し，この時点での入試倍率は2.7倍に達していた（全国平均は1.8倍）。入口の問題としての中学校入学難を解消するためにも中学校が必要とされた。また，中学校を卒業しても接続する学校が乏しい，という道庁の見解に対しては「中学校ハ高等学校ニ入学スルニ付テノ予備校タルヨリハ，当ニ中学校其レ自体ノ任務ヲ持ツテ居ル」[25]といういわば筋論で応じるのであった。

視学官の大窪は，「入学志願者ノ多イト云フコトハ，中学校ヲ建テタカラト

テ直ニ満足ヲ与ヘ得ルヤ否ヤト云フコトハ未ダ疑問ニ属シテ居ル」[26]と原案への賛同を求めるが，調査委員会は小樽商業学校新設費用である地方費予算第五款第四項を賛成多数で削除した。

第３節　建議という戦略と院外での活動

1．二つの建議案とその効果

　北海道会法により道会には府県制第44条「府県会ハ府県ノ公益ニ関スル事件ニ付意見書ヲ府県知事若ハ内務大臣ニ提出スルコトヲ得」を準用することになっていた。提出できるのは地方長官に対しても内務大臣に対しても「意見書」であるが，地方議会では慣習として知事に提出するものについてはその意見書を建議案として取り扱っており，道会もまた道庁長官に示す意見は建議案として審議することにしていた[27]。

　議員側は審議過程において道庁と議論を交わすと同時に，この建議案によって小樽商業学校案の放棄と小樽中学校の予算計上を促していた。

　まず開会二日目の10月30日，15名の議員から「小樽商業学校ヲ小樽中学校ニ変更シ議案第一号其他関係諸議案更正発案ヲ求ムルノ建議」が発案される。理由は以下の通りであった。

　商業学校中学校共ニ中等教育ノ機関トシテ其切要ナルハ論ナキ所ナリ然レトモ之ヲ本道ノ現状ニ鑑ミルトキハ特種ノ性質ニ属スル商業学校ヨリモ普通ノ性質ヲ帯フル中学校ノ増設ヲ急要ナリトス本道ノ小学校ヲ出ルモノニシテ商業学校ノ不足アルガ為メ失望スルモノト中学校ノ不足ナルカ為メ進学ノ志ヲ遂ケスシテ不幸ヲ被ムルモノト其数果シテ如何ソヤ商業学校ハ函館ノ一校ヲ以テ尚ホ暫ク忍フコトヲ得ヘキモ中学校ハ一日モ其増設ヲ緩フスヘカラサルモノアリ殊ニ商業学校ニ入ルヘキ生徒ハ主トシテ商業家ノ子弟ニシテ中学校ハ即チ全般ニ渉レリ是レ本員等カ緩急ノ順序ニ於テ中学校ヲ切要トシ此建議ヲ為ス所以ナリ其細説ニ至テハ更ニ口頭陳弁スル所アルヘシ[28]

提出者の一人である入山祐治郎は，予算案の各款目の質問に入る前に「議事日程ヲ変更シテ建議案ヲ会議ニ附セラレンコトヲ願ヒ」，その際「討論ヲ用ヒスシテ採決」することを求める緊急動議を提出する。

しかしこれに対しては村田不二三から「建議案ニ就テハ個人トシテハ賛成」だが「予算案ニ対シ少ナクモ第一読会第二読会ヲ経」てから議するべきであると手続き上の問題を理由として日程変更に反対する意見が示され，緊急動議は賛成少数で否決される。

建議案は翌31日に正式に議事日程に上り審議されることになった。この際もう一人の提出者であった高野源之助は「入学志願者ニ対シテ，入校者ノ比例ヲ見マスルト札幌中学校ハ志願者ニ対スル四分ノ一強ニ当リマス」「之ヲ以テ見マスルモ，普通中学校ノ必要ナルコトハ充分ニ証拠立ツルニ足リマス」と前述の中学校入学難を理由として建議案への同意を求めると同時に，以下のような経緯を明らかにしている[29]。

　　去ル三十年デアッタト思ヒマスガ，道庁ノ当局者ノ如キモ小樽ニ中学校ヲ設立スルノ急務ヲ認メ，之レガ敷地ヲ寄付スル様勧誘ガアリマシタモノデアルカラ小樽区ニ於テハ総代人会ヲ開キ，適当ト思ヒマスル土地ヲ選定シテ，時ノ中学校長矢嶋某ノ検分ヲ経マシタ上之ヲ買入レテ以来中学校敷地トシテ保存シ置キマシタ

つまり，道庁と小樽区との間でかなり以前から中学校設立について交渉が行われており，道庁からは校地を寄付するのであれば考慮するという打診があったため，すでに小樽区は中学校敷地を確保しているという状態なのであった。高野の発言からは，道庁の商業学校設置案は小樽関係者にとってはかなり唐突なものと映ったであろうことがうかがえる。

しかし正規の日程に上ったこの建議案は，池田醇による「本議案ノ大体ニ付キ質問ノ始マリタル迄ニシテ今後如何ナル方針ヲ以テ進ムベキヤモ決定致シマセヌ，又当局者ノ意見モ分ラヌ中ニ，本案ノ如キ討議ヲ致シマスノハ如何ナル

モノデアルカト存ジマス」[30]という反対に遭い僅差で否決される。池田は実業学校優先を唱える議会の中では少数派であったが，「小樽中学校ヲ置クト云フコトハ歴史上ヨリ見マシテモ」「入校希望者ノ多イト云フコトヨリ見マシテモ，確カニ其必要ヲ認メ」るが，「第一読会ノ質問モ未ダ了ラサル今日，之レヲ討議スルト云フコトハ聊カ軽率」ではないか[31]，と早々に意思表示することに躊躇した議員がこの反対説に同調したためである。

　この模様については『北海タイムス』が，「高野入山国頭三氏提出の建議案が何の造作もなく否決せられたるより小樽の有志者は事の意外に一驚を喫し」たが「反対者に就て聞くに勿論中学先設を非認したるにあらずして」「第二読会に於て商業学校を削除せば自然の結果道庁は中学校案を提出するに至る」だろうと報じている[32]。

　第一読会が終了すると予算案は調査委員会に付託されるが，すでに述べたように小樽商業学校設置費は11月5日の調査委員会で削除される。これを受けて本会議でも道庁原案が否決される見込みが立ったため11月12日に以下のような「小樽中学校設立ノ発案ヲ求ムル建議」案が再度提出された[33]。

本道教育機関設備ノ順序トシテ小樽区ニ中学校ヲ設立スルハ刻下ノ急務ナリト信スルニ依リ当局者ハ適当ノ成案ヲ具シ本会ニ提出セラレンコトヲ望ム
　理由
　　本道中学校ノ設備不足ニシテ入学志願者ヲ収容スルコト能ハサルハ顕著ノ事実ナルガ故ニ順次之ヲ増設セザルヘカラザルコト論ヲ竢タス而シテ明治三十五年度ニ於テハ先ツ小樽中学校ヲ設立スルヲ適当ノ順序ト思考ス

　否決された前の建議案との相違を確認してみよう。前回の建議案は，順序として商業学校よりも中学校を優先しなければならないと論じながら予算案の変更を道庁に迫るものであった。新しい建議も「順序トシテ小樽区ニ中学校ヲ設立する」と述べている。しかしここでの「順序」とは普通教育が先か，実業教育が先かということではなく，中学校の設置場所についてであることに注意し

なければならないだろう。つまり「設備不足」である中学校を「順次」「増設」する必要があるので，差しあたり「先ツ小樽中学校ヲ設立スル」のが「適当ノ順序」だと述べているのである。提出者の高野も「本道ニ尚二ツヤ三ツノ中学ハ，追々ニ設立スルコトガ必要デ」「先ツ以テ比較的人口ノ多イ，尚交通ノ便利ナル小樽ニ三十五年度ニハ中学ヲ設置スル」のが適当であると説明している[34]。この建議案は小樽中学校の設立を促すに止まらず，今後も適当な箇所への中学校設置を道庁に求めていくという姿勢を示すものであった。

また，前回の建議案は提出者と賛同者を合わせても15名と議席数の過半に達していなかったのに対し，新しい建議案には道内各地の議員が名を連ねており，議席数のほぼ3分の2に当たる22名という大多数の賛同を得て提出されている。その中には室蘭，釧路，網走といったいずれ中学校の設置を求めるであろう新興地の選出議員も含まれていた。そのような議員にとっては，今後の中学校増設に含みを持たせている点で新しい建議案は受け入れやすかったであろう。

建議案は，当日のうちに全会一致で可決される。翌々日の本会議で道庁の小樽商業学校費を削除する調査委員会案が可決され，閉会間際の21日に第三読会で歳出案が確定すると，道庁はその場で小樽中学校を新設する議案を提出する。その際参事官の横山は「道会ノ議決ヲ重シマシテ」と述べており，この議案は即決される。道庁の原案は覆され小樽中学校の設置が決まった[35]。北海道庁が北海道会の建議を尊重した結果であった。

ところで，ルールに基づき建議によって道庁の原案を覆し，道会の意向を政策に反映させたというこの一連の過程は，他の建議案の提出に影響を与えることになった。会期末になって，「上川中学校設置ノ件建議」が提出される[36]。もともと道会が優先問題で紛糾しているときから「小樽中学校の問題は八釜しいやうであるが中学校を置くの必要は小樽よりも上川にある」[37]，「小樽に置くと云ふ論もあるが我々は上川に置いて貰ひたい」[38]と中学校の開設場所について上川選出の議員は不服気味であった。「小樽中学校設立ノ発案ヲ求ムル建議」の賛同者に上川関係の議員がいなかったのはそのためであろう。さりと

て大勢を覆すことは難しい。となれば，小樽に続き「順次」「設置」されるその筆頭として「明治三十六年度ニ於テ上川郡旭川町ニ中学校ヲ設置スルノ発案ヲ希望ス」と建議しておき，翌年の道会に向けて先手を打っておくことが次善の策となる。

　この建議案は上述の経緯から上川選出の議員が中心となっていたが，賛成者も含めると小樽の際と同じく総勢22名と大多数の賛意を得て提出され，また全会一致で可決されている。

　以前なら，不可能であった道庁の教育政策への民意の反映が，道会の開設によって可能となった。小樽中学校が"成功体験"となることで，道会議員にとって建議という手段は，道庁の予算編成権を掣肘する有効な対抗策として認識されることになったといえる。

2．院外での折衝

　しかしこの建議という方法は，実は道庁長官の示唆に依るところが大きかった。道会開会直前，小樽教育会の代表が予算案にある小樽商業学校新設費を中学校新設費に変更するよう陳情に訪れた際，園田長官は次のように述べたという。

　道庁にては商業学校□□に固執するものにあらず又固より中学校設置の喫緊を認めざるにもあらず去れど曩に大窪教育課長をして小樽区会議員に諮らしめたるに商業学校先設の希望多数なりしを以て道庁にても先づ商業学校を設置せんことに決定し既に道会提出の予算にも編入したれば今更之を変改せんこと頗る難し，故に小樽区の為に謀るに道会議員等と相談し建議案として道会に提出する方然るべし，道庁は決して中学先設に反対はせざるべければ其辺は誤解なきやう[39]

　つまり，予算編成が済んでしまった以上道庁自身が変更を加えることができないので，道会議員に建議をさせてはどうか，と他ならぬ長官自身が小樽関係者に勧めていたのであった。同時にここからは，道庁としては小樽区の賛同を

得て商業学校を優先することにしたはずであり，このように後から，やはり中学校を優先してほしいという要望が示されるとは予想していなかった様子もうかがわれる。

では商業学校に変更するに際し，道庁は中学校設置を長く待ち望んでいた小樽区からどのように了解をとったのであろうか。坂本紀子の先行研究では，予算案編成前の9月に視学官の大窪が商業学校優先案を携えて小樽に赴いていたことがわかっている[40]。その優先案は当時の小樽区長であった金子元三郎の主導によって，充分な議論を尽くさないまま区会で承認され，大窪は商業学校設置を受け入れた小樽区の返答を持ち帰っている[41]。これが園田がいう「大窪教育課長をして小樽区会議員に諮らしめたるに商業学校先設の希望多数なりし」の顛末であるが，手続きが拙速であったことから金子等の行動は「大窪視学官一席の鎖談に傾聴し何の思慮もなく中学校に代ゆるに甲種商業学校設置を可決」[42]したと非難されることになる。

これに対し，従前から中学校の設立を主張していた小樽教育会は臨時集会を開き，商業学校の設立計画の再考を促す建議書を長官に届けることとなった[43]。この陳情の結果，「建議案として道会に提出する方然るべし」という先の園田の発言が導き出されたということになる。

この助言を得て小樽教育会会長の「山田吉兵衛氏の如き高橋重治氏の如き機を見て各議員の意向を確かめ」るため奔走するが，「沿岸地方選出の議員諸氏は等しく中学校論者にして函館より東海岸地方議員の如き」も「中学は速かに設立せざるべからすと云ひ」「空知上川地方議員すら」「中学論者として道会に於て商業学校を否決し中学校急設の建議に賛成する旨異口同音に答へた」という[44]。

活発な議論が交わされた第一回道会であったが，実際には道会開催前に小樽商業学校案を否決し，それに代えて小樽中学校新設案を成立させる，という筋書きは整っていたともいえる。そうだとすると，道会で交わされた実業教育と普通教育の優先論議は，いわばそれに基づくロールプレイということになるが，それだけに正論を正論として展開しやすい状況でもあった。

道会の結果について『北海道教育雑誌』は,「中等教育の全体より之を打算するときは」「好成績と称せざるを得す」と賛意を示し,「殊に小樽商業学校を削除して, 小樽中学校を創設せしが如きは, 議員諸君の眼識を見るに足れり」と中学校を優先した措置について高く評価している[45]。このように道会の意見が通り民意の反映された健全な議会運営だったと見ることもできるが, 反面, 健全に運営されるよう事前に環境が整えられていた結果と見ることもできるのである。

3. 高島水産学校の取り扱い

以上のように小樽商業学校が中学校に復する一方, 本会議ではその設立に関してとりたてて異論がなかったはずの高島水産学校が調査委員会で否決されている。この顛末について若干言及しておこう。

もともと道会開催以前から, 漁業関係者の間で水産学校の設立を要望する声が上がっていた。十年計画に水産学校が掲げられているのはそのためである。また, 税負担の軽減も漁業関係者が長く要求してきたところであった。開拓使や北海道庁は一貫して農業を保護する一方, 主要な財源を水産税に求めてきた。そのため道会は, 水産税の軽減を求める漁業関係者とそれに反対する農業関係者との利益が競合する場ともなっており, 当時は海派(党), 陸派(党)の争いともいわれていた[46]。

こういった経緯から新聞は, 高島水産学校については, 水産税が「漁民の負担を苛重ならしめ痛く漁業家の反抗を買」うので「其鎮撫策として」「水産学校を俄かに設立する」ことにしたのだろうと推測している[47]。十年計画を前倒しした措置とも合致しており, 見当外れの記事ともいいづらい。

一方, 設置場所である小樽側は, この予算案を積極的に支持し,「其位置に就てこそ多少の議論ある可けれ之か為めに水産学校を踏潰すか如きは万ある可からす」と原案通過に期待を寄せていた。ただ同時に,「仮に同校設立案を以て陸海両派の衝突点に擬するも事実に於て甚しき喧喧に成らざる可く」と陸派からの反対意見が出ることに一抹の不安を覚え,「全道教育の大局より打して之が緩急利害を尋明し徒らに私心若くは地方的感情の為め之を犠牲にするを許

さざる」と釘を刺している[48]。

　しかし本会議では，高島水産学校について強い異論は示されなかったものの，その後の11月5日の調査委員会では陸派の東武が水産学校の設立に強く反対している。

　　当局者ハ水産税ガ多額ナルヲ以テ水産学校設置必要ガアルト云ハレタ様ニ聞テ居リマスガ，本員ハ其必要ヲ認ナイ当局者ヨリ提案セシ商業学校ヲスラ，已ニ否決シテ居リマス況ンヤ世界ニ類ノ無イ本校ノ如キ兎テモ其必要ヲ認ムルコトハ出来ンノデアリマス[49]

　一般的な実業学校である商業学校をすでに委員会で否決しているのであるから，より特殊な水産学校は不要である，という意見であるが，水産税云々を口にしているところに陸派としての立場が表れているともいえよう。
　これに対し，小樽支庁選出の国頭次郎は東の発言は「取ルニ足ラン暴論」として反論するが，こちらはこちらで，「北海道ガ今日ノ隆盛ヲ見ルニ至ツタノモ，水産事業其原動力デアルト云フコトハ諸君モ御承知ノ事デアリ」，それに対し「農業ノ方ハ」「万般ノ事皆官庁ノ保護ヲ得テ居ルデハアリマセヌカ」と海派が置かれてきた立場を示しつつ，ならば「水産事業ニ対シテ一ツ位ノ学校ヲ設備スルニ最モ易々タルモノデ」はないかと理解を求めている[50]。
　この対立に，渡邊徹三（河西支庁・陸派）が「今日ノ場合必要ガアルカ否ヤモ，研究ヲシタ上デナケレバ直チニ決スルト云フ訳ニハ行クマイト考ヘル」ので「此〔高島水産学校新設費の・筆者註〕項ノ決議ハ延期スベシ」[51]と割って入り，議決は延期される。
　ところが翌々日の11月7日，賛成だった国頭が「自説ヲ取消之ヲ削除スルト云フコトニ賛成シマス」と意見を翻す。「延期ノ時間ヲ利用シテ列席委員三四ノ意見ヲ叩キ，委員外ノ水産縁故ノ議員ニ就キマシテモ其意見ヲ徴シマシタ処ガ」「学校其物ニハ反対セストノ事デアリマスガ，未タ嘗テナイ新規ナ学校デアル」ので「三十五年度中ニ充分之力調査ヲ為シ，三十六年度ノ予算ニ編入

提出セラレタシトノ意見ヲ有スル者ガ多イ」。このようにすでに大勢は決しているので,「討死センヨリ寧ロ撤回ニ勝ル」という判断からであった[52]。

この間,具体的にどのような動きがあったのかはわからない。しかし本会議で調査委員会の結果が報告された際,国頭は自分は否決に回ったが,それは「本道ノ経済ニ鑑ミ即チ緩急ヲ計ツテ已ムヲ得ズ涙ヲ呑ンデ繰延ベ」たのであり「コレダケノ事ヲ特ニ議事録ニ留メテ置キタイ」と発言している[53]。国頭にとっては苦渋の決断であり,何らかの取り引きがあったことをうかがわせるが,ここでは,調査委員会で上のように決議延期を提案した渡邊や,否決は否決でも「今年ハ之ヲ繰延ベタイト云フ迄デアツテ之ヲ全廃スルト云フ訳デハナイ」[54]と時期尚早の立場を示した助川貞二郎（空知支庁・陸派）といった議員が,調査委員会の後に提出された小樽中学校の建議案には提出者や賛成者として名前を連ねていることを指摘しておきたい。

第4節　第一回北海道会とその影響

このように議論の展開や落としどころがある程度整っていた初回道会であったが,道会閉会直後,北海道教育会の総会に出席した園田長官は以下のように述べている[55]。

道会には従来の方針を改めて中学のかはりに実業学校を作るの案を提出したが与論の結果普通中学を置く事になりました,然るに本道の普通中学を卒業したものが高等学校に入るものの数は実に少いので其1/5にしかないのである,他五分の四は只中学を終はっただけで社会をうろついて居ると云へば少しく過言か知らぬが　殆んど格別用はなして居らぬ実業に力を致して居らぬと思ふ

演説は,「諸君は勤めて児童を小学校を卒業したならば実業教育を受けさせ」るよう尽力されたい,と締めくくられており,道会の結果に必ずしも満足して

いなかったことがうかがわれる。道庁は道会で示された民意を今回は尊重したのであり，実業教育優先の方針は変わらず保持しているのである。

　それだけに北海道庁の実業教育優先論に基づく予算案を道会が覆したという意味は大きい。全国的に中学校は濫設状態であること，そのため実業教育を奨励したいとする文部省の意向を以て道庁は商業学校設置のオーソライズを図ったが，中等教育全般の整備が必要であった北海道では通じにくかった。「文部省が近来実業教育を奨励するのは誰れも知つて居るが夫れは普通学をヌキにした話しではないのだ国民的中等教育即ち中学校を立てずに実業学校を設けよと云ふ趣旨ではないのだ」[56)]という認識は道会内にかぎらず一般的であった。

　また道会では明言されてはいなかったが，商業学校設置が小樽が商業地であることを念頭に置いての提案であることは容易に想像でき，小樽区実業家の一部からは同調する発言もあった[57)]。これに対しては，たとえばマスコミが「中学校に至りては独り小樽の為に設くるものに非ず汎く北海全道に於ける中学教育上欠く可らざる機関」[58)]である，または「小樽に中学校を設くるのは単に小樽区民の為めなのではない其地区が七万の人民を収容し本道西北海岸の要路を占むる為めに小樽に設くるを便利とするのだ」[59)]と応じている。つまり設置される庁立学校については設置場所である小樽の利益だけではなく，より全道的な視点に立って考えるべき，という雰囲気が醸成されており，今回の議論が庁立学校の公共性という本質論を背景として展開されていた点にも注目すべきであろう。

　このように道会では筋立った議論によって小樽中学校の新設が決まっていったが，反面道会の外では前述したような小樽教育会と道庁長官との内々の折衝の他にも様々な工作が繰り広げられていたことも確かであった。まず，商業学校変更案を携えて小樽に赴いた大窪が「中学校を廃め商業学校設立に更正せば水産学校を小樽に設立すべし」と交換条件を提示して[60)]，「水産学校をダシに使ツて小樽の区会議員を籠絡し」たのだ[61)]，という報道が残っている。事実だとすれば，道会で実業学校優先を諄々と説く一方で，かなり強引に商業学校への転換を持ちかけていたことになる。さらに「聞く処に拠れば道庁は小樽に

は差当り商業学校を設け中学校は上川に設けん考もあり」という憶測が「先年来上川有志の運動し居る処に徴するも全然無根の浮説にもあらさるべし」とかなり現実味を持って受け止められていた[62]。上川出身の議員は会期中になっても「共有地は四十万坪」あり「中学校の敷地とあれば何時でも其中を寄附することに決まつて居る」となお上川中学校の実現の可能性を模索していた[63]。地域間で中学校の設置優先順序をめぐる争いもすでに始まっていたのである。

　北海道の中等教育制度は，他府県と同様まず普通教育機関の整備から着手されることになったが，このような争いが顕在化すれば道庁が危惧していた中学校濫設に傾くことになり，これまた他府県の轍を踏んでしまうという可能性も内包することになった。各地方から示される中等教育機関設置の要求を今後道庁がどのように捌きつつ，同時に自身の実業教育重視の姿勢を保っていくのかが注目されるのである。

　ところで，今回の道会では小樽区が校地を提供して北海道庁立学校を設立する，という地元負担の問題はほとんど自覚化されなかった。今回同時に設立されることになった札幌高等女学校の校地も札幌区が手当てしている。このようなケースの積み重ねは庁立学校設立時における地元負担を黙認することにもつながりかねないが，小樽の場合，校地については数年前すでに提供が済んでしまっており，今回の道会ではそこにどのような学校を作るのか，という点に関心が集中した。その結果，地方費で建てる学校の敷地を地元が提供するという費用負担の問題が道会に浮上することはなかった。しかし設置者以外からの費用拠出はやはり通例とは言い難いはずである。この問題もやがて，庁立学校の設立が続くなかで，次第に議論の対象として表面化してゆくであろう。

注
1) 北海道内における議会開設運動については，船津功『北海道議会開設運動の研究』（北海道大学図書館刊行会，1992年）にくわしい。
2) 北海道議会事務局『北海道議会史　第一巻』1954年，89-91頁。
3) 『第十五回帝国議会貴族院議事速記録第十四号』1901年3月19日，190頁。

4) 注2) に同じ，106頁．
5) その内容については，北海道立文書館所蔵の『北海道十年計画』(請求番号：A7-1/32)で知ることができる．
6) 北海道新聞社編『星霜4　北海道史 1868-1945』北海道新聞社，2002年，46頁．
7) 「教育拡張計画」『北海道教育雑誌』90号，1900年7月，60頁．
8) 「北海道議員の当選を聞きて望む所あり」『北海道教育雑誌』104号，1901年9月，1-2頁．
9) 『北海道会第一回通常会議事筆記録』第二号，1901年10月30日，8頁．
10) 同上．
11) 斉藤利彦『競争と管理の学校史』東京大学出版会，1995年，65-68頁．
12) 『第一回議事筆記録』第五号，1901年11月12日，55-56頁．
13) 「地方官会議（第二回）」『読売新聞』1901年6月29日．
14) 田所美治『九十九集　菊池前文相演述』大日本図書，1903年，1頁．
15) 大窪実の発言．『北海道会第一回通常会議案第一号外十件調査委員会議事筆記録』第三号，1901年11月5日，21頁．
16) 入山祐治郎の発言．注9) に同じ，9頁．
17) 同上，10頁．
18) 村田不二三の発言．注15) に同じ，22頁．
19) 同上，21頁．
20) 同上，27頁．
21) いずれも大窪実の発言．同上，22頁．
22) 同上．
23) 大窪実の発言．同上．
24) 村山儀七の発言．注20) に同じ．また，村山は続けて「聞ク処ニ依ルト該校〔函館商業学校・筆者註〕ニ於テハ卒業生僅カニ十三人デアリ」と述べている．だとすれば，中学校より商業学校を優先させる理由として中途退学者の多さを用いることも難しくなる．
25) 村田の発言．同上．
26) 同上．
27) 注2) に同じ，116頁．
28) 注9) に同じ，3頁．
29) 『第一回議事筆記録』第三号，1901年10月31日，13頁．
30) 同上．
31) 助川貞二郎の発言．同上，14頁．
32) 「小樽中学問題に就て」『北海タイムス』1901年11月5日．
33) 注12) に同じ，49頁．
34) 同上，50頁．
35) 『第一回議事筆記録』第十二号，1901年11月21日，120頁．

36)『第一回議事筆記録』第十三号，1901年11月22日，128頁。
37)「道会議員訪問録　友田文次郎氏」『北海タイムス』1901年10月30日。
38)「道会議員訪問録　武市清行氏」『北海タイムス』1901年11月7日。
39)「小樽中学問題」『北海タイムス』1901年10月17日。
40)坂本紀子「明治中期における北海道の中等教育機関設置をめぐる住民要求―小樽中学校設置過程における教育要求を通して―」『北海道教育大学紀要（教育科学編）』第59巻第1号，2008年，246頁。
41)同上，243頁。
42)「小樽と中学校問題」『北海タイムス』1901年9月28日。
43)注40)に同じ，244頁。また『北海タイムス』も，小樽教育会が建議書をとりまとめ，代表が長官に面会したと報じている（「小樽教育会建議書」1901年10月6日，「商業学校変更陳情委員」同年同月10日）。
44)「道会と小樽中学問題」『北海タイムス』1901年10月25日。
45)「第一回北海道会」『北海道教育雑誌』107号，1901年12月，4頁。
46)たとえば中央でも，「北海道会議員選挙の結果，議員の椅子の多くは政友会員の占むる所」だが党派争いは「中央政党の関係を全く度外に置きたる海党陸党の間に起るならん海党とは漁業家及び之に関係ある議員を云ひ陸党とは農業家及び之に関係ある議員を云ふ」と説明されている（「北海道会と党派」『東京日日新聞』1901年8月25日）。
47)「小樽区と水産学校」『北海タイムス』1901年9月13日。
48)「水産学校の設立」『小樽新聞』1901年9月21日。
49)注15)に同じ，28頁。
50)同上，29頁。
51)同上。
52)『第一回調査委員会議事筆記録』第五号，1901年11月7日，51頁。
53)『第一回議事筆記録』第七号，1901年11月14日，72頁。
54)注52)に同じ，53頁。
55)「園田長官の国民教育に関する演説」注45)に同じ，6-7頁。
56)「忙中閑筆」『小樽新聞』1901年9月12日。
57)注40)に同じ，246頁。
58)村上祐「論壇　中学校―対―商業学校」『北海タイムス』1901年9月18日。
59)注56)に同じ。
60)「小樽区役所の秘密会」『北海タイムス』1901年9月27日。
61)「道会途説」『北海タイムス』1901年10月25日。
62)「小樽の中学校と実業学校」『北海タイムス』1901年9月12日。
63)注38)に同じ。

第二章

中等普通教育機関と地元負担
――上川中学校と函館高等女学校の設立をめぐって――

第1節　建議と道会の主導権――第一回北海道会の影響

　本章では，初回の北海道会に引き続き，第二回と第三回の道会における中等教育機関設置の論議を検討する。前章で見たように，北海道庁は開拓の進展を図るために実業学校を優先して設置する，という方針を示していたのに対し，道会側は普通教育機関の未整備を理由として中学校設置の先行を主張していた。端的にはそれは小樽に先設すべきは商業学校なのか，中学校なのかという論議に表れることになったのであるが，論戦の末，道庁原案の小樽商業学校案が退けられ，中学校設置が可決される。

　道庁が道会に屈した最大の要因は，実業教育の重要性を主張するものの，ではどの校種の実業学校をどのような優先順序で整備していくか，という基本方針に欠けていたことにあった。その結果，道庁が比較的穏やかに商業学校案を撤回し，道会が主張する中学校設置の予算案を提出し直したことで，道会議員は自分たちの建議の影響力は大きいという感触を得ることになった。

　そのため，第一回道会の会期末，道会は道庁に，翌年に上川中学校を開設する予算を提出するよう求める建議を可決している。したがって，第二回道会は，この上川中学校の早期開設をめぐっての議論が活発に展開されることになる。さらに，第二回道会では函館高等女学校の設立が建議されており，これが第三回道会の主要な議題となる。道会にとっては実業教育も大事であったが，中学

校や高等女学校といった中等普通教育機関が整備されることがまず先決であり、その主導権は建議によって確保できるはずであった。

ただ実際には、建議に際してはそれが実現可能かどうか、前もって当局と調整をしなければならないであろうし、それ以前に、道会内部でその成り行きについてすり合わせておく必要がある。とはいえ、道庁が未だ実業教育機関整備の全体像を示せず、したがって中等教育政策の方針も定まらない状況が続くかぎり、道会としては中等教育機関の整備政策に対し、建議によって、まずは普通教育を優先させるべきというマジョリティーの意見を反映させることができると考えるであろう。

しかし北海道は当時、天候不順による凶饉が予想され、緊縮財政を迫られていた。そのため、後ほど見るように道庁は歳入不足を理由として、極めて選択的な予算編成を示してくる。そうなると、建議によって成立が確実であったはずの学校ですらその成否が危ぶまれるようになる。ここから、庁立学校新設費用をどこから捻出するか、つまり地方費歳出を節減して設置費用をかき集めたとしてもまだ不足であれば、それは誰が担うのか、という費用負担の問題が本格化する。

また、道庁の中等教育政策方針の不在を難じながら建議によって任意の中等教育機関を設立させようという道会側にも実は明確な展望があるわけではない。その場その場で必要と合意した学校について建議しているという見方もできる。したがって、明確な方針を持たないという点では道庁と道会は実は同じである。この状況は、もし先にどちらかが明快な方針を示したならば、方針を持たないもう一方が──とりわけ各論に及ぶと地域利害の対立が露わとなり組織的にまとまりにくい道会側にとっては──それに従って行動せざるを得なくなる、という力関係の転換を容易に進める素地となるのである。

本章で取り扱うのは、この費用負担、とりわけ普通教育機関である中学校や高等女学校の新設費用を誰が担うべきかという問題である。財政難を前提として議論が進められてゆけば、論点は実業教育／普通教育という優先問題から、優先すると決まったその学校の設置費用の捻出に移ってゆくであろう。道会は

学校新設を建議して翌年の地方費予算への編入を促す。しかし道庁にあっては，意にそぐわなかったり，実現困難な学校設置に対しては予算を出し渋ることも可能であった。

第2節　第二回北海道会と上川中学校

1．道庁原案に対する反応

　前年において道会は会期末に，札幌，函館，小樽に続いて第七師団の設置により人口増加の著しい上川郡旭川町への中学校設置を建議している。したがって，多くの議員は第二回道会では道庁からその予算案が示されるであろうと予想していた。ところが道庁が示したのは上川中学校建築費についてこれを4年間の継続支出とし，1903（明治36）年度は校地の整地にとどめて，1904（明治37）年より授業を開始する，という案であった。この予算案について長官の園田は以下のように説明している。

　　地方税ヲ以テ支弁スヘキ事業ニシテ，施設経営スベキモノハ多々アリマスル，然ルニ本年ハ……天候不順ノ年デアルト云フコトデアリマシタ，故ニ本官ハ凶饉ノ憂ヲ慮リマシテ，三十六年度ノ予算ハ努メテ節約ヲ致シテ提出シタル訳デゴザイマス，……〔上川・筆者註〕中学校ハ御承知ノ通リ師団モ既ニ完備致シマシテ将校サヘモ殆ト六百以上ノ数ニナツテ居リマス此子弟ノ教育上ニ，中学校ガナイト云フコトハ甚ダ不便ヲ感ズルト云フコトヲ数年前ヨリ承ツテ居リマシタガ，然ルニ此案ヲ追加予算トシテ出シマシタノハ，……不幸ニモ十分ナル財源ヲ見出スコトガ出来マセヌ所カラ，已ムヲ得ズ御承知ノ通リ三十六年度ハ極ク僅少ノ額ヲ以テ，是ニ着手ヲ致シテ四年間ニ完成スルコトニ致シタ訳デアリマス[1]

　凶作のため歳入不足が予想されるので，緊縮措置を取らざるを得ないというのがその理由であった。しかし道会はこれに反発する。まず中等教育整備につ

いての展望に欠けているのではないか，という批判がなされる。なぜなら，前年度に実業教育の振興を強く説き商業学校や水産学校を提案していたにも関わらず，今回提出した中等教育関係の新規予算はこの上川中学校整地費用の一件のみだったからである。

　たとえば，函館区選出の池田醇は「本年モ実業学校ト云フモノニ付テハ，何等ノ御経営モ見エテ居ナイ」「道庁長官ガ如何ナル方針ヲ執ツテ，将来吾々ノ跡ヲ継承スル所ノ者ヲドウ云フ風ニ導イテ往カウト云フ御考デアルカ，其御方針ヲ承ツタ上デ，吾々ハ此予算ニ対シテ協賛ヲ与ヘナケレバナラヌ」と述べている[2]。池田は議員の中では実業教育優先の立場をとる少数派であったが，実業学校案も見えず，上川中学校費も僅少で事実上来年度新規の学校は皆無，ということであればどちらの立場であっても今後の方針が見えない，という不満は同様であろう。

　普通教育優先の立場を取る札幌区選出の村田不二三も「学校ノ増加，女子教育ノ普及，更ニ進ンデ実業的教育ノ発達ヲ図ラントシマスルナラバ」「漫然一年度ノ予算ノミヲ料リ，一年度ノ予算ノミヲ議シ，之ヲ以テ足レリトスベキデアラウカ，或ハ又今日ノ場合ニ於キマシテ，将来ノ大策ヲ考ヘナケレバナラヌ，極メテ重要ナル時期デハアルマイカ」，と道庁の方針が単発的，糊塗的であると批判している[3]。入山裕治郎に至っては「昨年ノ道会ニ於キマシテ，中学校ヲ捨テ置イテモ，小樽ニ商業学校ヲ建テナケレバナラヌト云フ必要ヲ感ジテ居ツタ当局者ガ本年ノ道会ニハ，実業学校ノ実ノ字モナイ，亦タ水産学校ノ水ノ字モナイ」と難じ，「理事者トシテ，余リニ教育上ノ方針ガ無定見」とまで言い切っている。その上で，「道会ニ盲従スルト云フ所ノ方針デアルナラバ格別，道会ハ道会トシテ，理事者ハ理事者トシテ，教育上ノ胸算ガアルナラバ，此時此際明白ニ承リタイ」と皮肉を交えながら方針の開示を強く迫る[4]。

　これに対し長官は「本道ニ於テハ，普通ノ中学モ亦タ中等ノ実業学校モ，何ヅレカ急務ト云フ，其前後ノ区別ヲナス場合デハナイ」と実業教育の優先にはあえて固執していないとして，「勿論地方税ノ経済ガ許シマスナレハ，一箇所モ多ク普通ノ中学モ，実業学校モ設立致シタイト云フ考ヘデゴザイマス」と述

べる。「昨年商業学校案ヲ改メマシテ，中学ニ致シタノハ」「本道ノ与論ヲ代表スル所ノ諸君ガ中学ニ致シタイト云フ，御意見デアリマシタカラ」それに従ったまでで，同様に「水産学校ノ如キモ，勿論必要ト認メテ居」るものの「本道ノ与論ヲ代表スル所ノ諸君ガ，不急トセラレテ之ヲ否決サレタ」のであるから「凶歉ノ憂ヘガアリマス」「本年猶亦提出スルト云フコトハ如何トハ思ヒ」差し控えたまで，と問題の所在を財政難に集約させて応じており，中等教育政策の方針について言及することはなかった[5]。

このように中等教育の展望が明らかにされないという不満に加え，道会は，来年度からの開校は無理なので差しあたり整地費用を計上しておこう，という道庁の姿勢をその場しのぎと受け取った。先の入山は「当局者ハ上川中学校ノ……八百二十円ヲ当議会ニ要求セラレタノハ，本年度ノ一年間ノ地均ニ要スル費用デスカ，敷地ヲ一年間早ク置カヌト何カ差支ヘガアルノデスカ，ソレトモ余リ上川ノ人民ガ喧シク言ツテ騒グカラ，兎ニ角是丈ノ手附ヲヤツテ置クト云フノデスカ」と尋ねている[6]。それに対する道庁の回答は以下のようなものであった。

　上川中学校ノ敷地ハ，色々調査ヲ致シマシタ結果，現在上川ノ農事試験場ニ使ツテ居ル敷地ガ，最モ適当デアルト認メマシテ，其敷地ニ建築致ス事ニ略々決定シ……ソレデ其農事試験場ヲ一方ニ移転シナケレバナラヌ，其移転ノ場所ニ付キマシテハ……永山村ニ於テ相当ナ土地ガアリマスノデ，ソレヲ其地方ノ者ガ寄付スルト云フコトデゴザイマスカラ，其処ヘ移転ヲシマス……此移転ガ直ニ来年ノ初メカラ出来ルカト云フト，サウ云フ訳ニハイカナイ，……ソレデ来年度中或ハ六月ニナリマスカ，八月ニナリマスカ，上川中学校ノ工事ニ着手ヲ致シマシテ，其年ノ内ニ落成スルト云フコトハ，或ハ困難デアラウ故ニ来年ハ，先ツ農事試験場ガ移転シタ跡ノ地面ノ地均ヲスルト云フコトガ一ツノ理由デアル，モウ一ツハ上川中学校ノ建築ト云フコトガ起ツテ来タタメニ……又タ相当ノ財源ヲ見付ケナケレバナラヌ，其財源ガ今日ノ所デハ，先ツ相当ノ財源トシテ採ルベキモノガナイト云フ考カラシテ，是ガ第二

ノ理由デアッテ,先ヅ三十六年度ニハ学校ノ建築ニ付イテハ,地均ダケヲシテ置ク斯ウ云フコトニ致シテヲイタノデアリマス[7]

　道庁は,開発が進んだ旭川町から農事試験場を北部郊外の永山村に移転して,その空き地に上川中学校を設立しようと考えていたのであった。しかし移転作業は来年度以降であり,長官が述べたように学校建築の「財源トシテ採ルベキモノガナイ」ので,再来年の下準備として整地費だけでも計上しておくという説明である。確かにこれでは,中学校を設立する姿勢だけは見せておこうとしているのであろう,と議員が受け止めるのもうなづける。しかし一方では道庁が乏しい財源から下準備にかかり,なるべく施設を整えてから学校を開設したい,と考えたと見ることもできる。またその校地も小樽中学校のときのように地元負担に頼むのではなく,農事試験場跡地という道有財産から工面しようとしている点が注目される[8]。校地選定については新聞が,道会開会前に「有志者より寄付申出あるも総て不適当の位置のみ」なので道庁が「試験場を永山村に移転し其用地を以て之に充る」意向であることをすでに伝えていた[9]。

　しかし道会側は,あくまで上川中学校を来年度開校させることに拘泥する。言い換えれば,自分たちが昨年可決した「明治三十六年度ニ於テ上川郡旭川町ニ中学校ヲ設置スル」という建議をなんとしても実現させようと試みることになるのである。

2. 道会による建議

　すなわち,開会5日目の10月29日,7名の提出者と11名の賛成者によって「明治三十六年度ニ上川中学校開設ノ発案ヲ求ムルノ建議」が議題に上る。建議によって前年の建議を実現しようとするのであった。中心となっていたのはもちろん上川支庁出身議員であったが,賛成者には札幌のほか道東,道南選出議員も名前を連ねており,これが全道的な問題として捉えられていたことを示しているといえよう。建議案は以下のごとくである。

　上川中学校ヲ明治三十六年度ニ於テ設置スルノ件ハ昨年通常道会ニ於テ満場

一致ノ決議ヲ経テ建議セル所ナルヲ以テ当局者ハ之ヲ三十六年度ノ予算ニ編入シ本会ヘ提出セラルベキヲ信ジタリ然ルニ何ゾ図ラン当局者ハ単ニ三十六年度ヨリ向フ四ヶ年ノ継続事業トシテ其建築費ヲ提出セラレ三十六年度ニ於テハ僅カニ地均ヲ為スニ過ギス是全ク三十六年度ノ設立ヲ延期シ三十七年度ニ経営スルモノニテ本会建議ノ主旨ニ違フノミナラズ本道中学教育ノ発達ニ影響スル甚タ鮮少ナラズ是レ三十六年度ニ於テ開設ノ成案ヲ求ムル所以ナリ[10]

建議理由はこれにほぼ尽くされているが，重ねて上川支庁選出議員武市清行は「昨年ノ道会ニ於テ，満場一致ヲ以テ議決シテ，建議シテ居ルコト」なので「充分ナル発案ガアラウト存ジマシタ所ガ，豈図ランヤ，僅カ八百何円トイフ地均費ニ止メテシマイマシタルノハ，啻ニ私共即チ本会ガ一驚ヲ喫スルノミナラズ，本道ノ中等教育ニ於テ，頗ル遺憾ノ点デアラウト思フ」と道庁の態度が不誠実であると述べている。また，賛同者を広く集めたことが「上川中学校ヲ速ニ設立ヲシナケレバナラヌト云フコトハ，モウ与論即チ定論デアラウト思ヒマス」という根拠となる。その上で「速ニ本年度即チ三十六年度ニ於テ，此上川中学校設立ノ費用ヲ，経常費トシテ，発案アランコトヲ希望スル」と来年度即時開校を主張するのであった[11]。

これに対しては，「言訳的ナル姑息的ナル，子供欺シノ如キ一年間待テ，八百二十円ダケ出シテ，地均シヲシテヤルゾト云フヤウナ当局者ノ発案ニハ，全然私共ノ敬服出来ナイ」ところであり，「厳然タル立派宏壮ナル中学ヲ建築スル希望デハナクシテ」「中等教育ヲ一日モ早ク受ケサセタイト云フノガ希望デアラウト思」うので，小樽中学校のようにとりあえず「借家住居デ授業ヲ開始スルト云フコトニナリマスレバ，僅カ七八千円ノ金ガアレバ出来ル」というかなり具体的な金額を掲げながら同調する声が寄せられた[12]。即刻採決した結果，出席者29名中25名という大多数の賛成を得て建議案は可決されている。

3．財源問題（1）－道庁の授業料値上げ案

道庁はこの建議を容れ，本校舎の完成については4年計画のまま来年度から

仮校舎で授業を開始するための予算案を再提出するに至る。この建議の実現は結局，仮校舎で開校するために必要な財源を確保できるかどうかにかかってくるのであるが，道庁はそれを既存の中学校と高等女学校授業料の値上げに求めてきた。

　この発想に至るまでの道会での議論の流れは，当局者によって次のように把握されていた。「当局者ノ希望ハ，成ルベク速ニ此上川中学校ヲ建テタイト云フ希望デア」ったところ「本会ニ於キマシテハ，矢張当局者ト同様ノ御意見ヲ持タルル御方ガ多数デアツ」た。つまり道庁としても来年度中になんとか着手したかったところ，道会から強い賛意が示されたので「ソレデ当局者ニ於キマシテモ，其点ニ於キマシテ，御同情ヲ得タコトヲ喜ンデ，種々其支出ニ充ツベキ歳入ヲ研究」し，その結果「一般ノ人民ニ甚シキ負担ヲ感ゼシムルコトナキモノト認ムル所ノモノヲ選ンデ，即チ一般ノ中学校，高等女学校ノ授業料ヲ増加シテ，中学校ハ三十銭，高等女学校ハ二十銭ト云フ授業料ヲ増加シテ，此歳入ヲ以テ此支出ニ充テルコトニ致シタ」。つまり上川中学校費の財源を穏当な場所から調達しようとした結果，中学校と高等女学校の授業料の増額に求めることになった，という説明である[13]。従来，中学校の授業料は1円50銭，高等女学校は1円であったから，20パーセントの値上がりということになる。

　この追加予算案の提案に対しては，まずなぜ財源を特に授業料増額に求めたのか，という質問があった。これについて視学官山田邦彦は「中等教育ノ財源ニ付キマシテハ」全国的に「段々教育上ノ収入ヲ以テ，漸次ニ費用ヲ補ツテ行クト云フ傾キニナツテ居」るので，北海道でも同様に，授業料で経常費を賄うようにしたいと答えている[14]。

　この回答に対し，では「商業学校トカ，或ハ商船学校ノ方ハ省イテアツテ」「札幌中学校ノ生徒ヤ，函館中学校ノ生徒，乃至小樽中学校ノ生徒ト云フモノガ余計ニ授業料ヲ払ハナケレバナラヌト云フヤウナ結果ニナル」が，「ドウ云フ理由デ，函館商業学校，商船学校等ノ授業料ハ其儘」なのか，という疑問が示される[15]。これに対して山田は以下のような注目すべき発言を行っている。

商業学校及商船学校等ハ，是ハ申上ルマデモナク，実業学校デアリマシテ，実業学校ハ今日ノ場合ニ於キマシテハ，我ガ日本帝国ノ方針ガ，最モ保護主義ヲ採リマシテ，授業料等ハ成ベク取ラヌト云フマデニシテ，奨励ヲスルト云フ趣意ニナツテ居リマス，……ソレ故ニ，此等ニ負担ヲ別ツト云フコトヲ致シマセヌ，然ルニ中等教育ノ方ハ，……其学業ヲ以テ身ヲ立テルト云フ所ノモノニ対シテ，其幾分ノ負担ヲ別ツト云フコトハ，是ハ当然ノコトデアリマシテ，各国ノ中等教育ノ趨勢ハ，皆ナ同ジコトニナツテ居リマス[16]

この時点で，道庁は実業教育と中等教育を峻別していたことが理解される。中等教育については生徒や保護者といった受益者に負担を求めつつ，その需要に応えようとする一方，実業教育については国家的な利益という観点から一種の優遇を加えるという姿勢である。道庁は実業教育の振興という立場を放棄していたわけではなかった。前回の小樽の場合のように道会の抵抗が強く優先が難しいのであれば，優遇するという措置を選択したともいえる。

上川中学校の新設費用を授業料の値上げで補おうとする道庁のこの提案に対し，本会議ではこれ以上の質疑は交わされなかった。

しかし，「学業ヲ以テ身ヲ立テルト云フ所ノモノニ対シ」「幾分ノ負担ヲ別ツト云フコトハ」「当然」という発想は道会側に簡単には通じなかった。本件を付託された調査委員会では，「学理ヲ応用シ中学教育ヲ受クルモノハ其費用ヲ負担セサルベカラズト云フニ至ラズ教育ノ前途ヲ阻害スル不尠故ニ」認められないとして，授業料値上げ案は委員5名中4名の反対に遭い退けられる[17]。

また先のように本会議で授業料値上げを提案する際，山田視学官は同時に「上川中学ノ経常費ノタメニ授業料ノ負担ヲ，他ノ学校ノ生徒ニ対シテ，増スト云フ趣意デハゴザイマセヌ」「ドノ学校ノ収入ヲ以テ，ドノ学校ノ収入ニ充テルト云フ趣意デハゴザイマセヌ，ソレハ申上ゲルマデモナク御承知ノコトデアルト思ヒマス」と念押しを繰り返している。いずれ中学校と高等女学校の授業料は値上げするつもりだったのであり，今回は偶然にも上川中学校費の財源問題と重なっただけと強調したかったようであるが，タイミングとして，上川中学

校のために他の学校の授業料を値上げした,つまり上川中学校設置費用を他の学校の生徒が負担するのだ,と受け止める議員がいてもおかしくなかった。

調査委員会の結果報告を受けた本会議でもこの点が指摘され,「上川中学校新設ノタメニ」「新設ノタメニト云フト語弊ガアリマスガソレニ伴フテ,他ノ学校ノ授業料ヲ上ゲルト云フコトハ,穏当デナイ」という懸念が示され[18],授業料値上げによって上川中学校新設費を捻出するという道庁の提案は退けられてしまった。

しかし道会側も来年度開校を建議している以上,何らかの財源を求めなければならない。予算等調査委員会の報告で,委員長の入山は,「歳入ト歳出ノ差金」として「五千三百十六円三十銭」差額がでた,これは「差金ガ出タノデハナクシテ,実ハ」上川中学校新設費として「出シタノ」だと説明する[19]。つまり予算調査委員会は,歳出歳入を精査することで開設費用を文字通り捻出した改正案を本会議に戻したのである。この差額を仮開校に充て,4年間を以て上川中学校の完成を計ることで議論はいったん収まるかに見えた。

4. 財源問題(2)——地元負担

しかしその後,上川住民からの2000円の寄付を追加財源として,完成を3年間に繰り上げるという修正案が示され,再び議論は複雑化する。

本格的な整備を開始する37年度に計上していた8592円から5分を減じた8160円余りを36年度に繰り上げることで,来年から校舎建築に着工するというのが提案の骨子である。この繰り上げ説を提案するため登壇したのは村田不二三であった。村田は,このままだと当初は仮校舎といった「極メテ不完全ナル所ノ校舎ニ於テ,授業ヲ受ケナケレバナラ」ず「身体ノ健康上,幾何ノ損害ヲ受クルカ」分からないのでできるだけ早く本校舎を建てるべきと述べるが[20],札幌選出の村田が上川選出議員の意向を受けて登壇したであろうことは以下のように説明を続けていることからも見てとれる。

上川中学ハ,上川ノ学校デハアリマセヌ,本道百有余万人ノ為ノ学校デアリマス,上川ニ学校ガ出来マシテモ,何人モ恩ニ被セル人ハアリマスマイ,…

…斯様ノ陋劣ナル観念ハ，諸君ノ脳裏ニアルト云フコトハ，到底信ズルコトガ出来マセヌ，……此本問題ヲ以テ一地方ノ一局部ノ問題トセズシテ，願クハ慎重ニ討議ノ上ニ，此繰上説ニ御賛成アランコトヲ切ニ希望致シマス

村田はこのように，上川中学校を全道的な問題として捉えるよう力説する。しかし逆に見ると，彼の発言からは，これを上川の地方利益の問題として反発する議員が存在していたこともうかがえる。実際，池田醇は「私共ハ此上川ノモノヲ議スルノデハゴザイマセヌ，全道ノモノヲ議スルノデアリマス」「上川中学ノ為ニ道民ノ負担ヲ重クスルト云フヤウナコトニナツテハ」ならぬとこれに反対し，さらに「上川ノ人ガ此問題ニ付イテ非常ニ陋劣ナル運動ヲシテ，道会議員ヲ買収シタイト云フヤウナ評判ガアル」と院外工作の可能性を指摘した新聞報道を示している[21]。中等教育機関の設立は議員の間で地方利益の問題として自覚化されつつあった。

ところで，繰り上げ賛成論者は来年度予算に必要となる8000円以上の金額をどこから調達しようとしていたのであろうか。まず，もともと36年度には整地費として800円余りが計上されていた。さらに前述のように予算調査委員会は来年度から授業を開始するために5300円あまりを捻出している。そうするとあと2000円程度の財源があれば，繰り上げに要する費用に到達することになる。

実際にはこの2000円の寄付の申し出があったため，繰り上げ修正案が提出されたのであった。横山参事官は当日受け付けたという上川郡旭川町からの寄付願いを次のように読み上げた。

金二千円内金一千円明治三十六年度ニ於テ，金五百円明治三十七年度ニ於テ，金五百円明治三十八年度ニ於テ，右上川中学校明治三十六年度ヨリ三箇年間ニ校舎建築相成候得者該建築費ノ内へ寄付仕度御許可相成度此段奉願候也[22]

文面から理解できるようにこの寄付願いは，翌年から校舎建築が開始されるならば，という条件付きであった。そのため，「是ガ確実ナル歳入トナツテ這入ツテ来ルカ，若クハ二千円ノ寄付ハ，無責任ナル一種ノ政治的ノ申出ニ過キヌカ」「無責任ナル漠然トシタ寄付ノ願ヲ当テニシテ」「吾々ハ軽卒ニ此案ヲ議スルト云フコトハ，議員ノ責任トシテ出来ヌ」と，寄付願いを慎重に取り扱うよう求める意見が示された。これは入山裕治郎によるものであったが，さらに入山は，上川中学校の速成の声と，それにより道民全体に負担をかけることに難色を示す意見との接点を調整するような発言を続ける。すなわち，この寄付の申し出については，「上川中学校ノ速成ヲ期スルガ故ニ，此問題ヲ慎重ニ調査スル必要ガアル」と述べ，そのためには「道会ノ責任トシテ，ドウシテモ八千円ノ財源ハ見出サナケレバナラヌ」から「金ノ出所モ分ラヌノニ，無暗ニ賛成シテ，アトデドウスルカト云フコトガ出来テハ困ル」のでこの件は「調査委員ニ付託シタイ」と述べるのである[23]。確かに寄付金が完納されなければ，地方費で補填しなければならず，道民に負担をかけてしまうことになる。申し出た寄付の履行を確約させることが議論の落としどころであった。

しかしそもそも，村田のいうように上川中学校が「本道百有余万人ノタメノ学校」であるならば，地元が一部とはいえ寄付を申し出ること自体が問題とされるべきであろう。だが，緊縮財政を前提としながら，来年度の開校を目指すのであれば，いずれ誰かが「地方費財政ノ困難ナル今日上川ニ在テハ」「寄附位ハ当然負ハザルベカラサルモノナリ」と発言せざるを得なくなるのは必至であった[24]。

最終的にこの旭川町からの寄付をもとにして，上川中学校については1年繰り上げ，来年度から校舎建築に着手することが決まった。会期末の11月17日になって，旭川町から「上川中学校設置費ノ内ヘ明治三十六年度ニ於テ金二千円寄付致度候」と再度の寄付願いがあったからである[25]。今回は条件を付けずに2000円を来年度一括して寄付するという申し出であった。しかも寄付願には，上川選出道会議員のふたりが名を連ねていた。入山は「道会議員ニ在ラルル信用スベキ所ノ友田，武市両君ガ連署セラレテ提出シタ願出」なので，こ

の寄付金については「願人ノ身分ト云ヒ，今日ノ事情ト云ヒ」「之ヲ予算ニ編入シテ置クノハ，決シテ差支ナイ」と述べ，上川中学校の繰り上げに賛同する[26]。

ただ，道会や上川地方が翌年開校にこだわらなければ，寄付金の問題は起こらなかった可能性がある。昨年の小樽中学校については地元がすでに土地の提供を準備していたが，上川の場合，農事試験場跡地という道有財産があったため，一年待てば地元負担なしで開設することもできたはずであり，庁立学校という性格上そうすべきであったはずである。しかし上川地方が翌年の開校に強くこだわったため，これに要する費用が地元の利益と読み替えられてその負担が求められることになった。寄付の内容やその採否をめぐって道会で活発に検討が加えられたのはこの時が初めてであった。

第3節　第三回北海道会と函館高等女学校

1．北海道教育事業計画と庁立学校

上川中学校に関する論議から，建議が成立したならば可能な限りそれを実現させたいとする道会の姿勢を読み取ることができる。第二回道会会期末でも明治37年度予算に函館高等女学校と小樽水産学校の開設費を編入するよう求める建議が可決されている[27]。しかし翌1903年の第三回北海道会に示された予算案には水産学校費は計上されていたが，函館高等女学校の開設費は見えなかった。

もともと会期前から函館高等女学校の成否は危ぶまれていた。一旦は，建議を容れて道庁が「函館高等女学校設立の件」について「三十七年度より継続事業として起工」するために「本年道会への提出予算に経費を編入」したと報道されたが[28]，その後一転して，「函館高等女学校の新設」は「小樽室蘭両支庁小樽警察署の庁舎改築等」とともに「見合」になったと伝えられている[29]。

そのため道会開会前から函館区は関係者を「出札せしめ運動せしむることに」[30]したが，「道会議員の多数は地方経済の現状に徴し各地高等女学校の設

備を地方費支弁となすは不可なりとの意見を有すれば函館運動員の奏効は到底見込なかる可し」という情勢であった[31]。

一方，今期の道会は「明年の改選を目前に控へ」ていたため，新聞各紙は議員が「民意迎合政略や人気取政略」「御土産演説御土産政略に熱中し」たりすることのないよう目を光らせていた[32]。しかしこれは逆にいうならば，この道会では各議員が地方利害に敏感に反応する可能性が極めて高かったということである。

さっそく，昨年の建議のうち「一ノ建議ヲ採ツテ，水産学校ノ茲ニ新設ヲ発案シ，一ノ建議ヲ採ラズシテ，函館女学校ト云フモノノ新設ヲシナイト云フ，当局者ノ意見ヲ承リタイ」という質問が，道会冒頭の10月28日に発せられることになる[33]。これに対して山田邦彦視学官は以下のように答えている。

函館ノ地ニ於キマシテ，高等女学校ヲ設クル必要ハ，疾ニ認メテ居リマス……教育ノ上カラモ必要ヲ無論認メテ居リマス，併ナガラ……高等女学校ヲ一地方ニ建ルト云フコトハ，北海道トシテハ義務ヲ果シテ居ルノデ，此上ハ教育ノ必要ニ依ツテ，其ノ学校ヲ配置シテ行ク所ノ時代ニナツテ居リマス……函館ノミニ限リマセヌ，其外ノ段々発達シテ参ル所ノ都会ノ地ニ付イテ，中等教育ノ問題ヲ解決シナケレバナリマセヌ，……唯ダ函館ノミノ，或ハ函館ニ続ク所ノ一，二箇所位ノ問題デアリマスレバ，甚ダ解決モ仕易イノデアリマスケレドモ，続々ト発達スル場所ガ殖エマスカラ，此女学校ヲ更ニ設クルト云フ問題ノ解決ハ，単ニ函館一ツニ止マラズシテ，全道ニ対シテノ，男女ノ中等教育ト云フ問題ヲ如何ニスルカト云フコトニ属シマス……高等女学校ノ問題ノミニ付キマシテモ，此収支ノ状況ヲ考ヘマシテ，例ヘバ一部分ハ其ノ地方ノ負担トシ，一部分ハ地方費カラヤルト云フヤウナコトノ計画ハ，種々調査モ致シマシタガ，何分……問題ガ大クナリマス故ニ，三十七年度ニ於テハ已ムヲ得ズ，其ノ部分ハ未決ニ致シマシテ，先ヅ差当リ水産学校ノ方ノ見込ヲ極メテ，提出シタ所以デアリマス[34]

第3節　第三回北海道会と函館高等女学校問題　67

　全体的な計画が定まっていない，と述べている点では道庁の回答は従前の通りである。しかしどうして定まらないのか，また何について逡巡しているのかについてやや踏み込んだ答弁をしていることが注意される。方針を明示できない何よりの理由は，今後道内各地で「続々ト発達スル場所ガ殖」えていくことが明らかであり，増設される中等教育機関の「収支ノ状況」の見通しが立たないことにあった。そしてその解決策として「一部分ハ其ノ地方ノ負担トシ，一部分ハ地方費カラヤル云フヤウナコトノ計画ハ，種々調査モ致シマシタ」と述べている。道庁はここにおいて，「経費ヲ如何ニ分配スルカ」[35)]，「全然地方費デヤルカ，或ハ自治団体ニ建テサセテ，一部分ヲ地方費デ補助ヲシテ往クカ」[36)] という財政上の問題がボトルネックであることを明示したのであった。

　翌29日も，前々回の小樽の商業学校と中学校の問題，前回の上川中学校繰り上げ問題などを指摘しつつ，「私共ハ此教育費ノ全体ヲ通覧スルニ，殆ド要領ヲ得ナイヤウニ思ツテ居リマス」「全道ニ於ケル教育ノ方針ハ奈辺ニ在ルカ分ラヌ，斯ノ如ク状態デアツタナラバ，北海道ノ教育制度ハ支離滅裂ニ至」ってしまう，などと厳しい批判が寄せられた[37)]。

　これに対し長官の園田は登壇して「御請求ニ因ツテ，本道教育上ノ方針ヲ御話致シマス」と「文部大臣ニ上申シテ置イタ」「北海道教育事業計画」を読み上げた[38)]。以下は，その中等教育と実業教育の部分である。

　中等教育
　　一　中学校及高等女学校ハ庁立トシテハ当分現在ニ止ムルコト
　　二　中学校及高等女学校ノ爾後新設ノモノハ左ノ方針ヲ取ルコト
　　　い　設立ヲ望ム地方ニ於テ之ヲ設立維持セシムルコト
　　　ろ　創立費ノ半額及経常費ノ半額（収入ヲ差引キタル）ヲ地方費ヨリ補助スルコト
　　三　中学校及高等女学校ハ漸次授業料ヲ高メ各其校ノ収入ヲ以テ維持シ得ルニ至ルヲ期スルコト
　　四　篤志貧生ノ為メニ別ニ保護法ヲ設クルコト

五　既設庁立学校ノ規定ノ計画ハ凡ベテ完成ヲ計ルコト

実業教育
　　一　三十七年度以後ノ見込
　　　い　水産学校設立
　　　ろ　農学校甲種設立
　　　は　実業科附設
　　　に　商業学校設立
　　　ほ　都会ノ地ノ小学校ニハ漸次実業補習学校ヲ附設セシムルコト
　　二　其他各地方ノ発達ノ状況ニヨリ更ニ実業学校ヲ設置シ又ハ設置セシムルコト
　　三　実業学校ハ区町村立ノモノハ国庫補助ノ外地方費ヨリ相当ノ補助ヲ与フルコトトシ又生徒ノ授業料ハ減少ノ方針ヲ取ルコト

　まず，中等教育と実業教育を峻別し，実業教育については庁立実業学校の計画的整備を進めるとともに，その奨励に努めるとしている。一方で中学校と高等女学校については庁立，つまり北海道地方費の学校は現状に止め，今後は地方立の学校に地方費から補助を与えることとしている。前年に道庁が，実業学校については据え置く一方，中学校と高等女学校の授業料を値上げして上川中学校の設立費用を確保しようとしていたことも考えると，道庁は初回道会からの実業教育優先の姿勢をくずしていた訳ではなかったということになろう。

　このように長官が「道庁ノ方針ガ定マラヌ所カラ，道会ノ建議ヲ容レタトムフ訳デハゴザイマセヌ」「決シテ教育ノ方針ガ，即チ無方針ノタメニ，斯様ニ致シタ訳デハアリマセヌ」と「一言弁明シ」たことで[39]，道庁による展望の不在を理由としながら，建議によって道会側が中等教育の整備政策を主導していくことは難しくなる。むしろ，この事業計画が厳密に適用されれば，中学校と高等女学校の設置者は区や町といった地方立になるため，そもそも道会での建議は意味をなさなくなる。

第3節　第三回北海道会と函館高等女学校問題　69

　道庁が敢えて方針を開示した背景には中等教育政策の主体があくまでも道庁にあることを印象付ける意図があったかもしれない。この場面を新聞は「園田長官の教育方針の答弁は近来の大出来だつた」と伝え，「流石は十一州の太守丈けあつていざと云う場合は少しも怯れを取らぬ」という評判が議員からあがったと報じている[40]。
　反対に，建議を根拠に他の議員の助力を得ながら道庁に高等女学校の新設を求めたい函館選出議員には重い課題が突きつけられることになった。上の新聞記事は「恰も函館女学校問題は長官の教育方針の演説に依り一種の宣告文を与へられたのと同一である」と結ばれている。

2．諮問第三号をめぐる論議

　もともと函館区は前年第二回道会開催前の7月に高等女学校設立にかかる敷地の寄付を区会で決定し，その件を道庁に申請していた[41]。このことからも高等女学校の設立は当地長年の要望であったことがわかるが，長官がこのような方針を示したことで来年度の開校は困難になるかに見えた。しかし，11月16日の道会にその長官が「諮問第三号函館高等女学校設立ノ件」を提出してきたことで事態は一変する。諮問は，次のようなものであった[42]。

　函館区ハ校地校舎ヲ寄附シ庁立高等女学校ヲ同区ニ設置セラレ度旨申請セリ右ハ之ヲ採用スルコトトシ明治三十八年度ニ於テ其手続ヲ為サントス依テ本会ノ意見ヲ問フ

　先の「事業計画」を一転させて，函館からの寄付を財源として再来年度から該地に庁立高等女学校を設置することとしたいが，道会の意向はどうか，と道庁が問いかけてきたのである。
　新聞は，この諮問の提出に至るまでの経緯を以下のように伝えている。すなわち，函館では11月8日に区会が開かれ，すでに「校舎敷地の寄附を議決し」たが，「尚進て校舎敷地と共に校舎設備費の幾部を寄附せんとす」として，「明治三十七年度に於て函館区に高等女学校を設立せらるるに於ては」「校舎敷地

と「金三万円」を寄付することを決議した[43]。これを函館区長が長官へ上申する一方，函館選出議員等が「小樽区選出議員渡辺氏を初め松村吉田国頭武富添田等諸氏」からの協力を取り付け，議長を通じて長官に「昨年道会建議の理由並今回同区が寄附条件提出の理由等を陳情」し，「其結果」「道会へ諮問按提出」がされたのである[44]。この経緯からすると方針の変更は，道庁による自発的な判断というよりも，函館の意向を汲んだ側面が大きいといえる。

とはいえ，議員の一部からは「十数日以前長官カラ，教育ノ方針ニ付イテ御演説ニナリマシタガ」「其ノ時ノ長官ノ御演説ノ趣意トハ違ウヤウニ考ヘマス」という疑問が示されるのは当然であった[45]。園田はこれに答える形で提出理由について以下のように述べる。

> 御説ノ通リ，中学校及ビ高等女学校ハ，将来庁立ニ致サナイ，区立所謂其ノ地方立ニ致シテ，臨時費及経常費ハ地方費ヲ以テ半額ヅツ之ヲ補助スルト云フコトニ極メタノデアリマス，……然ルニ函館区ハ御承知ノ通リ，全然臨時費ハ負担シテ之ヲ庁立ニ致シテ貰ヒタイト云フ願デアリマス，シテ見マスルト……地方立ニ致シマシテ，サウシテ臨時費ト経常費ヲ地方費ヨリ半額補助スルヨリモ，便利デアルト考ヘ……諮問ヲ致スト云フ次第ニ相成ツタノデアリマス

設立に要する費用の大半を函館区が負担するのであればそれを庁立学校として経営する方が，区立学校に毎年半額補助するよりも地方費としては節約になる，という説明である。園田は続けて庁立学校を設立するもう一つのメリットを述べている。

> 独リ地方経済上ノ都合ガ宜シキノミナラズ，庁立ニ致シマスルト学校ノ信用ト云モノガ，甚ダ違ウサウデアリマス，区立ニ致シテハ父兄ハ勿論，其ノ学校ニ出テ教育ヲ受クル子弟ニ至ルマデ，ドウモ其ノ学校ヲ信ズル所ノ念ガ庁立ニ比スレバ浅イ，ソレカラ又タ一般カラ見マスル所ガ，庁立ニナリマスル

ト監督モ行届キ，管理モ行届ク，故ニ譬令其ノ土地ガ負担ヲ多ク致シテモ，庁立ニ致シテ貰ヒタイト云フ事情デアリマス

　長官は説明の最後に「前途ノ所ハ唯今申シマスル通リ，函館ノ如キ多クノ臨時費ヲ負担シテ，庁立ニ致シテ貰ヒタイト云フ所ガゴザイマスレバ，此例ニ依ルヨリ外仕方ガナカラウト考ヘマス」と締めくくり，設置費用をその地域が負担するというこの方式が前例となるとしている[46]。長官の発言にある「庁立ニ致シテ貰ヒタイ」という庁立志向については後述することにして，まずはこの諮問を認めることがどのような意味を持つかについて考察しておこう。

　この諮問を可とする雰囲気が強い中，村田不二三は敢えて「将来ニ於テ起ルベキ所ノ学校問題ハ，此度ノ函館ノヤリ方ニ依ツテ解決スルコトガ出来ル，何トナレバ学校敷地ト及ビ校舎ノ建築ト云フモノヲ寄附セヌケレバ，ナカナカ地方費デハ学校ヲ建テテ呉レヌコトニナル，故ニ是ダケノ多額ノ金員ヲ支出スルダケノ実力ガ充実セヌケレバ，要求ヲスル者ガ無クナツテ来ル……即チ此臨時費ノ寄附ト云フモノハ，以テ将来ノ高等女学校設立ノ希望ヲ打消スニ足ル」と批判を試みている[47]。この諮問を認めることで，今後，庁立の中等教育機関の設置を求める場合，地元では設置費用の負担が必要となることになり，中等教育機関の整備が進まなくなるのではないかという懸念である。

　村田は続けて，長官が再来年に「高等女学校ノ設立ヲ必要ト認メラルルナラバ，責任ヲ以テ提出スルガ宜イ，本会ガ今ニ於テ，此場合ニ於テ，ソレガ宜シウゴザルト云フコトヲ予メ約束スルニ均シイヤウナ，此諮問ニ答ヘルコトハ，本員ノ採ラザル所」であると述べる[48]。危惧されたのは，設置の方式が定まってしまうことと同時に，建議によって保ってきたどの場所にどのような庁立学校を設置するかという主導性が道庁に奪われてしまうことであった。

第3項　地元負担と庁立志向

　ただ，地元からの寄付を臨時費に充てて庁立学校を新設するというこの方式を採用するに際しては，道庁にも迷いがあったと思われる。函館関係者からの寄付の申し出と陳情を受けた道庁は，「三万円及敷地を寄附せんと云ふにあれ

ば現在道庁の方針として校舎設備費並経常費等を各半額宛地方費より補助せんとするに比較せば反て地方経済としては利益あり」として高等女学校新設の可能性を再検討した。しかし同時に「函館の要望を容るるとせば自然庁立学校の名称を以て経営せさるべからず将来他町村の教育経営上に支障なしとせず」という心配もしていたという[49]。道庁も負担区分の点で，庁立学校の設立費を区町村に求めることに積極的だったとはいいにくい。

　そうなると，先の諮問は函館区に新設費を転嫁させるためというよりも，むしろ自分たちが建てる学校を「庁立二致シテ貰ヒタイ」という函館区の意向を汲むための措置と見ることができる。長官は諮問の説明に際し，「庁立二致シマスルト学校ノ信用ト云モノガ，甚ダ違ウ」，それに反し「区立二致シテハ父兄ハ勿論，其ノ学校ニ出テ教育ヲ受クル子弟ニ至ルマデ，ドウモ其ノ学校ヲ信ズル所ノ念ガ庁立ニ比スレバ浅イ」と述べていた。

　先の村田はこれについて，「長官ハ区立ニスルト云フコトト庁立ニスルト云フコトトハ，其ノ間二大変ニ利害ノ関係ガアル」というが，「私ハ此説ヲ屢次他ノ人カラモ聞イタルコトガアルケレドモ」「区立ト庁立ト其ノ名称ガ違フガタメニ幾許ノ利害関係ヲ来スカト云フガ如キコトハ，殆ド議論ニナラヌコト」であり，「区立デアルカラ力ガ弱イ，庁立デアルカラ信用ガ厚イト云フガ如キハ，是ハ思慮浅薄ナル，極テ智識ノ少ナイ人ノ言フコト」だと難じている[50]。

　これに対し園田は，「如何ニモ九番〔村田・筆者註〕ノ御議論ノ通リ，吾々モ左様ニ信ジテ居ル」が「併ナガラ奈何セム其学校ノ教育ヲ受クル所ノ子弟，及ビ其ノ父兄ニアリマシテハ，サウハ参ラヌノデアリマス，教育上ノコトハ，父兄モ子弟モ各々自ラ信ズル所ノ厚キ学校ニ於テ，教育ヲ受ケルト云フコトガ，寔ニ宜イコトデアラウト思ヒマス」と応じ，地元が設置者に拘泥している以上，「斯様ニスル方ガ宜シイ」と判断したとしている[51]。この庁立志向ともいうべき設置者に対する感覚は，経済的負担よりも優先されるべきものであったということになろう。

　もともと函館区の決議は明治37年度開校となっていたが，採決の結果，それより一年遅れの「三八年度予算に編入すると云ふ諮問案で相方折合ひ，道庁

も函館も是で満足した」[52]。しかしここでは開設年度だけではなく，今後の庁立学校設置の際にも影響を及ぼすような設置費用の道庁と地域との分担問題についての「折合い」も図られていたはずであった。だがこの諮問の取り扱いによって，今後中学校や高等女学校の設立にあたって地元負担が常態化してしまい，道庁と道会との力関係に変化が生じる可能性があったにもかかわらず，そのことに対して賛成議員は鈍感であったように見える。その背景には，高等女学校設立が函館区の宿願であったことに加え，たとえば小樽のように，高等女学校の先設を今回の道会で争うよりも「函館の高等女学校を擁立して来年度の予算に協賛を与へ徐ろに後図を画するが得策であらう」[53]と後に控えた地域からの支援もあったと思われる。また今回で道会議員の任期が終了し，翌年夏に改選を控えていたことも強く影響していたであろう。

　北海タイムスは，近年「各地方の政費分捕」が問題となっているが「函館高等女学校問題は，トリモナホサず此の政費分捕の著しい例」だと強い論調で批判し，「見す見す本問題に賛成する」「黄金湯の利目で，グンヤリとなつた議員」の存在もほのめかしている[54]。しかし函館の場合，それを「分捕」るために設立費用という自腹を切ることになり，またこの北海タイムスの報道が事実だとすれば他の議員からの同調を引き出すためのコストも支払っている。このように考えると，函館が「分捕」ろうとしたのは単なる高等女学校という教育機関ではなく，「信用」ある「北海道庁立」という設置者が冠された高等女学校であったという見方もできる。

第4節　庁立学校と地元負担

　寄付金を主要な財源としながら道庁府県立の学校の設置を進めるという方法は道内に限らず一般的な傾向だったであろう。戦前の地方行政における財政基盤が脆弱であったのは周知の通りであり，歳入に対する税外収入（財産収入，使用料，寄付金等）の比率の高さも夙に指摘されている[55]。また現行の地方財政法に見られるような強制的な寄付金徴収を禁止する規定（第4条の5）がない状

態では，住民の素朴な自治精神を郷土愛，名誉心に転換させながら寄付金が徴税よりも強い強制力をもって徴収される可能性は高いともいえる[56]。

　本章で検討した第二回，第三回の北海道会では，まず，財政難が叫ばれ，同時に庁立学校の設立が地方利益として捉えられていく中で，道会内ではある程度の地元負担はやむを得ないという雰囲気が醸成されていった（上川中学校）。さらに緊縮財政が続く中，道庁は区町村に中等教育機関の自営を求める姿勢をみせる。この方針は実際には第三回の道会で唐突に示されたものではなく，開会前から情報として洩れ伝えられており[57]，また区立高等女学校の経営は，以前，小樽で真剣に検討されたことがあった[58]。しかし函館が設置したかったのは単なる高等女学校ではなく，「信用」のある庁立高等女学校であった。その庁立学校を設置してもらうためには，敷地提供や寄付金といった地元負担を甘受するという姿勢は，道会が道庁の諮問を可としたことで前例として定まり，以後，各地方が庁立学校の設置を望むに際し求められる条件となってしまったといえる（函館高等女学校）。

　ただ，道庁としては積極的にこの方式を採用しようとしたのではなく，中学校と高等女学校は区町村に維持させようとしたものの，その方針が通用しないほどに庁立志向が強かったため，やむなく庁立学校設置に際しての地元負担を求めていったという側面もある。むしろ道庁としては，区町村で経営させようとしたり，道庁に多額の寄付を求めたりすることで，結果的には中学校や高等女学校といった中等普通教育機関の抑制が期待でき，実業教育を奨励するという道会当初からの政策方針を再び鮮明に示すことができたという意義が大きい[59]。

　道庁が中等教育政策の主導権をとったことで，建議の性格も変わらざるを得ない。従来は成立した建議を根拠に道会は学校の早期設立を道庁に強く求めていった。しかし函館高等女学校に関する諮問第三号が通過したのちに提出された建議案やその論議からはそのような勢いは弱まり，道庁の意向を慮るような姿勢を看取できる。

　第三回道会会期末に提出された建議案は，根室と釧路に関するものであった。

第4節　庁立学校と地元負担

　根室は最初から「道庁長官ニ於テモ将来本道教育ノ方針ヲ述ラレシ如ク実業学校ノ普及ヲ謀ルハ実ニ目下ノ急務」なので商業学校の設立を求める，と当局の方針に強く同調した商業学校設立の建議案を示している[60]。一方釧路は「釧路中学校設立ニ関スル建議」案を提出し，こちらは普通教育優先の態度を崩さなかった[61]。しかし，両建議はもともと「明治三十八年度ニ於テ」「予算ニ編入シ」「明年ノ道会ニ」発案するようにと開校年度を指定した案であったのだが，本会議では明治三十八年度という「年度ニ付イテノ文字ヲ削ツテ『地方財政ノ緩急ヲ計リ』と修正」して可決されている[62]。このような自己抑制的な態度は従前の建議にはみられなかったものである。道庁が設立方法の方針を示したことで，庁立学校を引き寄せるためには，それに賛同しその実現に協力することが求められるようになる。第二回，第三回の道会では，北海道庁と北海道会の位置関係に変化が生じたということができるが，ではそれが以降の北海道会での議論をどのように変えたのかを次章で見てみたい。

　なお上の建議案において，根室は「函館，小樽ニ亜ギテ本道極東の要港」，釧路も「殆ド函，樽両港に次ぐの趨勢」と自己評価している。同じ道東にあって両者とも函館小樽に続く要地を自任していることに注意しておきたい。つまり庁立学校の設立は，そのような自己認識が北海道庁によって認められることを意味するのである。そうだとすると同じ中等教育機関でも区町村立ではなく，庁立でなければならない必要はある意味理解できる。中等レベルの学校の本格的な増設が論議される際には，「庁立志向」や「庁立であること」は重要な意味を持ってくるのである。

注

1)『北海道会第二回通常会議事速記録』第三号，1902年10月27日，23頁。
2) 同上，37頁。
3)『第二回議事速記録』第九号，1902年11月13日，135-137頁。
4)『第二回議事速記録』第十号，1902年11月14日，169頁。
5) 同上，170頁。

6)『第二回議事速記録』第五号，1902年10月29日，83頁。
7) 参事官横山隆起の発言。同上。
8) また農事試験場の移転先についても，屯田兵官舎敷地であった陸軍省用地を受領し官有地に編入するという手続きを経て準備が整えられている（「上川郡永山村所在屯田兵官舎敷地ノ内地方農事試験場ニ充用ノ件」『北海道庁公文録明治三十七年第二十五（公用地）』（請求番号：A 7-1 A/1653，北海道立文書館所蔵））。そのため，上川中学校設立に際して地元からの土地提供は受けなかったと見ることができる。
9)「上川中学校の敷地」『北海タイムス』1902年10月11日。
10) 注6) に同じ。89頁。
11) 同上，90頁。
12) 入山裕治郎の発言。同上，90-91頁。
13) 横山隆起の発言。『第二回議事速記録』第七号，1902年11月5日，109-110頁。
14) 同上，110頁。
15) 村山儀七の発言。同上，111頁。
16) 同上。
17)『北海道会第二回通常会議案第十号乃至第十四号調査委員会筆記録』第二号，1902年11月9日，5頁。
18)『第二回議事速記録』第八号，1902年11月12日，120頁
19) 同上。
20) 注4) に同じ。175頁。
21) 同上，176頁。
22) 同上，177頁。
23) 以上の入山の発言は，同上，177-178頁。
24) 入山裕治郎の発言。注17) に同じ，4頁。
25)『第二回議事速記録』十三号，1902年11月17日，254頁
26) 同上。なお新聞はこの時の模様を，「上川中学建築費繰上げに就て意外にも入山君の賛成あるや武市君が狂喜の余操り人形の如く演壇に踊りたるは無理なからぬ次第」と伝えている（「傍聴席より」『北海タイムス』1902年11月19日）。入山は上川中学校の成否を握るキーパーソンであった。
27) 水産学校に関しては，もともとの建議案は上川中学校と同様に1903年開校を求めるものであったが，会期が切迫している状況で成算のない建議を出すよりも，実現を期して翌々年の開校を全会一致で求める方がよかろう，という意見によって修正され，函館高等女学校とともに明治37年度予算への編入を求める建議が成立した（『第二回議事速記録』十一号，1902年11月15日，192-193頁）。
28)「道会建議の成行」『北海タイムス』1903年9月6日。
29)「地方費予算の査定」『北海タイムス』1903年9月17日。

30)「高等女学校問題」『北海タイムス』1903年10月11日。
31)「函館女学校設立運動に就て」『北海タイムス』1903年10月21日。
32)「来るべき道会(道会議員に望む)」『北海タイムス』1903年10月15日。
33) 入山裕二郎の発言。『北海道会第三回通常会議事速記録』第二号, 1903年10月28日, 15頁。
34) 同上, 15-16頁。
35) 山田視学官の発言。同上, 16頁。
36) 入山裕二郎の発言, 同上。
37) 東武の発言。『第三回議事速記録』第三号, 1903年10月29日, 23頁。東は続けて,「根室ニモ中学校ヲ設ケル, 亦タ釧路ニモ中学校ヲ設ケテ貰ヒタイト云フ, 人民ノ与望ガアリマス」と述べており, 山田視学官の「段々発達シテ参ル所ノ都会ノ」「中等教育ノ問題」という懸念は現実のものとなりつつあった。
38) 同上, 24頁。
39) 同上, 25-26頁。
40)「一是一非」『北海タイムス』1903年10月31日。
41) 函館教育会『函館教育史年表』1937年, 93頁。
42)『第三回議事速記録』第五号, 1903年11月16日, 69頁。
43)「函館高等学校問題(第十四回函館区会の決議)」『北海タイムス』1903年11月11日。
44)「高等女学校設置運動」『北海タイムス』1903年11月17日。
45) 新津繁松の発言。注42)に同じ。
46) 以上の一連の長官の発言は同上。
47) 同上, 71頁。
48) 同上, 72頁。
49)「女学校運動と当局の意向」『北海タイムス』1903年11月13日。
50) 注47)に同じ。
51) 注48)に同じ。
52)「一是一非」『北海タイムス』1903年11月25日。
53)「編集几上」『小樽新聞』1903年10月16日。
54)「忙中閑語」『北海タイムス』1903年11月15日。
55) 大石嘉一郎『近代日本と地方自治』東京大学出版会, 1990年, 266頁。
56) 大島美津子『明治国家と地域社会』岩波書店, 1994年, 279-284頁。
57) 小樽新聞は第三回道会開会の1ヶ月前から「道庁は地方費学校を札幌高女の一校に止めて以外の高等女学校は地方の発達を俟ち区町村自らの経営に委する方針に決した」ようだと報じている(「編集几上」1903年9月19日)。
58) 小樽区は結局区会で否決されたが, 明治34年度予算案に一度, 区立高等女学校費と商業学校費を計上したことがある(「小樽区三十四年度予算細目(二)」『小樽新聞』1901年1

月17日,「二学校設立案の廃棄」同,同年同月26日など)。
59) この方針は,授業料にも現れている。北海道庁令や告示によると,1902(明治35)年度,庁立中学校,高等女学校,実業学校の授業料はすべて月額1円であった。しかし中学校は1903年に1円80銭,1904年には2円に増額,高等女学校は1903年に1円20銭,1904年に1円50銭,1907(明治40)年には中学校と同額の2円に増額され,しかもこの年からはともに受験手数料1円を徴収するようになる。その一方で,実業学校の授業料は1907年まで1円のまま据え置かれ続ける。
60)『第三回議事速記録』第八号,1903年11月20日,140-141頁。
61) 同上,141頁。
62) 同上,142頁。

第三章

第五回北海道会における中等教育機関増設計画とその決定過程

第1節　複数校一括審議という方法

　本章では1905（明治38）年の第五回北海道会で展開された，諮問第二号「商業学校外五校設置ノ件」（以下，本章では単に「諮問」）をめぐる論議の検討を行う。従前，庁立学校の設立については，前章までに見たように，個別の学校毎に道庁から提案されたり，道会側から建議されたりするのが一般的であった。また第二章では，道庁が初めて諮問という形式で庁立学校の設立費用を地元に負担させるにあたりあらかじめ道会の同意を得ようとしていたことについて論じたが，これもやはり函館高等女学校1校に限った諮問であった。

　しかしこの第五回道会において道庁は，中学校1校，高等女学校2校，農業学校1校，商業学校2校の庁立学校を都合7年間で順次完成させるという一括した諮問を道会に示す。複数の庁立学校の設立をとりまとめて道会に諮るという手法はこのときが初めてであった。当然この道会は学校をめぐる激しい争奪戦の場となり，後年以下のように語られている。

　　中等学校争奪戦は後にもあつたがこの時が最初であつて暗躍をつづけ根室，
　　釧路，旭川，岩見沢，小樽，札幌入り乱れて衝突し，これが関係には地方の
　　吏員はそれぞれ連絡をとり，また無関係なるものは地方費財政の立場より学
　　校濫設なりと非難し，それに言論機関たる新聞が賑やかに伴奏するので其の

騒ぎたる予算案以上で，第五回通常道会は教育諮問案のための道会であった[1]。

たしかに，この諮問の取り扱いをめぐって道会は紛糾した。本会議で一応の検討がなされた後，通例によって諮問は調査委員会に付託されるが，その結果は会期末になるまでなかなか本会議へは返ってこなかった。加えてその委員会報告は本会議では円滑には承認されず，さらに整理委員会が組織される。その報告が最終日前日にようやく示され答申は可決されるに至っている。紛糾したその論議の調整は院外でも展開されており，その模様などについては当時の新聞が連日のように取り上げるところとなった。

さらに，諮問案では学校新設費用のかなりの部分を設置地域からの寄付に頼ることにしていた。これについても後に「看板は道庁がくれて一切は地方民にやらした」[2]，と揶揄されることになるが，従前までなら地元負担は普通教育機関である中学校や高等女学校に限られていたはずであった。しかし今回の道庁の諮問では，商業学校も地元負担で開設することとなっており，これに対し道会はさらに農業学校の設立にも大幅な地元負担を課すという答申を返している。

設置費用を地元に課すか課さないかによって，普通教育機関と実業教育機関とを峻別しながら拡充のバランスを取ることを道庁が試みようとしていたことはすでに述べたが，すべての種類の学校について地元負担を求めることはその手法を放棄することにもつながりかねない。つまり道会における諮問の取り扱いによっては，普通教育，実業教育にかかわらず，庁立学校全般の設置にあたって地元負担が必須になるという重大な変化が生じることになるのである。

本章ではこの諮問の性格を考察し，答申に向けて交わされた論議や議会内外の動向を手がかりとして，本諮問が答申として可決される過程を整理する。とりわけ，複数の学校について一括して諮問したというその形式が与えた影響に注目してみたい。

第2節　諮問の性格と道会の反応

1. 諮問の概要

　1903 (明治 36) 年の第三回通常会の会期末に，道会は釧路中学校と根室商業学校の建議を行っている。しかし翌第四回通常会では日露戦争のため，多くの学校の新設が見送られた[3]。この繰り延べられた二校に加えて，第五回通常会開会前には，札幌に近い岩見沢村が村会で「庁立農業学校設置方を北海道庁長官に請願するの件」を可決し[4]，また旭川町も「庁立高等女学校設立期成同盟会」を組織して道庁への陳情を開始している[5]。

　これに小樽高等女学校を加えた庁立学校 5 校の新設の検討が，9 月から道庁の地方費予算会議で開始されている[6]。しかし戦後の道民の過重負担を避けるとした地方費緊縮の査定方針の下では，これら「学校等各地方の請願に係る新施設は全然之れを行はずとするも」，なお歳入不足が予想されていた[7]。かといって，陳情の中から選択的に箇所付けをすれば，「若し或る地方には之れを設置し旭川方面には之れを設置せずとの事ある節は大に運動せざるべからず」[8]という声が上がることは目に見えている。この会議の経過を追っていた北海タイムスは，「現時の地方経済として総てを一時に設置すること到底不可能」なため「其緩急順序を」斟酌して「順次地方費予算に編入して道会の決議を経ることと」なりそうだとしており[9]，道庁は当初増設計画を予算案として示すことも考えていたようである。

　しかし結局，設立順序は原案として明確に示されることなく，増設計画は会期前の 10 月 23 日に諮問として道会に提出されることが決まっている。この時点では「其内容に就ては未だ詳かに知る能はざる」と報じられているが[10]，11 月に入って「三十九年度に於ては小樽高等女学校及根室商業学校」「四十年度に於ては釧路中学校及岩見沢農業学校」「四十一年度に於ては上川高等女学校及小樽商業学校」を順次設立したいという諮問案の全容がほぼ明らかとなる[11]。当初五つであった庁立学校は，小樽商業学校が加えられ，最終的には 6 校増設の諮問案となっている。

この諮問が道会の日程に正式に上がるのは、6日目の11月14日であった。諮問の本文は以下のようなものである[12]。

諮問第二号　商業学校外五校設置ノ件
本道実業及中等教育ノ施設ハ将来大ニ拡張ヲ要スト認ムルカ故ニ茲ニ全国ニ於ケル府県費歳出予算金額ト教育費トノ割合ヲ照考シ更ニ本道ノ事情ヲ参酌シテ別表ノ如ク教育費大体ノ標準ヲ定メ略ホ是ニ依テ緩急ノ順序ヲ追イ且校地校舎ノ設備ハ別ニ予定スル所ニ依リ之ヲ寄附ニ求ムルノ方法ヲ以テ乃チ明治三十九年度ニ於テ商業学校高等女学校各一校同四十年度ニ於テ農業学校中学校各一校同四十一年度ニ於テ高等女学校商業学校各一校ヲ増設シ同四十五年度ニ於テ之カ全部ノ完備ヲ期セントス依テ本会ノ意見ヲ諮フ
追テ本諮問ノ六校設立ノ後ニ於テ更ニ一二学校増設ノ必要ヲ認ムルモ今俄ニ之ヲ確定シ難キヲ以テ其ノ期ニ及ンテ更ニ相当処置セントス

もしこれが実現されれば、札幌、函館、小樽、旭川といった都市部に男女の高等普通教育機関が完成し、また北海道全体として農業、商業、水産といった各種の実業学校がほぼ整うことになる（なお、諮問後段の「六校設立ノ後ニ於テ更ニ一二学校増設ノ必要ヲ認ム」とは、工業学校のことを指しており後述する）。中等教育や実業教育の整備という点、そして従来からの各地域の要望を満たすという点から見れば、諮問が示された第一読会では計画それ自体を根本的に批判する議員は現れなかった。

当初問題とされたのは、この答申が「寄附ニ求ムルノ方法ヲ以テ」庁立学校の増設を進めようとしていたことと、実業学校の種類と設置場所、とりわけ翌1906（明治39）年に、「商業」学校を「根室」に設置することについてであった。

2. 寄付による設立の問題

道庁側の説明は、6校のうち農業学校については4分の3の地方費補助を行うが、それ以外はすべて設置費用を寄付によって賄うというものであった。冒頭質問に立った田口源太郎は「本員ハ此ノ諮問案ノ大体ノ趣旨ニ付キマシテハ、

至極賛成ヲシテ」いるが，「六校ノ中デ五校ノ設備ト云フモノハ，総テ寄附金ニ依ツテ居ル」のに「岩見沢ノ農学校ニ於キマシテハ，四分ノ三ト云フモノヲ地方費ニ依ツテヤル」「其ノ理由ハ如何ナルコト」かと尋ねている[13]。これに対して湯原元一事務官は「農学校ノ設備ノ費用ハ，他ノ商業学校其ノ他中学校等ノ費用ニ較ベマスレバ，余程多大ナ額ニ上リマスルカラ，到底其ノ地元デ全然是ニ応ズルコトハ出来マイト云フ見込カラ」「斟酌ヲ加ヘタ」としている[14]。加えて湯原は「若シ地元自ラ進ンデ建築ヲヤリ，サウシテ出来上リマシタモノヲ，道庁ニ寄附ヲサセマスルト」「費用ヲ節スルコトガ出来ルデアラウト云フ考ヘ」で，「個人ガ出シマセウトモ，公共団体ガ出シマセウトモ，受クベキ性質ノモノハ受ケ」ると述べ，庁立学校全般の設立に際してその地方からの寄付を前提としていきたいという意向を示していることに注意したい。

　北海道会開設以降，道庁は実業教育の振興を重視していた。そのため同じ庁立学校であっても普通教育機関である中学校や高等女学校については，設立費を寄付に求め，授業料の値上げによって運営していく一方，実業学校については地方費で設立する意向であることを道会に伝えていたはずであった[15]。しかし今回の諮問や理事者の答弁からは，農業学校に部分的に地方費補助を与える方が例外なのであり，庁立学校は普通・実業教育にかかわらず地方からの寄付を財源として設立することを原則とするのだ，というニュアンスが認められる。

　もっとも田口のここでの懸念は，「設備費ノ寄附ガ皆揃ハヌ，或ハ半分ホカ揃ハヌト云フヤウナ場合」や，寄付金を分割納入させることで「其ノ地方ノ人々ノ財政ノ上ニ変動ヲ来シ」「寄付金ニ欠損ガ生ズルト云フ場合」はどうするのかという財源を寄付に求めることによる不安定さを問題としたものであった[16]。

　しかし，そもそも庁立学校の設立に際し地元の寄付が必要であること自体，そしてそれが実業学校にも援用されてしまうことが問題となるはずである。村田不二三は，理事者は寄付の主体が私人，区町村どちらでもかまわないといっているが，実際には「中等教育設備ノタメニ寄付ヲスル」場合，「今迄ノ例ヲ

以テ見マスト，往々其ノ区町村ノ公ノ収入ノ中カラ支出」しているではないか，と指摘している。村田は続けて，「元来地方費ノ負担ニ属スベキ地方費ノ事業ニ対シテ区町村ガ寄付金ヲスルト云フコトハ，区町村其レ自体ノ権能ヲ超越シタモノデハナイカ」とより積極的に寄付のあり方を論じようとした[17]。先の田口も，「全体中等教育ナルモノハ，多ク金持ノ子弟ヲ教育スル」のであり「貧民ガ是ニ加ハルコトハ殆ド稀デアラウ」，「サウスルト平等ノ負担ヲ以テ此ノ中等教育ノ設備ヲ為サナケレバナラヌト云フコトハ，本員ハ甚ダ不公平ナコトデアル」と憂慮している[18]。しかし道庁は，田口の懸念には以下のように応じ，ほとんど取り合わなかった。

　貧民ヲ苛メテ，サウシテ中以上ノ人々ノ為ニ利益ヲ図ルノデアルト云フヤウナ……御心配ハ御尤デハアルト思ヒマスケレドモ，今日ノ実際ノ有様ハ，総テ中等教育ハ地方費ヲ以テカラニヤルト云フコトヲ原則トシ，高等教育以上ノ教育ハ国ガ国費ヲ以テアルト云フコトヲ原則トシテ，何レモ税デ以テヤルト云フコトニナツテ居リマス，苟モ税デアルト云フコトニナリマスレバ，ソレハ国ノ事ニ致シマシテモ，地方ノ事ニ致シマシテモ，ヤハリ利益スルトコロノ者ト出ストコロノ者トガ，其ノ釣合ヲ得ヌト云フコトハ免レヌコトデアリマス，……ソレデ実質上ノ御議論トシテハ御尤ニ思ヒマスケレドモ，形式上ノ御議論トシテハ今日ノ制度上已ムヲ得ヌコトデ，又タ当然ナコトデアラウト思ヒマス[19]

　高等教育を国が経営し，中等教育を地方費で経営するという役割分担の認識は現在にも通じるものがあり首肯できるものの，「中等教育ハ地方費ヲ以テカラニヤル」と述べている道庁が新設費を地元に負わせるというのはつじつまが合わない。しかし，貧富を考慮せずに設置地域であまねく寄付を徴収するという田口が指摘した不合理を認めつつも，当局側は「釣合ヲ得ヌト云フコトハ」「已ムヲ得ヌコト」「当然ナコト」と同意を求め，続けて村田の批判については「区制若ハ町村制ニモ」ある通り[20]「進ンデ寄付ヲ致シテモ差支ナイ」と一蹴する

のであった。

　この諮問は，その種類にかかわらずすべての庁立学校設立に際して寄付を求める，という大きな方針転換を含んでいたが，これ以上の追求は道会では行われなかった。

　湯原の答弁によると，根室の商業学校についてはすでに地元からの設備費寄付の申し出があったという[21]。実業学校の設立にも地元寄付を仰ぐという前例となってしまうが，地方費財政を考えるならば道庁としては受け入れたいところであろう。一方，諮問が6校一括という形式になっている以上，道会側，とりわけ関係者にとってはうかつに発言しにくい状況であったといえる。寄付の問題に言及した田口は網走，村田は札幌選出議員であり，共に直接の当事者ではなかった。

3．根室商業学校の問題

　いまひとつの議論は，実業学校として根室に商業学校，岩見沢に農業学校を設置することの是非，とりわけ比較的隔絶した根室に，商業学校を新設することの妥当性についてであった。古屋憲秀からの「根室ニ特ニ商業学校ヲ設ケムケレバナラヌト云フノハ，如何ナル御調査ノ結果デア」るのかという問いに対し，湯原は「御尤モナ御質問」としながら，場所については「実ハ根室ニ中等教育機関ノ一校ヲ設ケルト云フコトニ付キマシテハ，縦シ地方カラシテ要求ガナクトモ，当事者ニ於テハ其ノ必要ヲ疾クニ認メテ居」たと応じ，この措置が道庁の能動的判断に基づくものだと述べている[22]。かつて三県一局時代[23]の県庁所在地であった根室の現状は，関係者からも「廃県後政治的中心の実を失つて注入的であつた繁栄は一時衰微の傾向があ」ると認識されていた[24]。しかしこのように「他ニ出入ヲ致シマスルニ付イテハ，極メテ不便ナ所デアリ」「孤立シテ居リマスルト云フヤウナ有様デア」るが，それだからこそ道庁は「人口其ノ他ノ事情ニ於テ，縦令他ト比較シマシテカラニ劣リマシテモ，特別ニ中等教育ノ機関ノ一ツヲ置ク必要ガアルト認メ」たのであった[25]。また道会も一昨年に「根室商業学校設置ニ関スル建議」を可決している[26]。

　その上で湯原は，商業学校として諮問したことについては，以下のような事

情を披露して了解を求めている。

> 実ハ商業学校ト云フ名称ハ，理事者ニ於テモ大分嫌ツテ居リマスノデス，トコロガ其ノ実業学校規程ニ依リマスルト，実業学校ノ種類ニ四ツヲ限ツテゴザイマス，ソレデ法規ノ方カラ申シマスルト，四ツノ一ツヲドウシテモ選マナケレバナラヌコトニナツテ居リマス，デ願ハ理事者ノ考デハ漠然ト実業学校ト斯ウ云フ名称ニ致シマシテ，サウシテ其ノ科目即チ内容ニ付キマシテハ，十分取捨折衷ヲ加ヘマシテ，サウシテ根室ノ大多数ノ人々ノ為ニ，適切ナル中等教育ヲ施スニ足ルモノヲ設置シテヤリタイト云フ希望デゴザイマシタ，然ルニ前ニ申上ゲマスル通リ，法規ノタメニ検束ヲ受ケマシテ，商業学校ト云フ名ヲ以テ茲ニ提出致シタ訳デアリマス，理事者ノ腹案ニ依リマスルト云フト，学校ノ性質ハ……水産ト商業ト此ノ二ツノモノヲ混淆致シマシタトコロノ一種ノ学校ヲ組織シテ，是ニ実業学校ナル名称ヲ与ヘタイト云フノガ腹案デゴザイマシタ，然ルニ唯今申上ゲマシタヤウナ次第デ，名称ヲ商業学校トセザルヲ得ナイヤウナ有様ニナツタノデアリマス，折柄文部省ノ実業学務局長ガ見エマシタノガ，丁度此ノ案ヲ拵ヘマスル際デアリマシタカラシテ，其ノ事情ヲ申シマシテ希クハ此ノ商業学校ト云フ名称ハ避ケタイガ，ドウデアラウカト云フコトヲ相談ヲ致シマシタトコロガ，ソレハ差支ナカラウト云フコトデアリマシタ，ソレデ本道会ヘ提出ヲ致シマスル前ニハ，実業学校ト云フ名称デ提出ヲ致シマスルツモリデアツタトコロガ，其ノ時既ニ印刷ニ着手シテ居リマシタカラシテ，本道会ヘ此ノ案ガ現ハレマシタ上デ，其ノ名称ノコト又タ其ノ学校ノ性質ノコトハ御話ヲ致スツモリデ居ツタノデアリマス[27]

やや事情が込み入っているので整理しておく。道庁としては商業学校という名称は使いたくなかったが，単に「実業学校」とすることは法令解釈上できないと判断し商業学校とした。しかし，その後来道した真野文二実業学務局長[28]にこの件について尋ねたところ，実業学校という名称でも差し支えない

という返答を得たものの，すでに諮問案は印刷に入っており変更が間に合わず，やむなく商業学校として諮問した，ということである．

しかし同時に，道庁は商業学校の教育内容に「独リ商業バカリデハ」なく「農家ノ人ニモ又ヘ水産家ノ人ニモ，又タ工業科ノ人ニモ最モ適切ナル学科」という性格を見出している．実業教育を優先するとしても，一校で学習者の大半を満足させる必要がある．そのようないわば"普遍的な実業教育"とでもいうべきものを提供しようとしても，(道庁の当初の理解では) 法令上，学校の名称にはいずれかの専門分野を明示しなければならないのであれば，商業学校がもっとも適切と判断したことになる．

さらに道庁は，商業学校の準中学校的な性格にも言及している．すなわち，「御案内ノ通リニ此ノ商業学校ト申シマスルノハ，名ハ商業学校デゴザイマスケレドモ，実際ヤツテ居リマスル事柄ハ，殆ンド昔ノ所謂実科中学ニ比類スルヤウナモノデ」「事実ニ於キマシテハ実科ヲ主トシテ授ケルトコロノ，一ツノ中学校デアルト斯ウ認メテ居リマス」と述べている[29]．すでに法制上中等教育機関は目的別に分化しているが，中学校と実業学校，さらに各種の実業学校を総体として捉えた際，道庁は普遍的な教育が可能であるという重心を商業学校周辺に求めたのだといえよう．

後述のように，「極メテ不便ナ所デ」「孤立シテ居リマスルト云フヤウナ有様デアリマスルカラ」「縦令他ト比較シマシテカラニ劣リマシテモ，特別ニ中等教育ノ機関ノ一ツヲ置ク必要ガアル」と述べる道庁の姿勢に対し，根室への肩入れが必要以上ではないかと受け取る者が現れる．しかし本来的な中等教育が果たすべき機能を商業学校に集約させている点は注目してよいであろう．

なお，根室市は設置費用だけではなく，設立後の経常費の寄付も申し出ていたが，道庁もさすがにこれは謝絶している．これについては，白石義郎が「却下サレタ理由ヲ承リタイ」，そして先方が経常費を負担するとしているなら逆に「町立ニシテ地方税デ補助スル」方法もあるが，と質問している[30]．これに対して湯原事務官は，経常費を寄付させることは「永遠ニ亘ツテ負担ヲ重クスル憂ガア」り，また将来「其ノ団体ノ都合ニ依ツテ，其ノ納付ヲ怠ツタリス

ルヤウナコトガア」ると「財政上忌ハシイ」からと応じ，また町立学校への補助という方式をとらない理由については以下のように答えている[31]。

唯今ノトコロデハ中等教育以上ハ，ヤハリ道庁ノ直轄ト致シマシテ，地方費デ支弁スルノヲ原則ト致シマスル方ガ，各学校ノ間ノ財政上ノ統一モ出来，又タ監督上ノ統一モ出来マスカラ，其ノ方ガ万般ニ付イテ利益ガアリマスコトト認メマスノデ，唯今マデノ道庁ノ方針トシテハ，中等以上ノ学校ハ地方費ヲ以テ支弁シ，道庁ガ直接ニ監督スルコトヲ以テ，原則トシテ居リマス

かつては，中学校や高等女学校の新設費用を地元負担とし，実業学校については道庁主導で設立することとされていた。設立後はともに庁立学校として維持運営されるのであるが，設置費用の負担の違いが普通教育と実業教育の境目を形成していたといえる。しかし今回の諮問のように実業学校も地元負担に頼ることになれば，その境界は曖昧とならざるをえない。さらに上の湯原の回答に見られるように，道庁は実業学校を「中等教育」「中等以上ノ学校」と位置づけ，中学校や高等女学校と次第にセットとして扱うようになっている。これが実業学校の設置にあたっても地元負担を求めていくための意識的な発言かどうかはわからないが，6校を一括に諮問したことがそれを容易にしている側面は否定できない。

議員の質問はここで終了し，諮問は議員の互選によって11名で構成される調査委員会に付託される。委員のうち5名は根室，小樽，上川（＝旭川），釧路，空知（＝岩見沢）といった新設学校予定地の選出議員であった。一括諮問という性格上，一校を不可とすることは，他校の否定にもつながりかねない。それゆえ，彼らが互いの学校誘致を果たすために結託することも十分に予想される。この調査委員会が答申案を示すのは2週間後である。その間の動き，および諮問に対する道内の反応について，新聞をもとに次に確認しておく。

第3節 道会に対する反応

1. 新聞報道とその論調

　この諮問の行方は世人の耳目を集めることになり，多くの新聞記事が残されている。まず札幌に本社を置く『北海タイムス』[32]に掲載されたものについて確認する。道会開催時のタイムス紙面には，連日のようにこの諮問に対する記事，論評が掲載されているが，その論調は総じて批判的であった。ことに土岐生と名乗る記者[33]は，「道会雑俎（ときに組）」欄において11月7日から答申が可決される直前の28日までこの計画を徹底的に批判している。

　まず諮問全般について「道庁は，本気でコンナ計画をしたのか，それとも，好餌をやつてチンを手ナヅケる格で，地方議員の御機嫌取りに，コンナ計画をしたのか，なんぼ何でも，本気の沙汰ではあるまい」と強く非難する[34]。その上で「学校を建てるには其の位置」「又経費の関係も斟酌せねばならぬ，唯だ無暗に学校さへ建てれば，それでヨイと思ふのは，甚だしい不心得であ」り「建てた以上は夫々維持をして行かねばなら」ず「地方財政の危機は此辺に孕まれて居る」と学校の位置を問題としつつ地方費の圧迫も懸念している[35]。土岐以外の記者も「道庁は学校濫設案を以て各地方に総花をマキ」と記しており[36]，タイムス全体として今回の諮問を「濫設案」と評価する姿勢は強かったようである。

　この濫設案の中でも，「就中最も滑稽を極めたるは，根室の商業学校で」ある，とその不適が問題とされている[37]。土岐は道内各地方の人口分布，高等小学校修了者数，所得額等の統計を示しながら，「根室地方に中学程度の学校を建設するは，他の地方に比してズット後回しにせねばならぬこと甚だ明白」であると述べている[38]。さらに優先順位の面だけではなく，商業学校，実業学校といった学校の名称についても問題視する。11月14日に湯原が行った名称についての説明を傍聴し，また直接取材を試みた上で，汎用性を考えて実は実業学校にしたかった，という道庁の当初の意向については，「実業学校の種類は法規に依り」「限定されて」いるのだから「唯だ『何々実業学校』と名づくる

学校を建設せんことは、『実業学校令』の明文に於て許さざるところ」であり，「『根室実業学校』なるものを設立せんとするは，正しく法規を無視したるもの」と断じている[39]。

　土岐の場合，関係法令や地域の実態と庁立学校増設のあり方を照らし合わせながら，いわば正論で諮問を全否定して世論の喚起を図る意図がありそうであるが，このキャンペーンは執拗に過ぎ瑣末にわたる感も免れない。北海タイムス紙上においても土岐の記事はやや突出しており，一方では，道庁の諮問案に対しては「設立の位置地方の適否に就ては，当局の立案必らずしも不可なるにあらず」と評する記事もみられる[40]。

　ただこの諮問は「地方の引張運動に対する人心調伏の一策」[41]，つまり道会に対する懐柔策であるという嫌悪感や反発はタイムス全体で共有されていたようである。同紙は道会会期中，元道会議員だという匿名投稿を掲載しているが，それは「当然道庁が議案として之を提出すべきである」計画を諮問として提出することは，一見「道会と円満を謀る」配慮と見えるが，実は「道庁の責を道会に塗るの姦策」であり「無識無研究の議員連だから」「賛成してもよかろ位のことにて諮問を通過さすであらうと見くびりて提出したのである」と述べて「斯る諮問案は之を否認するが第一」と主張する寄書であった[42]。この諮問案に諸々と「賛成する者は，即ち御身方党吏党と成り済した者」[43]という道庁の策に絡め取られることへの忌避感がタイムスにはあり，土岐はそれをもっとも強く表現していたといえる。

　一方，もう一つの有力紙であった『小樽新聞』[44]は，タイムスの強い姿勢に比べると，はるかに穏健であった。当地の高等女学校と商業学校が諮問に載っていたことに加え，札幌の仮校舎で開校されていた水産学校の本校舎が小樽に設立される予定であったことも関係していたかもしれないが，「諮問案其ものの大体に於て寧ろ道会の意見を基礎として編成せるもの」で「所謂湯原案の成立は殆んど議員間に認められたる」はずと淡々と伝えている[45]。

　小樽新聞はこのように，諮問案がもともと従前の諸建議などをベースにしたものであり，また「地方的利益交換は先刻知れたこと」なので諮問調査委員会

の結論は妥当な線に収まるであろうと、達観している[46]。むしろ小樽新聞が問題としていたのは、「道庁の施政に不平を抱くの徒」が「当局者の計画を幾分にても打崩せば仮令事の枝葉に属するものと雖も尚ほ多少の腹癒せとなり打撃ともなる」という「兎に角遣つ付けろ主義」が道会を混乱させるのではないか、ということであった[47]。小樽新聞がいうこの「不平を抱くの徒」には北海タイムス記者である土岐が含まれていたようで、「堂だへ学校濫設呼ばわりの古狂先生」[48]、あるいは「議論に負たとの故を以て世論に背き無稽の言議を飽迄弄するは是れ亦土岐君の為に取らざる所なる」[49]と揶揄するような文言が見られ、必要以上に政治問題化しようとする姿勢を牽制している。

ただ、北海タイムスの「『君の方にも賛成するから、オレの方にも賛成して呉れ』的運動」が活発化するだろうという予想[50]は、小樽新聞も共有していたようで、諮問調査委員会開会中の院外活動を「道会議員の学校問題に対する暗闘混戦は依然として今尚昨日の如くに候」と報じている[51]。

2. 道会議員の院外活動

では調査委員会の結果が出るまでの関係者の動きはどのように伝えられているであろうか。開会当初から上川選出の議員のように、「昨年の道会は地方問題がなくて楽でしたが本年は」地元から「高等女学校設立の運動を依頼されて居ります」と明言し、また自分に限らず「当期道会には大分地方問題を提げて居る議員も有るやうに見受け」ると語る者がおり[52]、実際水面下の動きは激しかった。

まず11月18日、札幌区が農業学校の設置場所の変更を求めて道庁に陳情を開始している[53]。諮問の通過が流動的であると考えた岩見沢が農業学校設置を確実なものとするため寄付を4分の1から3分の1まで上乗せすることを申し出ていたが、札幌はさらに半額まで負担すると応じて[54]、農業学校が争奪の対象となった。

また諮問が否決されれば「折角の大骨折りで、提案させるまでに漕ぎ付けたる小樽の高等女学校までが、一所にフイにされては一大事なりと」小樽区選出議員が「十数名の議員」に対する供応を行うという議員間の工作活動も伝えら

れている[55]。

　さらにこの混乱を突いて,「室蘭選出の議員」が「小樽に移転新築すべく運ばれつつある水産学校を室蘭に変更せんとの野心を起し」活動を始めると[56],これに前後して,根室商業学校の設立が確実視されるようになる。つまり「根室の商業学校は余りお話しになり相もなかったが室蘭側との交換で大分根底強しとの沙汰じゃ」という新聞の見立てである[57]。

　このような状況を小樽新聞は以下のようにまとめている。

> 今日の処未だ何人も慥かなる勝利を預言する能はず,銘々手前勝手の熱を吹きつつ小なる議員間に札幌党,岩見沢派,小樽連,室蘭乃至根室,上川組抔の異名さへ称へられ入乱れての掛引き却々凄まじき有様にて実際寸前暗黒たるを免かれず候[58]

　院外活動を受けながら諮問調査委員会がどのような論議を行ったのかは,議事録が残されていないため直接確認することはできないが,北海タイムスはいったん「学校問題愈々紛糾,刻下の形勢にては諮問案全部ブチコワレ」という様子を伝えている[59]。しかし25日の調査委員会は,6校の設置すべてを可とし,しかも全校を地元寄付によって設立する,という委員会案を可決する。この急転をタイムスは「学校濫設問題の雲行き頗るキテレツ成らんとす,是れ意外の辺より吏党現出せんずる模様あるが為めなりとか,果然道庁の策略は奇功を奏せんとするものの如し」と報じている。タイムスは前述のように小樽関係者などが取り込み活動を行っていることを問題としていたが,そのような「好餌に近寄る」議員を「道会に有する道民は禍なるかな」と批判するのである[60]。

　タイムスは続けて「利益交換なる地方的運動の議員間に盛にして,殆ど其常理の没却されんとする」ことを嘆じ[61],「正理に殉ずるは野暮なり」[62]と揶揄している。中等教育機関の性格,種別,設置場所やその計画性といった中等教育論,地方財政論の範疇(タイムスの言葉を借りるならば「常理」「正理」)で交わされるべき議論は,休会中に熱を帯びていった運動や地方利害の複雑化によって

霧散しつつあった。水面下の交渉過程において学校の種別や目的は二次的なものに後退し，とにかく自分の地域に庁立学校を設立させる，という重要性が関係者を奔走させる。

一方の小樽新聞も「学校の種類及其数は大体原案を是認し出〔其か〕設立に就ては全然地方の寄附に拠るとの条件付」で「委員会を通過した」と記しているが，こちらは院外活動そのものを批判するのではなく，その結果「表面から観れば六校共潰れの姿で而も六校併立の趣きがある」という微妙な結論となってしまったことに重きを置いて報じている。「要は只設立地に於て寄附行為なる負担に堪るや否やの問題」になってしまったが，「素より議論も糸瓜もあつたものに非ず」とシニカルに論評するのであった[63]。

第4節　答申案をめぐる論議

11月28日の道会で示された調査委員会の答申案は，「本諮問ハ之ヲ可トス但六校何レモ其敷地校舎共寄附ニ依ルコト及各校何レモ其寄附ノ完全ニ成立シタル後ニアラサレハ著手セサルコトノ条件ヲ附加ス」[64]というものであった。当初4分の3の地方費「補助」を受けて開設するはずだった農業学校も全額地元負担とし，またていねいにもそれぞれの寄付が完納されない限り開設しないと明言している点で，答申案は諮問に比べ地元にさらに重い負担を求めるものであった。これについて調査委員会委員長の小谷町純は以下のように述べている。

すなわち，道内には「非常ナ繁華ナ都会ガア」る一方「一面ニ於キマシテハ村落ハ」「府県ノ村落ノ進歩ニ多ク劣ツテ居ルト云フ」状態で開発の差が激しい。そのため「高等，普通教育及ビ実業教育ノ施設ヲ致シマスルニ方リマシテハ，其ノ最モ利益ヲ得ル，及ビ其ノ最モ急ヲ感ジマスル地方ハ実力モ進ンデ居リマスカラ，其処ノ寄付ニ依ツテ施設ヲスルト云フコトハ地方費財源ノ按排ノ上」「亦タ実際上ニ於テ其ノ学校ノ教育ニ依ツテ利益ヲ受ケマストコロノ側カラ観察致シマシテモ，相当ノ方法ト考へ」る，つまり庁立学校を利用可能な地方に

応分の負担を求めることで不公平感の解消につながるのだという道庁の論理を踏襲する。また農業学校も全額寄付にしたことについては「四分ノ三ヲ地方費デ支弁スル」という道庁の「説明ヲ聞キマシテ此ノ六学校総テニ対シマシテ」「校舎ト敷地ハ総テ寄付ヲ得テソレニ依ツテ設立スルコト」にした，と簡単に説明してしまう。その上で「寄付ガ完全ニ行ハレマセヌデ自然地方費ノ負担ニ移ルト」「遺憾デゴザリマスカラ」「寄付行為ノ完了ニ至リマスマデニ不安ノナイト云フコトノ確信ヲ得マシタ上デ，着手ヲスルヲ相当ト認メマシテ此ノ条件ヲ付ケタ次第」と述べる[65]。道庁以上に道庁の意を汲んだ答申案であったといえよう。

もともと諮問に賛同する議員が委員会のメンバーの過半を占めていたこともあり，このような結果となることは予想できていたが[66]，本会議ではそれが逆に「僅ニ二十分カ三十分デ終ツタ」「殆ド議論ナク」「討議ヲ重ヌルコトナクシテ委員会ノ議論ト云フモノハ一致シタ」として批判される[67]。道会は答申案に賛成する議員と反対する議員に分かれ，さらに反対派は修正案を提出するグループと諮問そのものを全面否認するグループに分かれ紛糾する。しかし諮問賛成派と修正案提出グループは，庁立学校の増設の必要性という点では一致しており，調整の余地はなお残されていた。村田不二三らが示した修正案は以下のようなものである。

本会ハ本道将来ノ中等教育機関ノ施設ハ二ノ高等女学校一ノ中学校ヲ増設スルヲ適当ナリト認メ実業教育ニ関シテハ農工業学校各一校ヲ新設シ商業学校ハ既設ノモノ一校アルモ更ニ拡張スルノ必要アルヲ以テ更ニ一校ヲ増設シ而シテ其緩急ノ順序ハ高等女学校及中学校各一校ヲ明治三十九年度ニ高等女学校及農業学校各一校ヲ同四十年度ニ商業学校及工業学校各一校ヲ四十一年度ニ建設シ同四十五年度ニ於テ全部ノ完成ヲ図ルヲ以テ最モ妥当ノ措置ナリト認ム[68]

村田は，調査委員会が「全部寄付ニ依ルト云フコトヲ御決議ニナッタ」こと

を問題とする。そのため修正案ではあえて財源には触れず「原則トシマシテハ地方費」，もし「各地方ニ於テ進ンデ寄付ヲスルモノガアリマスナラバ，ソレハ歓ンデ受ケル」という地方費支弁を原則とするものであった[69]。

寄付の問題については，たしかに既存の「札幌ノ中学校ハ申スニ及バズ函館ノ如キ小樽ノ如キ，之等ノ学校ハ尽ク其ノ校舎ノ設備ト云フモノハ地方費デ致シテ居ル」。そういった「実力ノ充実シテ居ル三区ニ於テハ，地方費ガ全部負担シテ置キナガラ」「釧路ノ如キ比較的微弱ナル地方ニ対ツテハ，全部寄付ヲシナケレバ中学校ヲ拵ヘテヤラヌト云フコトハ」「残酷ナル案」ではないか，という問題がある[70]。また答申案にあるように，「農学校ノ如キモ全部寄付ニ依ルト云フ方針ニ委員会デハ御査定」したが，もし「見込ガ外レテ，寄付ヲ申出ナカツタ場合ハ如何ニスルカ」という質問に対し，調査委員長が「出来ナカツタトキニハ如何ニスルト云フコトニ付イテハ，別段委員会ニ於テハ議論ガナカツタ」と答えてしまったことで，委員会が財政負担の問題について主体的な議論を行っていなかったことが露呈する[71]。

しかしこの対案も，当初予定の商業学校2校の一つを削り，代わりに工業学校を付け加えている点で，重大な問題を抱えている。修正案には設置場所が示されていないものの，村田の説明からは商業学校以外についてはほぼ道庁の諮問通りであることがわかる。しかし商業学校については小樽の1校に止め，「根室ノ商業学校ト云フモノヲ除ク代リニ，工業学校ト云フモノヲ一ツ設ケ」る[72]と述べるのであった。たしかに工業学校設立自体は，諮問案に明示されていなかったとはいえ，道庁もその必要性を認めていた[73]。また全道レベルでのバランスの点からいって「商業学校ヲ三ツ造ツテ，工業学校ヲ一ツモ造ラヌト云フ案ガ穏当ナル案デアルカ，或ハ商業学校ヲ二ツ造ツテ，工業学校ヲ一ツ造ルノガ穏当デアルカ」，という疑問は当然であろう[74]。

しかし工業学校設置を追加するのではなく，わざわざ根室商業学校を排除して，その枠を工業学校に充てるという修正案に，長年庁立学校の設置を要請してきた根室選出議員が反発するのも当然であった。根室出身の小池仁郎は一昨年に成立した建議をよりどころとしながら，「十勝，根室，北見，千島ノ方面

ヲ見マスレバ交通機関ハドウデアルカ，又タ其ノ他ノ教育ノ有様ハドウデアル
カト云フコトヲ考ヘテ見マスルト，此ノ方面ニ中等教育ノ設備ガ必要デアルト
云フコトガ能ク分ルデアラウト思ヒマス」と北海道東部の交通の便の悪さを訴
えながら「中等教育ノ設備」の必要性を主張し，たとえ名称は商業学校と偏し
ていたとしても，学科に「有ラユルモノヲ網羅スルコトガ出来ルカラ，其ノ地
方ノ実際ニ適スル教育」が可能である，と懸命に支持を求めている[75]。

　議論の行方が定まらない中で道会はいったん休憩に入るが，再開後の採決で
も委員会原案，修正案，そして諮問撤回案はどれも過半数に及ばなかったため，
議長が整理委員を置くことを提案する。ここでも投票によれば諮問に賛同して
いる議員が多数を占めることを警戒した村田が選出方法に異議を唱えるが，結
局 7 名の整理委員が投票で選ばれることになった。再び休憩に入り，午後 10
時に道会は再開されるが，定足数に達せずこの日は散会となる。
　翌 29 日に整理委員が示したのは以下のような最終案であった。

　　答申案
本諮問ハ左ノ条件ノ下ニ諮問ノ通ヲ可トス
一　根室商業学校ヲ根室実業学校ト改称スルコト
一　岩見沢農業学校設立ニ関シテハ特ニ多額ノ経費ヲ要スルヲ以テ建築費ノ
　　二分ノ一ヲ地方費支弁トシ其他ハ寄付ニ依ルコト
一　明治四十二年度ニ於テ札幌区ニ工業学校ヲ設立スルコト但シ調査ノ結果
　　本校建築費多額ヲ要スル場合ニ於テハ其ノ幾分ヲ地方費ヨリ支弁スルコ
　　ト
一　其他ハ敷地校舎共寄付ニ依ルコト
一　各校何レモ其寄付ノ完全ニ成立シタル後ニアラサレハ着手セサルコト

　整理委員からは，根室については，文部省の法文解釈を検討した結果「単ニ
実業学校トシテ差支ナイト認メタ」のでそのように改称すること，「農業学校
ノ設立費用ハ他ノ中学校若ハ高等女学校ニ比ベ」「多額ノ費用」がかかるので

半分を地方費支弁としたことなどが説明されている[76]。「札幌区ニ工業学校ヲ設立スル」ことを付け加えたのは前日の村田をはじめとする修正派への一定の配慮であろう。

一方この議題に入った直後，議決に加わることを快く思わなかった「退場スル議員」がいたことを速記録は伝えている。そのためか，この答申案は満場一致で可決された。その際，これ以上「徒ラニ議論ヲ為シテ議会ノ紛擾ヲ来サシメ，議事ノ進行上故障ヲ招クハ元ト本員等ノ本意ニアラザルヲ以テ，茲ニ綺麗サツパリト整理委員ノ決議ヲ重ンジ」るという発言[77]があったが，この議員は前日，諮問調査委員会の報告を「甚ダ不愉快」と難じていた[78]。

答申は，諮問案をほぼ丸呑みしたものである。結果として道庁は，農業学校の地方費支出を4分の3から2分の1に節約できた。この模様を傍聴していた北海タイムス記者は，「諮問を，否決せざるのみならず，却て原案よりもヨリ以上に悪しき修正を加へて可決した」と記している[79]。別記事では，それが可決されたのは「四五人の議員が道庁の手先となり，或る誘惑を試みた結果」であろう，としているところから，最終的な取り込み活動が行われたようである[80]。

小樽新聞もまた，「原案派反対派共に必死となりて中ブラ議員の引張合を始めた」と報じたが，その結果については，多数派が「勢いを恃みて専横を為すの議を避け」「工業学校を起す」など「飽迄公明正大の方針に出た」「近頃の快心時」，といったように全く正反対の評価となる。この記事には「北海タイムスの記事に拠れば学校問題の賛成派は何れも吏党だとか醜聞あるとか漫りに悪声を放つ」が，と当てこすり気味の文章が続いている[81]。高等女学校と商業学校の獲得に成功した地元紙として見るならば，このような受け止め方は当然であろう。

第5節　諮問の通過とその意義

以上，第五回北海道会において道庁の諮問提出から答申が道会で確定するま

での経過を確認してきた。今回の提案の特質はなによりも一括諮問という点にあろう。日露戦争による財政難のあおりを受けて、新設が滞るなかで、中学校、高等女学校、実業学校といった庁立学校設立の要求は建議として蓄積されていく。このような状況でどの学校をどのような順位で設置していくかを原案として示すことは極めて難しい。諮問は設置順序について大まかな行程を示していたものの、なおその調整の余地を道会に与えていた。これに対し「最初より完全無欠なる計画の伴はざる可からざる」[82]として緻密なプランを示すべきであると道庁を非難するのは酷であろう。しかし一方で「北海道庁は群犬の間に一臠の美肉を投じ」たという表現は道会の模様を言い当てている[83]。実際の議論や院外活動の激しさは見てきたとおりである。

　ところで、第二章で見たように、1903年の道会において道庁は北海道教育事業計画を示し実業教育優先の姿勢を鮮明にした。その計画では中等教育と実業教育を厳密に項目分けしながら、中等教育である中学校と高等女学校を区町村に設立させ、一方で実業教育機関である各種実業学校を庁立で経営するとされており、その際道会も「中等教育ニ対シテハ、庁立ニシナイト云フヤウナ御方針ヲ御演説ニナッタ」といったんは受け止めたのであった[84]。

　今回の道会でも諮問提出の際に道庁側は「本道実業及中等教育の施設」と述べており、中等教育（中学校、高等女学校）と実業教育を分けようとする姿勢が認められる。しかし一括諮問したことによって、普通教育と実業教育のどちらを優先するかという初期の道会において見られたような論争はこの道会ではほとんど起こらなかった。優先問題が顕在化するのは設置可能な学校数が制限されている場合であり、今回のように計画上、多種の学校を設置するのであれば議論の対象とならない。またもともと今回諮問された各種の学校はそれぞれの地域からの要求をベースとしており、優先問題を議論する必要は生じなかった。

　むしろ今回道庁が中学校、高等女学校、実業学校をまとめて諮問してきたこと、また根室の商業学校を汎用性のある「実科中学」あるいは「一ツノ中学校」であると[85]——つまり中等教育機関との類似性を強調しつつ——説明していることが改めて注意される。理事者側は途中から、根室商業学校を庁立と

する理由として「中等教育以上ハ」「地方費ヲ以テ支弁」すると述べるようになり[86]，実業学校を中等教育の範疇に置くかのような認識をときおり示し始める。議員からも「社会一般ノ中等教育ニ対ツテ，如何ナルモノヲ熱望シテ居ルカト申シマスレバ，実業教育デゴザイマス」[87]と実業教育を中等教育として捉える発言が確認される。

実はこのように，実業学校を中等教育の一つとしておさめることで，実業学校もまた地元寄付によって設立するという財源捻出方法を道会に認めさせやすくさせている。もちろん村田不二三のように「実業学校ノ如キハ地方費ヲ以テ施設スルト云フ方針デアツタニ拘ハラズ，本年ニ於テ当局者ハ其ノ方針ノ変ツタコトヲ示サレタ」[88]，と今回の諮問が，中学校や高等女学校だけではなく実業学校の新設費用も地元に求めていくという重大な方針転換を含んでいることに気づいた議員はいないわけではなかった。しかし一括して示された学校の設立費用の捻出方法を個別に判断することは難しく，結局議論が加熱していく中でこの問題は最終的には閑却された。答申は，当初4分の1だった農業学校の地元負担を2分の1にまで増額し，将来設立される工業学校についてもわざわざ前もって「建築費多額ヲ要スル場合ニ於テハ其ノ幾分ヲ地方費ヨリ支弁スル」と定めてしまった。道会自らが諮問に対し，普通教育機関のみならず実業教育機関の新設も地元負担を原則とすると回答してしまったのである。そうなると，初等教育後に庁立として提供する教育機関の新設財源について，あえて普通教育機関と実業教育機関に分けて考える必要はなくなる。

その意味で今回の道会においては，中等程度の普通教育機関と実業教育機関のあり方や整備方法といった問題ではなく，その学校種いかんにかかわらずこれら庁立の中等教育機関を地元に設立することが関係者にとっては重大な課題とされたのであり，庁立学校が露骨に政治的な対象として取り扱われることになったといえる。むろん「中学校，実業学校，高等女学校はその性格と役割において異質なものとして組織化がなされており」[89]，これらを包括的に捉えることには慎重でなければならない。しかし根室選出議員の小池仁郎は実業学校の誘致に際して「庁立の称号を得」るという表現を用いており[90]，道会での

論議はこれら学校の差異よりも，むしろ庁立学校としては同じであることが前提となっていた。その庁立学校[91]の設立方法や順序を問うのが今回の一括諮問であったといえよう。

ではこの答申によって，庁立学校はその後どのように整備されて行くであろうか。答申が可決されれば，問題は新設費そして設立後の維持費に移ってゆく。まず「寄附ノ完全ニ成立シタル後ニアラサレハ着手セサルコト」と答申した以上，地元において設置費用を調達しなければならない。『北海タイムス』は岩見沢農業学校設立のため土地「所有主に交渉して敷地寄附を為さしめんと有志者は熱心に奔走」を開始したこと[92]，『小樽新聞』は創立費2万円を「全部岩見沢村民の負担とせば五十円宛寄附者四百人を要する割合にして随分軽からざるが如き」ことを伝えている[93]。このような寄付金収集の活動が各地で活発となっていったが，果たして関係者の期待通りの寄付金は集まるであろうか。

また，もし順調に新設されたとしても今度はそれらを維持する費用を道庁が負わなければならない。今回の諮問案に一貫して反対していた北海タイムスは，このことを深く懸念していた。「よしや建設費はこれを寄附に取るとするも，維持費は是非とも地方費から支出せねばならぬ，而かも六学校の維持費と云へば，決して軽少の額ではない」[94]。実際，1907（明治40）年に開設されるはずであった釧路中学校は，地元で寄付金が思うように集まらず，さらに寄付金が準備できた後も道庁が経常費支出をためらい，なかなか予算案として示さなかったため，計画に遅れること6年目の1913（大正2）年にようやく開校にこぎ着けている。

従来であれば単年度で解決できたはずの学校開設問題は，数年間に渡る懸案として長引くことにもなった。これもまた一括諮問の影響である。

注
1) 上畠彦蔵『道政七十年』報文社，1941年，62頁。
2) 同上。

3) 根室選出の小池仁郎は念のためという形で、「昨年道会ニ於テ建議ニナッタ、根室、釧路ノ中等教育ノ機関ハドウナサル御意見デスカ」と尋ね、視学官山田邦彦から「何分三十八年度ニ対スル経済ノ都合ガ見込ガ付キマセヌ、ソレ故ニコノ問題ハ将来ニ属シテ居」るという答弁を得ている（『北海道会第四回通常会議案第一号調査委員会議事速記録』第一号、1904 年 11 月 5 日、33 頁。
4)「農業学校の設置」『北海タイムス』1905 年 8 月 19 日。
5)「庁立高等女学校問題」『北海タイムス』1905 年 8 月 25 日。
6)「地方費の予算会議」『北海タイムス』1905 年 9 月 7 日。
7)「三十九年度地方費査定予算」『北海タイムス』1905 年 9 月 12 日。
8)「庁立高等女学校問題」『北海タイムス』1905 年 9 月 22 日。
9)「地方経済と教育費」『北海タイムス』1905 年 10 月 4 日。
10)「今期道会重要問題」『北海タイムス』1905 年 10 月 24 日。
11)「七年継続事業の庁立学校」『北海タイムス』1905 年 11 月 1 日。
12)『北海道会第五回通常会議事速記録』第六号、1905 年 11 月 14 日、60 頁。
13) 同上。
14) 同上、61 頁。
15) たとえば、第三回通常会で示された道庁長官による「北海道教育事業計画」では、実業学校について道庁として「地方ノ発達ノ状況ニヨリ更ニ実業学校ヲ設置シ又ハ設置セシム ル」となっていた（第二章第 3 節 1 を参照）。
16) 注 12) に同じ、62 頁。
17) 同上、63 頁。
18) 同上。
19) 湯原事務官の発言。同上、63-64 頁。
20) 北海道区制（1897 年勅令第 158 号）第 66 条には「区ハ北海道庁長官ノ許可ヲ得テ国区町村其ノ他公共団体若クハ一個人ノ事業ニ対シ寄附若クハ補助ヲ為スコトヲ得」とあり（条文番号は制定時のもの）、北海道一級町村制、同二級町村制にも同様の規定がある。
21)「設備費ノ寄付ヲ申込ンデ居リマスルモノノ中、全部ノ寄付ヲ申込ンデ居リマスノハ根室ノ地方デゴザイマス」（湯原元一の発言）（注 12) に同じ、62 頁）。
22) 注 12) に同じ、65 頁。
23) 1882（明治 15）年 2 月、開拓使が廃止された北海道には函館県、札幌県、根室県が置かれ、また中央行政機関として北海道事業管理局が設置された。しかし当時の北海道への置県は時期尚早であり、また管理局との二重行政の弊害も指摘され、1886（明治 19）年 1 月、県は廃され北海道庁が発足する。北海道史ではこの 4 年間を三県一局時代と通称している。
24)「改選道会議員（十）　根室管内選出　小池仁郎氏」『小樽新聞』1904 年 11 月 11 日。
25) 湯原元一の発言。注 12) に同じ、66 頁。
26)『北海道会第三回通常会議事速記録』第八号、1903 年 11 月 20 日、140 頁。

27) 注22) に同じ。
28) 真野はこの年の9月下旬から10月上旬にかけて北海道を訪れ，札幌農学校などの視察を行っていた（「実業学務局長及視学官来道」『北海道教育雑誌』第153号，1905年10月，39頁）。
29) 注22) に同じ。
30) 同上，67頁。
31) 同上。
32) 『北海タイムス』は，1901（明治34）年9月，『北門新報』『北海時事』『北海道毎日新聞』の合併により創刊された。前身の三新聞それぞれの主宰は，立憲政友会系であったが，いずれも国会への出馬をうかがっていたため相互の記事批判，内実暴露といった中傷合戦が絶えなかったと伝えられている（佐藤忠雄『新聞にみる北海道の明治・大正─報道と論説の功罪』北海道新聞社出版局，1980年，139-142頁）。
33) 土岐孝太郎のことと思われる。号は「古鏡」。東京紙から小樽新聞を経て北海タイムスに入社したという。社会主義を自称し，タイムス記者の中では異端であったため編集局長と衝突し，その後再び東京の新聞社へ転出したと伝えられている（同上，195頁）。
34) 「道会雑俎（学校問題）」『北海タイムス』1905年11月7日。
35) 「道会雑俎（学校問題）（続）」『北海タイムス』1905年11月8日。
36) 「道会雑聞」『北海タイムス』1905年11月19日。記事には山の人，という署名がある。
37) 「道会雑俎（近来の大愚論）」『北海タイムス』1905年11月18日。
38) 「道会雑俎（近来の大愚論）（五）」『北海タイムス』1905年11月23日。
39) 「道会雑俎（近来の大愚論）（三）」『北海タイムス』1905年11月21日。ただし，これは土岐の全くの錯誤である。湯原が実業学務局長に確認をとったことからもわかるように，実業学校という名称は差し支えなかった。ただそれだけ土岐の此の諮問に対する反発感情が強かったということになろう。また，もともと実業学校令以下の諸規程が種別毎に定められており，このような誤解を招きやすくしていた。
40) 「学校問題」『北海タイムス』1905年11月8日。
41) 同上。
42) 「諮問案に就て道会議員諸子に寄す」『北海タイムス』1905年11月22日。
43) 注36) に同じ。
44) 小樽にはもともと1891（明治24）年創刊した『北門新報』（後に『北海タイムス』）があったが，翌年札幌に本拠を移してしまった。逆に1893（明治26）年札幌で創刊された『北海民燈』が翌1894（明治27）年，小樽に移される。同年これを改題して発行されたのが『小樽新聞』である（『小樽市史第2巻』1963年，424-426頁）。『北海タイムス』『小樽新聞』は『函館毎日新聞』とともに当時北海道の三大紙と称され，特に前2紙は拓殖の進展とともに販売網を拡大していった（『新北海道史第4巻通説3』1973年，1212-1213頁）。
45) 「札幌より（十九日午前発）」『小樽新聞』1905年11月22日。

46)「道会側面観（委員会の成行に就て）」『小樽新聞』1905年11月27日。
47) 注45) に同じ。
48) 注46) に同じ。「古狂」とは土岐の号「古鏡」への当てこすりであろう。
49)「道会側面観」『小樽新聞』1905年12月1日。
50)「道会雑俎（学校問題）（続）」『北海タイムス』1905年11月9日。
51) 注45) に同じ。
52)「濱田道会議員談」『小樽新聞』1905年11月8日。
53)「札幌区の農学校問題」『小樽新聞』1905年11月19日。
54)「学校設置問題の裡面」『北海タイムス』1905年11月21日。
55)「道会局外観」『北海タイムス』1905年11月21日。
56)「札幌より（十八日午前発）」『小樽新聞』1905年11月19日。
57)「道会側面観」『小樽新聞』1905年11月21日。
58) 注45) に同じ。
59)「道会局外観」『北海タイムス』1905年11月23日。
60)「道会局外観」『北海タイムス』1905年11月26日。
61)「編集局にて」『北海タイムス』1905年11月26日。
62) 注60) に同じ。
63) 注46) に同じ。
64)『第五回議事速記録』第九号，1905年11月28日，90頁。
65) 同上，99頁。
66) 小樽新聞は，この答申案が調査委員会で7名の賛成を以て通過したと伝えている（注46) に同じ）。なお委員会員は前述の通り11名で構成されていた。
67) 注64) に同じ，101頁。
68) 同上。
69) 同上，101-102頁。
70) 同上，103頁。
71) 同上，106-107頁。
72) 同上，104頁。
73) 湯原事務官は6日目の道会において「実ハ工業学校ハ欲シイモノダ，是ハ早晩建テナケレバナラヌト云フ希望ヲ持ツテ居」るが，「如何ナル種類ノ工業学校ヲ建テテ宜イノデア」るか再調査が必要であるため，今回の諮問では見送ったと発言している（注12) に同じ，66頁）。
74) 注69) に同じ。
75) 同上，105頁。
76)『第五回議事速記録』第十号，1905年11月29日，114-115頁。
77) 土居勝郎の発言。同上，115頁。

78) 注64) に同じ，108頁。
79)「道会局外観」『北海タイムス』1905年11月30日。
80)「道会雑聞」同上。
81) 注49) に同じ。
82)「編集局にて」『北海タイムス』1905年12月1日。
83) 注60) に同じ。
84) 新津繁松の発言。『北海道会第三回通常会議事速記録』第五号，1903年11月16日，69頁。
85) 湯原事務官の発言。注12) に同じ，65頁。
86) 同上，67頁。
87) 注64) に同じ，105頁。
88)『北海道会第五回通常会議案第一号調査委員会議事速記録』第七号，1905年11月24日，113頁。
89) 木村元「一九三〇－四〇年代初頭日本義務制初等学校の動向と再編の課題：初等教育の変容と中等学校入試改革の動向に注目して」『社会学研究』第38号，一橋大学，2000年，216頁。
90)「改選道会議員（十）根室管内選出小池仁郎氏」『小樽新聞』1904年11月11日。
91) 1943（昭和18）年の中等学校令制定までは，中学校，高等女学校，実業学校を中等学校としてひとまとめにする法的用語はなかった。また「所謂中等学校トハ府県立師範学校，公私立尋常中学校及高等女学校ヲ汎称シタルモノ」(『第十五回帝国議会衆議院中等学校教員養成ニ関スル建議案委員会会議録第一回』1901年3月16日，1頁）というように，明治30年代では中等学校といった場合，実業学校は含まれていなかった。しかしその帝国議会は大正期に入ると「中等学校教員ト申シマスルノハ，公立ノ中学校教員，師範学校教員，高等女学校教員，中等程度の実業学校ノ教員ヲ網羅スル」(『第四十一回帝国議会貴族院議事速記録第二十三号』1919年3月24日，450頁）とあるように，中等学校に実業学校を含めるようになっている。1907年に広島高等師範学校が中等学校の寄宿舎に関する調査研究を行う際，質問紙を「師範学校，及公私の中学校，実業学校」に発送している（広島高等師範学校教育研究会編『中等学校寄宿舎研究』金港堂，1908年，2頁）ことから，明治末期，実業学校を中等学校の一つとして扱うことが徐々に一般的になっていったのではないかと考える。
92)「農業学校の敷地」『北海タイムス』1905年12月8日。
93)「農学校設立創業費」『小樽新聞』1905年12月19日。
94)「学校濫設案の根本的陥欠（下）」『北海タイムス』1905年11月28日。

第四章

明治末期の北海道における庁立学校整備政策
―道庁による統制から地域による選択へ―

第 1 節　明治末年の中学校増設

　1911（明治44）年秋，明治最後の第十一回北海道会通常会において，札幌第二中学校，釧路中学校，小樽商業学校，函館師範学校の新設が検討され，その設立が決定された。北海タイムスの記者はこの増設が道会に提案された際，これを「四庁立学校設置の喜ぶべき事実」として，かつて北海道師範学校に在職し当時文部省視学官であった槇山栄次に伝えたところ，彼は以下のように反応し，やや意外であるという印象を隠さなかったという。

　　中学師範学校志願者の多きは一面喜ぶべきに似たれど畢竟父兄又は生徒が漫然前途の目的を定めずして入学を志願する者なれば其証拠に半途退学者の多きを見る之れ好ましき現象に非ず内地府県にても従来斯かる傾向ありしが現今中学を捨てて実業学校を取るに至り中学校は漸次廃合を見る姿なり但し北海道に二箇の新設中学校を決して不必要なりとする者に非ず云々[1]

　槇山が言うように，この時期全国的に中学校の設立が抑制される傾向にあった。もともと前章で示したように，釧路中学校については小樽商業学校とともに1905（明治38）年の道会において地元の寄付金が集まれば設立されることは決められていた。しかし札幌第二中学校は全くの新規事業であり，加えて道庁

は従前から札幌区民の寄付を当て込み，工業学校の設置を考えていた。つまりこの道会の決定は，普通教育機関である中学校の増設を，実業教育機関である工業学校の新設よりも優先させるものであり，全国的な傾向とは異なっていたといえる。

明治後年は濫設状態と認識した文部省が中学校の増設を抑制し，実業学校の奨励に動いた結果，各府県もその方針に同調して実業学校，実業補習学校の設立を図るようになった。確かに明治40年代になると府県立中学校新設の動きは鈍化し[2]，1911年も県立への移管，分校の本校昇格以外の新設は皆無という状況に至る。

さらに明治末年になると文部省は抑制から一歩進めて中学校の整理を府県に求め始める。それが明確に現れるのは1912（大正元）年9月30日の内務，文部，農商務大臣連名の地方財務整理に関するいわゆる三省訓示である。この訓示は「従来往々地方的事情に依り之を設置した」中等教育機関について「整理の余地なきにあらざるものあり」として「適切なる分合整理の方法を講ず」ることを地方庁に求めるものであった[3]。これは「中学校の廃合を訓令」するものと受け止められ，「各地方に於て種々紛争を招」いたもののその効果は「漸く二三校を廃合せしむるに止ま」った[4]。抑制政策には従った府県でも，既設中学校の廃止については地域住民の強い抵抗にあい[5]，その廃合整理にまでは進めなかったのである

中学校2校を新設するという第十一回北海道会の決定は，当時の全国的な抑制傾向とは異なるように見えるが，この増設案が成立し得た背景は何であったのか。この解明が本章の課題の一つである。

結論を先取りするならば，従来から学校新設に際して行われてきた地元からの寄付徴収を普通教育機関だけではなく実業教育機関設立にまで適用してしまったため，道庁も道会も校種選定の主導権を失い，費用を負担する当該地域の意向に従わざるを得なくなったためである。すでに見たように，北海道庁は当初から実業教育を優先させる意向を持っていた。一方，道会は建議という手段を用いて自分たちが必要と考える（とりわけ初期の道会では普通教育のための）庁

立学校の設立を促そうとした。

　このため道庁は，実業学校を庁立，中学校や高等女学校を地方立とするという方針をいったん示し，後にこれを微修正して庁立で普通教育機関を新設する場合には，地元の寄付に仰ぐことにした。しかしこれでは相当な経済力を蓄えなければ地域に中学校や高等女学校を呼び寄せることは不可能となる。一方で実業学校は引き続き地方費で設立することとされていた。このように地方費支弁と地元寄付を使い分けることで，道庁がねらいとする普通教育機関の抑制と実業教育の奨励は実現可能となるはずであった。

　しかし前章で見たように，第五回道会の六校増設諮問案ではどの庁立学校も地元負担に拠るとされてしまった。ひとり農業学校は地方費と地元で半額ずつ折半するとされたが，「地元寄付に対して地方費で半額補助する」という言い回しであることから，結局はどの庁立学校も原則地元負担となったといってよいであろう。この措置によって，地元に寄付を求めることは，政策実現手段から財源調達手段に変質することになった。それに伴い道庁は学校種を統制する手段を失うことになるのである。第十一回道会に至るまでの審議にはその過程が鮮明に現れている。

　また，以前であれば一つひとつの庁立学校の設立はその都度単年度で検討されていたが，六校増設諮問案は複数年での実現を企図するものであった。その計画中のうち，いくつかの学校は，本章が対象とする時期になってもなお開設を見ていなかった。そこで答申成立後の実施過程を確認することも本章におけるもう一つの課題としてみたい。

　本章ではまず1911（明治44）年の増設案の伏線ともなっているこの六校増設計画の実施過程を追跡し，毎年のように道会で論議されながらも小樽商業学校と釧路中学校の開設が繰り延べされたことを確認する。延期が重なることで明治期最後の5年間に新設された庁立学校は皆無となったが，この懸案の2校に加え，入学難解消のための札幌第二中学校，有資格教員確保のための函館師範学校の新設が真剣に検討されるようになる。長官の交代もあってか，明治最後の第十一回道会議事録の発言や地元新聞の報道からは，道庁が中学校の抑制と

いった従前からの方針をあっさりと翻していることを確認することができる。地元寄付に過度に依存することで、道庁の学校種選択の主体性が失われることになるが、ここではその過程を考察する。

第2節　1905年道会答申の実施経過

1. 難航する寄付金収集

1905年の第五回道会で、道庁は庁立学校6校の増設計画を諮問として道会に示し、道会はそれを可とする答申を返した。表4-1はその際決定された学校の開校予定年と実際に開校された年を一覧化したものであるが、既決の6校については、予定通りに開校されたもの、繰り上げられたもの、開校が大幅に遅延したものに分かれていることが見てとれる。とりわけ、上川高等女学校が一年繰り上げられたこと、それに対し釧路中学校の設立が大幅に遅れていることが注目されよう。

これは地域住民が寄付金を集めることができたかどうかの差である。再三述べたように、この答申は地元に校地の提供と建築費用の負担を求めていた。加えて答申はていねいにも「寄付ノ完全ニ成立シタル後ニアラサレハ着手セサルコト」を併記しており、寄付金の集まり具合がそのまま予定開校年と実際の開校年の異同に反映しているのである。

しかし予定通り（または繰り上がって）開設された地域でも、寄付金は必ずし

表4-1　第5回通常道会の答申で増設が可決された庁立学校

学校名	設置場所	答申における予定開校年	実際の開校年
根室実業学校	根室町	1906年	1906年
小樽高等女学校	小樽区	1906年	1906年
空知農業学校	岩見沢町	1907年	1907年
釧路中学校	釧路町	1907年	1913年
上川高等女学校	旭川町	1908年	1907年
小樽商業学校	小樽区	1908年	1913年

も順調に集まったわけではない。たとえば，経済的には潤沢と思われていた小樽区では，計画通り1906（明治39）年に高等女学校が開校されたが，その建築費については，「四十年度に於て一万二千五百円を四十一年度に於て一万円を四十二年度に於て七千五百円を」分割納入することで道庁との交渉がまとまっている[6]。

また設立費用の半額負担を条件に空知農業学校の誘致に成功した岩見沢では，いざ徴収の段階になって「最初設立運動の際は熱心なりしも寄附の点に至りては厘毛も出さずと云ふ者生じ之が為め亦々波瀾を惹起し中には寄附を取消す有志もありて未だに円滑の運びに至らず目下行悩みの姿なり」と報じられている[7]。これには市街中心部と周辺地域との温度差も関係していた。つまり周辺の農業従事者にとってはただでさえ「四十年度の反別割は無謀の増額にして此公課既に重荷なるに此上尚寄附金を支出するが如きは到底其余力なき」状態[8]にあったのである。その意味で，「学校寄附金の如きも準増税と見做す」ことも可能であった[9]。

このような状況で，1907（明治40）年に予定されていた釧路中学校の開設が遅れ始める。1906年8月の地方費予算編成期に「道庁は釧路町地方民の意向を確めた」ところ，「目下同地方は年々町村経費膨張し現在に於ては右中学校々舎敷地等を寄附するの余裕なしとの回答を得た」ためその設立を延期し，「之に代ふるに四十一年度設置予定の上川高等女学校を一ヶ年繰上」げることになったのである[10]。

これに応じて今度は上川高等女学校の設置場所である旭川町が寄付金収集に奔走することになる。『北海タイムス』は上の記事の二日後に旭川では近日中に「学校敷地並に校舎建築費の寄附金募集に付協議する」町会が開かれるであろうと伝えている[11]。ただ，繰り上げに際して道庁が示した条件は旭川町にとっては簡単には受け入れがたいものであった。「寄附金に対しては管内三四の町村を除くの外極めて冷淡」[12]であり寄付金が思うように集まらないことが上川高等女学校の場合にも危惧されていたが，加えて道庁が提示する条件が極めて厳しかった。「旭川町の協議したる処を露骨に報道」する記事によると，

当局とは以下のようなやり取りがあったという[13]。

> 上川支庁よりの内達により町に於て敷地全部並に学校建築費約二万円の内一万五千円を寄附する由を申出で置きたりしに其後上川支庁にては管内町村の寄附金容易に纏らざるに付き斯くては繰上設置の内議も水泡に帰すべければ町より敷地並びに校舎建築費約二万円を寄附すべしとの申告をされ度しと町に通告したる

つまり道庁は，旭川町に負担額の上乗せを求めてきたのである。町が「郡部の寄附金纏らざるにより旭川町より全部寄附せよとありても是れに対し直に承諾し難き旨を答申」したのは当然であった。しかし道庁は「上川高等女学校を繰上設置するに付ては左の条件を充たし得るや否やと公然通牒」し，「若し旭川町にて二万円の建築費を寄附するにあらざれば上川高等女学校は茲に設置を見合せらるるの外なき」とその強い態度を崩さなかった。

このように地元負担を求める道庁の高圧的な姿勢については，「搆へてやるから金を寄附しろの敷地を寄附しろのと妙な恩を着せ設立費の軽減を図らんとする」のは「近時の弊」であるという批判の声[14]も上がったが，答申が成立している以上，道庁は寄付金完納が設立要件であるという姿勢をとり続けることが可能となっている。逆に設立予定地ではその収集に難渋し，見込みが立たなければ保留状態が長く続くことになるのであった。

2．根室実業学校の敷地問題

さらに「答申通り」に計画を進める過程で，根室実業学校の校地取得の経緯が道会で問題視された。校地提供に際し，もともと道が所有していた適地を，根室町がいったん買い取り町有財産とした上でそれを改めて道に寄付する，というかなり迂遠な方法を採ったためである。

第七回通常会において，釧路選出議員の白石義郎がこれを「怪シカラヌ風説」として取り上げ，「素ヨリ地方費所属ノ学校デアリマスカラ，適当ナ土地ガゴザイマスレバ」「寄附ヲ強ユル必要モナカラウト思ヒマスルシ，又其ノ代

リニ地方ノ土地ヲ売リマシテ，其ノ金ヲ地方費ニ寄附サセルト云フヤウナ馬鹿々々シイコトヲスルコトモナカラウ」と理事者に詰め寄っている。これに対し広瀬直幹事務官は，最初は「若シ地方費有ノ土地ニ於テ適当ナ所ガアレバ其ノ適当ナ所ヘ建テテ，サウシテ是ニ要スル換地」を「根室ノ方カラ貰ツタナラバ，道会ノ答申ノ趣意ニ合スルデアラウ」と考えたが，「換地ヲ貰ツタトコロガ地方費ニ於テハ其ノ土地ヲ其ノ侭打捨ツテ置ク訳ニイカズ」，ならば「土地ヲ貰フ代リニ金ヲ貰フト云フコトガ一ツノ便宜ナル方法」と考えたまでだと応じ，このような方法を採ったのは「道会ノ御答申ガ詰リ土地ト建物トハ地元カラ寄附ヲ受ケテ呉レロト云フコトノ御答申デアッタノデ」あくまでもそれに沿ったまでだ，と切り返している[15]。

答申通りの処理といってしまえばそれまでであるが，実は計画実行当初の道庁の姿勢はこれほど頑ななものではなかった。前年1906年の第六回通常会では「聞ク所ニ依リマスレバ，上川高等女学校ノ敷地ハ，町村デ寄附スベキ恰好ナ土地ニ乏シ」く「却テ地方費ニ属スル敷地ノ中ニ，適当ナル土地ガアルヤウニ承ツテ居」るが，もし地元から適地の提供がなければ「地方費所属ノ敷地ノ上ニ建設スル御考ガアルノデアルカ」[16]という質問に対し，事務官の湯原元一は以下のように慎重な言い回しではあるが，道庁としては必ずしも地元寄付には固執するものではないと述べている[17]。

　元来此ノ学校ト云フモノハ，……地方費デ建テタイト云フ希望デアル，サウ云フ希望ヲ本トシテ起リマシタトコロノ学校デアリマスルカラ，若シ上級団体ノ財政ヲ料理致シマスルトコロノ理事者，並ニ此ノ料理ニ参加セラルルトコロノ此道会ノ各位ニシテ，是ハ私人ノ賃借関係トハ違フ故ニ，幸ニモ斯ウ云フ土地ガアッタナラバ，無理ニ此ノ下級団体ヲシテ約束ヲ，厳守シテ強制シテマデモ出サセル必要ハナイト云フ，御意見デモナリマシタナラバ，或ハ其ノ場合ニ於テハ御意見ニ従ッタ方ガ，至当デハナカラウカト思ヒマス

これに続いて「根室ノ実業学校ノ敷地」について問われた際には，「旧根室

県庁庁舎ノ跡ガ適当ト認メ」ており，「是ニ代ルベキ金，若クハ土地ヲ取ルト云フコト」が原則ではあるが，上川高等女学校と同様「同一道内ニ居ル所ノ上下ノ団体ノコト」なので「其ノ地方費ノモノガアル場合ニ於テハ，取ラヌト云フコトニ御同意ヲ得マスレバ，或ハ取ラヌコトニ致シテモ宜カラウト思ヒマス」と述べている。道庁もはじめは，道会からの協賛が得られるのであれば敷地は地方費から支出してもよいと考えていたのであった[18]。

しかし翌年に湯原が東京音楽学校長に転じた後，道庁は先に見たような強い態度に変わり，結局根室実業学校の敷地は根室町が道所有の土地を買い，それを再び道に寄付することで手当てされた。このようなかなり複雑な財産のやり取りにより，本来であれば庁立学校は地方費で設置すべきではないかという正論が顕在化してもおかしくはなかったが，従前から校地の提供が慣習化されており，また他の地域では寄付金収集に汲々としていることから，道有地をそのまま用いることは，かえって例外となってしまい，それが地元負担の有無という権衡上の議論を引き起こすおそれもあった。

同時に，このように答申を遵守する態度をとることによって，庁立学校の設置主体であるはずの道庁の責任が隠蔽されていることにも注意すべきであろう。しかも地域が財政的負担に窮し，道庁からの寄付要請に応えあぐねている限りその責任が露呈することがないのである。道庁によるこの答申墨守の姿勢は，遅延した二つの庁立学校の取り扱いが例年のように論議される中で繰り返し確認することができる。

第3節　釧路中学校と小樽商業学校の遅延

1．釧路中学校と負担条件

答申翌年の夏，釧路では寄付金等の収集が思うように進まず，計画年度での開校を早々に断念したことはすでに述べたが，その後も繰り延べが重ねられ，釧路中学校の設立は1911年まで待たねばならなかった。寄付金を拠出できなければ，これに対する道庁の態度は前述の如くであり，1908（明治41）年の第

八回通常会で業を煮やした栗林五朔からの「若シ此ノ侭寄附ノ申出ガアリマセヌナラバ，五十年若クハ百年経チマシテモ学校ハ建テテヤラヌ」つもりか，という質問に対しても事務官の広瀬は「釧路中学ニ付キマシテハ今日ニ至ルマデ，尚寄附ノ申出ガアリマセヌカラ，道会ノ御答申ノ趣旨ノ如ク敷地，建築費ヲ其ノ地方カラ出スト云フコトガ出来ナイ以上ハ，勢ヒ之ヲ建テルト云フコトハ出来マセヌ」と極めて冷淡に応じている[19]。

　能力以上の寄付を受容してしまった結果だといってしまえばそれまでであるが，実は1905年の道会に増設案が諮問された当初から道庁と釧路町の間には寄付をめぐって食い違いが生じていた。釧路関係者は中学校設置に際し，地元負担の条件はそれほど重いものになるとは考えていなかったようであったが，答申内容が明らかとなると，釧路新聞は「敷地は勿論建築費全部寄附するにあらされは設置せさる方針」となっていることに驚き，「全部寄附せされば設置せずと云の不理屈なるは勿論」と憤慨気味の記事を書いている[20]。さらにこの設立条件を知った釧路尋常中学校設立運動委員が同紙に以下のような「緊急報告」を掲載するに至る[21]。

　　我釧路ハ東海岸一帯中枢ノ地ニシテ中学校設立ノ必要ヲ認メ諸君ト御協議之上過般以来道庁ニ向ヘ校舎敷地及ビ木材寄付ノ条件ヲ附シ設立請願ノ処尚校舎建築設備費等二万五千円乃至三万円寄附スルニアラザレバ願意採用施設シ難キ旨片議一決セント聞ク果シテ然ラバ道庁当局者ノ不忠実ニシテ国家教育ニ冷淡ナル豈驚ザルヲ得ンヤ我々深ク現時ノ実情ニ鑑ミ向後道庁ノ勧誘ニ係ル寄附金ハ一切謝絶シ該金ヲ各自ニ於テ蓄積利殖シ以テ他日地方公共ノ費途ニ供セント委員会ニ於テ決議セリ

　この報告からは，従前から釧路町が寄付条件を示して折衝を試みていたこと，それにもかかわらず，今回唐突に道庁の要求が跳ね上がったと委員が受け止めていたことが理解される。「道庁当局者ノ不忠実」を詰りながらも，寄付金募集をいったん停止することで釧路町はこの時点で事実上中学校の早期開設をあ

きらめざるを得なかったのであった。寄付金を収集できなかったというよりも，正確には，地元負担の条件について道庁と釧路町との間で折り合いが付かなかったというべきであろう。

しかし，他地方の庁立学校が地元寄付で設立され，あまつさえ上川高等女学校と開設の順番を入れ替えられるに及び，「元来中学校の設備は地方費に於て経営するべきもの」であるが「根室，小樽，旭川，岩見沢も皆な其の設備費全部を寄附し而して設置しゝに依り釧路も同じく寄附せざるべからざるは止を得さる情勢なるべし」[22)]との判断が働き，1907年の5月に道庁の当所の要求よりさらに5千円上乗せして，「秋元町長の提案に基き設置費全額三万五千円を寄附する」と方針を転換している[23)]。

このような経緯を知ると，1908年になってもなお「釧路中学ニ付キマシテハ今日ニ至ルマデ，尚寄附ノ申出ガアリマセヌ」としていた先の広瀬の説明は要領を得なくなる。実際には釧路が地元負担を受諾しても道庁がすぐには応じなかったようである。釧路が寄付金拠出に転じた直後の1908年度予算編成時，「道庁は明四十一年度に於ては小樽商業学校一校舎のみを新設し釧路中学校は事業繰延となさんとする方針なり」という報道がなされる。道庁が，10万近くの債務を抱える釧路町にとって「此の上更に庁立学校々舎敷地の費用を負担するは町経済として容易の事業にあらざるのみならず徒に住民の負担を加重する」と判断したためであるという[24)]。報じられる道庁の姿勢に対し釧路新聞は，実際にはこれは「繰延にあらずして寧ろ建設をば当分見合すと云うの意味なるべし」と解釈し，「釧路町は公債あるか為めに一中学校の設立は出来ぬと殆ど侮蔑的の繰延を敢てせられんとす」と深く嘆じている[25)]。

このように釧路中学校の遅延からは，寄付の金額を決めさらにはその負担に地方が堪えられるかを判断することで，道会が可決した答申のその後の進捗を道庁がコントロールできた可能性が示唆される。

実際そのような動きがあったことを，村田不二三が第十回通常会で暴露している。村田は「モウ二三年前ニ設立ヲ見ベキ」釧路中学校が遅延しているのは「聞クトコロニ依レバ道庁ハ，建物ト敷地ノ寄附ガ僅ニ二三万円デハ，到底立

ツルコトガ出来ナイカラ，七万円モ八万円モ出サナケレバナラヌト云フ，御交渉ガアッタト漏レ聞イテ居リマス」と切り出し，既設中学校が「三万円内外ノ金ヲ以テ」「設備ヲ為シ得タノデアリマスノニ，独リ後進ノ釧路ニ向ツテ，七八万円ノ多額ノ寄附ヲシナケレバ設立ニ至ラスト云フ，此ノ御答ハ果シテ適当デゴザイマセウカ」と道庁の姿勢を問いただす。確かに，旭川町でさえも数年前には上川高等女学校設立費用の負担をめぐり，2万5千円か3万円かで道庁当局とぎりぎりまで折衝していたのである。村田は続けて「釧路ノ為ス能ハザル」「巨額ノ金ヲ出サナケレバナラヌト云フ注文ヲ出シテ」「自家ノ責任ヲ免レントシタノデハアルマイカ」と述べ，遅延責任は釧路町の寄付収集能力ではなく，「学校ニ対スル御計画ガ未ダ十分熟セザル」道庁にあるのではないかと迫っている[26]。

　これが事実だとすれば，答申に拘泥する道庁の真意は，道会の意志（答申）の尊重ではなく，遅延させなければならないが，それによって派生する責任は回避したいということになる。しかしそれが可能であるのは，地方が地元負担に窮していることが前提である。設置地域がそれを脱し，設立に充分な金額の拠出が可能となれば，たちまち道庁の計画遂行責任が露呈することになる。

2. 小樽商業学校と道庁の計画変更要請

　小樽商業学校遅延の経緯には，それはいっそう明瞭に現れる。小樽商業についても設立予定前年の1907年，来年度予算編成のため道庁から，「校舎建築費は凡三万四千円」を要するので小樽区のこれに「対する意向承知したき旨」照会があったが[27]，この時期小樽では義務教育年限延長に伴い小学校改築の必要が生じており，二ヶ月近く経過しても「道庁の督促急なるも未だ何等纏りたる意見なく」という状況であった[28]。そこで小樽区は商業学校の「建築は四十三年度より着手することと為し其間は」「小学校の教室を仮用」するという妥協案を示したが[29]，即刻道庁から「絶対的同意し難きもの」と一蹴されている[30]。ここでも道庁は答申を頑なに守る姿勢をみせる。

　しかしその年，秋の第七回通常会において小樽商業学校費が予算案に計上されていないことを小樽区選出議員に指摘された道庁は，小樽高等商業学校の開

設（1907年5月設置決定，1911年開校）という答申の際には想定していなかった「新ナル事情ガ起ツタタメ」「ソレニ付イテ調査スル必要ガアル」[31]ので，と今までとは全く異なる理由で延期の了解を求めている。ここで道庁が寄付金を延期の理由にしていなかったことを見ると，この時点で小樽区における寄付金拠出の見込みがすでにたっていたことになる[32]。

　翌年道庁はその調査の結果として，「小樽ノ実際ニ必要ナル乙種程度ノ商業学校ヲ建テテハドウカト思フ」という全く新しい提案を示す。これは事実上道庁からの計画変更の要請である。「高等ノ商業学校ガ出来ルトスレバ，其ノ次ノ甲種程度ノ商業学校ハ一応見合セタラドウカ」というのも相当に苦しい説明だが，「乙種程度ノ学校ハ皆其ノ地元ノ経営ニナツテ居リ」「地方費カラ経営シテ居ルト云フ例ハ極メテ少ナイ」という他県の事例は道庁にとって好都合であった[33]。つまりこれは庁立商業学校を諦めてもらい，代わりに小樽区で乙種商業を経営してほしいという要請である。区立商業学校ならば地方費負担を免れることができる。ここから道庁は，もし校地や建築費を寄付されたとしても，それを庁立学校として維持経営できるか，その確信を持っていないことを徐々に告白せざるを得なくなってゆく。

　確かに1907年8月の函館大火災からの復旧に伴い，道庁の財政は臨時的な支出が嵩み逼迫していた。しかし，一時はそれを考慮していた道会も，高圧的な道庁の態度の裏側には，学校を地元負担で設置したとしても，その後の経営見通しが立たないという不安があるのではないかと受け止め始める。災害復旧の目処が立った1909（明治42）年の第九回通常会では以下のような建議を成立させて商業学校設立を強く督促するようになる。

　　明治四十四年度予算ニ小樽商業学校建築費ヲ計上セラレンコトヲ望ム
　　理由
　　　小樽商業学校ハ四十一年度ニ於テ建築ノ予定ナリシカ函館火災ノ影響ニ累セラレテ延期ノ悲運ニ遇ヒ未タ実行ノ運ニ至ラサルハ遺憾ニ堪ヘサルコトトナリ本道最要ノ商業地ニ於テ一ツノ商業教育機関モ有セサルカ如キハ啻ニ小

樽ノ不利ノミニアラサルヲ以テ四十四年度ヨリ建築ニ著手セラレンコトヲ望ム」[34)]

　この建議に前後して調査委員会で小樽区選出の中谷宇吉が「寄附ガ出来ルトスレバ其ノ地方ニ於テ直チニ継続シテ著手スルカドウカト云フコトヲ承リタイ」と小樽区が寄付の算段を整えていることを前提にしながら商業学校の設立を迫っている。これに対して上田萬平事務官は今までとはかなり異なる論調で難色を示している。すなわち，「寄附金ノ有無ト云フコトハ，学校教育事業ヲ経営スルニ付イテノ唯ニ手段方法ニ過ギザルモノデゴザイマシテ」「寄附金ガ有ッテモ必要デナイ学校ハ建テマセヌシ，寄附金ガ無クテモ必要ナ学校ハ建テマス」と述べ，庁立学校設置については道庁が最終的に判断するものであり，その際寄付の有無は関係ない，という認識を示すのであった。この発言については，諮問と答申自体を反故にするものだとして，同じく中学校の問題を抱えていた釧路選出の秋元幸太郎が「唯今ノ番外ノ御説明ト七年計画案トハ非常ニ矛盾スル」と詰め寄っているが，至極当然であろう。最後には内務部長の山田撰一が「小樽区ハ当然自分ノシナケレバナラヌ仕事ヲ尚ホ起債シテヤッテ居ル状況デアリマスカラ，急ニシナクテモ宜イ仕事ニ向ツテ寄附ヲ許スト云フ訳ニ参リマセヌ」となりふり構わぬ発言をするに至るのであるが，もともと先にみたように道庁側から商業学校設立費用について寄付の打診をしているのであるから，道会から理解が得られるはずもないであろう[35)]。

　翌1910（明治43）年も道庁から庁立学校新設の提案はなかった。そのことを「中等学校等ノ予算ニ現ハレタルモノノ外ニ，必要ヲ感ジテ居ルモノガ多々アラウト思ヒマスガ，当局者ノ御意見ハ如何デアリマスカ」と皮肉混じりに尋ねられ，道庁当局はついに「七年計画案ト云フモノハアルノデアリマスガ」「計画案ヲ実行致シマスルト，種々経費ノ関係カラ致シマシテ，経済上維持費ニ於テモ数万円ヲ要スルヤウナ次第デアリマスカラ，財政上直チニ之ヲ実行スルコトガ出来ナイ状況デアルマス」と認めざるを得なくなったのであった[36)]。

　この第十回道会会期末には，釧路中学校と小樽商業学校早期開設の再建議に

加え，札幌工業学校，室蘭実業学校，函館師範学校，上川師範学校といった各地の要求や現実の教育課題に基づく庁立学校設立建議が次々と成立し，道庁に事態の打開を迫る道会の姿勢はますます強まっていった。第十一回道会前において道庁は遅延の責任を転嫁する先を失っており，差しあたり長く懸案となっていた答申中最後の2校の取り扱いに耳目が集中する素地が整えられていた。

第4節　第十一回北海道会における庁立学校増設案

1．札幌第二中学校と工業学校——普通教育機関の優先

1911年11月に開催された第十一回道会において小樽商業学校と釧路中学校新設の予算原案が示される。これが通過すれば答申にあった庁立学校の整備はようやく完了することになるが，道庁は同時にこの2校に加え，函館師範学校と札幌第二中学校の新設を提案してきた。師範学校の増設については，義務教育年限の延長に伴い道内の慢性的な有資格教員不足がさらに深刻化しており道庁も道会もその必要性を共有していたが，札幌に中学校を増設するというのは全くの新規案である。この年，病気辞任した河島醇に代わって就任した石原健三道庁長官は，流木税といった新たな財源を設けたことも手伝い，今後の地方費は増収に向かうであろうと楽観的な見解を示して，「学校新設ノタメニ，将来非常ナル支障ヲ，地方費ノ上ニ生ズルカト云フト，ソレハ万無イト云フコトヲ，申シテ宜カラウ」と述べ，「現在ノ教育ノ状況カラ申シマスルト，師範学校ヲ初メ中学校モ商業学校モ，何レモ必要差措クベカラザルモノ」なので提案したとしている[37]。

昨年までとは一変して，積極的な増設に転じたこの道庁の提案に対しては，逆に議員から「一時ニソレ程ノ設備ヲシナケレバナラヌモノデアラウカ，自然増収ガ果シテ之ヲ償フニ足ルヤ否ヤ，疑ヒナキ能ハザル次第」[38]と心配する声が上がるほどであった。しかも答申の6校増設に続いて工業学校を設立するはずであった札幌に中学校を増設するという原案は，普通教育機関の抑制と実業教育の優先という従来からの道庁の姿勢を全く覆すものである。この時期に

至ると道庁の既定方針に同調していた議員もおり,「何故ニ工業学校ノ提案ヲ見ナイノデアルカ,中学校ニ重キヲ置イテ,所謂普通教育ニ重キヲ置イテ,而シテ此ノ実業教育ニ重キヲ置カヌノデアルカ」という意見も示されている[39]。

　札幌第二中学校が原案に盛り込まれた背景には何があったのだろうか。まず考えられるのが,札幌区の深刻な入学難である。明治40年代に入り,既設の札幌中学校の入試競争倍率は,全国平均が2倍以下であったのに対し,ほぼ4倍前後で推移しており,1911年の春に至っては,5.2倍という高倍率であった。これは同年の全国平均の2.0倍,道内平均の3.0倍に比べても突出している[40]。石原長官も「甚シキハ札幌ノ中学校ノ如キハ,百人ノ志望者ニ対シテ,十九人シカ収容スルコトガ出来ナイ,即チ五人ニ一人這入レナイ〔5人に1人しか入れない,の意か・筆者註〕ト云フ有様」を増設理由として取り上げている[41]。札幌区にとって中学校の増設は,入学難緩和のため是非とも必要であった。

　しかしすでに述べているように,もともと札幌には北海道と区が設立費用を折半して工業学校が設けられることになっていたはずである。さらに言えば,札幌区では商業学校の設立も検討されていたのであるが,いったいどのような経緯で中学校の増設へと傾いていったのであろうか。この年の4月,札幌区関係者による中等教育機関拡充に関する協議会が開かれている。そこでは,まず札幌中学校校長より「入学志願者と許可数との比例」について説明があり,そのあと「中学校増設と商業学校新設との先決問題」について意見交換がなされたという。しかし「七年計画に属する工業学校の設立さへ容易に進捗せざる今日之が根本的解決は容易の業にあらず結局は金の問題なれば」「委員を選定し調査」することとしたことが伝えられている[42]。この時点では,工業学校の開設を前提としてそのあとに中学校と商業学校のどちらを設置するかが検討されていたことになる。ただ中学校長から高い競争倍率を聞き,商業学校よりも中学校を先行させるべきという雰囲気は高まっていたであろう。

　道庁の予算案編成期である10月になると商業学校の話は後退し[43],中学校の拡充,すなわち札幌中学校の「分校の設立を希望」して道庁長官に陳情しようという動きが区会議員の間で見られるようになる[44]。この動きは急速に活

発となり，数日後には「工事〔業か・筆者註〕学校（中学程度の）設立に就き当局に運動するも可なれども此問題は多額の経費を要するは勿論科目の選定等にも多少の時日を要すべきを以て差当り現状救済の手段としてはやはり比較的多額の経費を要せざる札幌中学校の分校を設立するを急務と認め」陳情することが区会議員の協議会で決定されている[45]。この時点で，中学校増設は工業学校を追い越して最優先事項となった。入学難に加え，工業学校に比べ「経費を要せざる」ことが動機となっていることも注目される。分校での発足と考えたのはさらにその負担を軽くしようとしたためであろう。札幌区はこの案を携えて道庁と交渉したのであった。

さすがに分校案は受け入れられなかったが，道庁はその後「区が敷地及び建築費の寄附を為すに於ては設立すべし」と内意を伝えてきたという[46]。前年までは中学校「増設ノ必要ハ認メテ居ルノデアリマスケレドモ，段々調ベテ見マスルト，半途退学者ガ比較的多イト云フヤウナ次第デ，直チニ入学志願者ノ多イト云フコトノミヲ以テ，学校ヲ増設スルト云フ訳ニモ参ラヌ」[47]と中学校の拡充を強く拒んでいた道庁が，一転して札幌区の要求を受け入れたのであった。

では，工業学校はどうなったのであろうか。札幌区は「差当り札幌中学校の分校を設置し次で中学程度の工業学校をも設置されんことを陳情すべく決議」したのであり[48]，工業学校の設立を諦めた訳ではなかった。実際今回の第二中学校設置によって「庁立工業学校問題は自然消滅」し「結局中学と工業学校とは交換さるる事となる可し」という「風説」を，「中等学校増設期成会の某有力者」は「以ての外の想像説」として一蹴し，以下のように述べている。

> 工業学校問題は左様容易に抹殺さるる程単簡のものにあらず吾々委員に於ても已に其の辺に考慮を為し当局より充分の言質を採りおれば中学増設問題に不拘是非実現さす可く又実現せざる可からざる様努力し居れり[49]

加えて札幌区がすでに工業学校予定地を確保していることも伝えられてお

り[50]。札幌が工業学校を放棄して中学校増設を選択したのではなく、あくまでも今回は第二中学校を優先させただけであり、今後とも工業学校設立に動く準備があること、さらに道庁にもこの一連の運動について容認させていたことが理解される。工業学校に先駆けて札幌に中学校を増設するという道庁の原案は、地元の意向を完全に反映したものであり、そこから中等教育政策に対する道庁の主体的判断を読み取ることは難しい。

2. 増設案と道会の内部分裂

 一方、道会議員内部では、この4校増設案の審議をめぐって激しい悶着が起きた。すでに道会開会前から「之に対して紛々の議論を唱えて居るもの」が現れていたが、それには「幾分政治的に之を利用せんとする意味も籠て居るらしい」と新聞が伝えている[51]。この時期、道会議員の大半は政友会所属であったが、支部内部で道政調査会（松月組）、同志会（丸新組）に分かれ激しい勢力争いが展開されていた[52]。新聞の懸念は現実のものとなり、4校増設に対しては丸新組系議員が原案に賛成し、松月組は函館師範学校と小樽商業学校の設立を可とするが、釧路と札幌の中学校は認めないとする修正案を主張して激しく対立した。どちらの案も賛成者同数で成立せず、最終的に議長（土井勝郎・丸新）の判断で原案通りに確定するというきわどい決着となった。

 一見すると、松月組の主張は普通教育機関を抑制し、実業教育の振興を図るという道庁の以前からの方針と合致するように見える。実際、道会では「北海道ハ現在ニ於テハ殆ド中学熱、所謂中学校ニ入学スルト云フ、一ノ猩紅熱ノ如キモノニ罹ツテ居ルヤウナモノデハアリハセヌカト考ヘマス」と従来中学校の濫設を批判する際の論調がみられる[53]。しかしこれらの発言が、中等教育政策そのものを真剣に検討するものではなく、単純に対立会派との、議論のための議論になっていたことは、中学校の問題を抱えていた釧路選出の二名の議員が中学校設置賛成（佐藤国司・丸新）と反対（木下成太郎・松月）とに別れていたことからも明らかであろう。松月組も中学校の排斥が本意ではなかった。「明かに利害の衝突ある木下の如きすら自家選挙区の釧路中学に反対」した裏面を、後日新聞が以下のように忖度している。

釧路中学に反対すと雖も元と其の本意に在らず唯敵派の佐藤釧路を悪むの余りのみ，されば先づ二読会に於て北林〔屹郎・筆者註〕の反対説に賛し佐藤の無力を天下に表白して後徐ろに三読会にて復活の動議を出し其の功を木下一人に収めんとして却て……天佐藤（国）に幸したるなり而して木下の選挙区に失ふ所実に鮮少に非ずと聞く[54)]

同記事はこの紛争を「人を見て問題を見ざる道会戦の欠点を最も露骨に表白するに至りしを悲まざるを得ず」と批難している。すでに道会が中等教育政策のあり方を論議する場所ではなく，地元の意向をどのように実現して自らの業績を上げていくかを争う場所となりつつあったといえよう。そして，庁立学校の設立は大きな業績の一つとされていたことが理解される。

新任の石原長官は開会前，「一方に寄附設立を容れながら他方に之を抑ゆる□妙ならず，旁旁以て総花的に断行する」と語ったとされている[55)]。ここから政策遂行に際しての主体性を看取することは難しい。一方の道会も開設初期のように中等教育論をストレートに検討する雰囲気は明らかに後退し，開会前から新聞に「分捕主義に我田引水は庁立学校の増設であらう」[56)]と上記の混乱を予想されるような有様であった。

第5節　庁立学校の整備と地元負担

今回決定された4つの庁立学校もまた，設立費のほぼすべては地元負担によるものであった。中学校や高等女学校とは別に優先的に取り扱うとしていた実業学校も1905年の諮問と答申以降，地元寄付が原則となっていたが，今回はそれに加え道庁府県の重要な責務である教員養成のための師範学校ですらその対象となってしまった。しかし寄付がなければ学校を設立しない，という姿勢はこのときの道庁にはあまりみられない。むしろ地元が充分な寄付をすることで道庁に自分たちが希望する学校を設立させた，という逆転が確認される。

明治末期の北海道内の中等教育政策過程は，地元に設立費用を負担させるか

否かを選択肢として用いることで学校種を統制するという道庁の手法が破綻してゆく過程であった。もともと明治30年代に示していた道庁の方針は，普通教育機関を抑制するためにその設立に際しては地元に負担させるというもので，そこには資金の調達と教育政策の方針とが混在していた。従って本来であれば，地元負担を実業学校にまで拡大適用した1905年答申の時点で，地方費歳出を抑えつつ，同時に中学校や高等女学校を抑制し，実業学校を奨励するという枠組みを維持することは困難となるはずであった。当初それが露呈しなかったのは，学校種を問わず地方が寄付金収集に汲々としていたためであり，時間の経過とともに経済力を身につけた各地域が寄付金拠出を理由に，答申で約束された学校の早期開設を迫るようになる。たとえば，釧路では中学校開設が大幅に遅れたが，逆にこれが寄付金収集に時間的な余裕を与え，「二万五千円丈にては建設費を償うに足らさる旨の回答に接し」「三万五千円の寄附を提供すべく更めて之が認可申請を」するまでになっていた[57]。前述のような，道庁が釧路に不当に高額な寄付を要求しているのではないかという指摘は，寄付金に基づく学校種統制という手段を失うまいと弥縫する道庁への批判であったともいえる。

　第十一回通常会で新任長官を迎えた道庁はこの行き詰まりと新たに噴出しつつあった教育課題を一気に精算しようとしたのであり，そのためには従来の方針を崩すことも厭わなかった。各新聞の報ずるところによれば，会期前の10月15日から16日にかけて今回の庁立学校予定地の関係者が招電され道庁に赴いている[58]。用件は増設に伴う地元負担の交渉であった。これに応じ，たとえば小樽区は「明年度予算に庁立小樽商業学校創設費を計上せるとせば」「右創設費を負担すると共に」「地積も全部小樽区に於て寄附することに同意の旨を道庁に向けて回答」することに決したという[59]。地元との話が着いた道庁は以前とは全く態度を変え増設へと転じる。入学難を理由として道庁が中学校増設をあっさり認めたことはすでにみたとおりであるが，小樽商業学校についても前年までは高等商業学校も設立されたことであるからこの際乙種商業学校を区立で経営してはどうかと提案しておきながら，この年は「高等商業学校ノ

在ル所ニハ、殆ド何処ニモ普通ノ商業学校ガ在ルヤウ」なので、小樽に「商業学校ヲ置クト云フコトハ、其ノ必要ハ申スマデモナイ」[60]とあっさりと前言を翻している。

　もともと中学校には入学難、実業学校には実業教育の振興、というそれぞれ増設を支える有力な論拠がある。これに対し、接続する高等教育機関の不在、およびその結果としての中途退学者の存在が中学校を抑制する主要な理由であるが、高等教育機関の拡充が進んでゆけば中学校抑制論はその論拠の一端を失う。一方、実業学校の設置を抑制する明確な論拠はない。あるとすれば、それは財政難を理由とする中等教育機関全体に対する抑制論である。加えて、普通教育機関よりも「実業学校は其性質経費頗る大なる」ため、財政難のもとでは、中学校の非効率性を実業学校優先の論拠とすることも実は難しいのである[61]。

　したがって、もし何らかの形で財源問題が克服されたとき、最初に解放される増設論は中学校、実業学校といった区々の学校種ではなく、中等教育機関全体に関してのそれである。そして校種選択はそれを負担する当事者が握るのであり、設立を地域からの校地の提供や寄付金でまかなうのであれば、負担する地域の意向がその決定に強く反映する。中等教育機関の設置費用全般を寄付に求めてしまったため、道庁は庁立学校の種類を統制する手段を手放すことになったのである。しかし、それは主導権が道会に戻ったことを意味するものではない。すでにみたように、道会は政争の場と化しており、庁立学校をその道具として扱う議員に中等教育政策を論議する能力を求めることは難しくなっていた。札幌の中学校増設が典型的であるが、どのような庁立学校を設立するかについて、それを負担する地域住民が関与することになるのである。

　ただ、地域住民が道庁に自分たちの望む種類の学校を設立させることができるようになったとしても、その庁立学校を地元負担で設立することについての問題はなお残る。今回の4校増設の財源を地元寄付に求めることについては、河島長官は最後まで逡巡したようで、道庁事務官の県忍は釧路選出議員からの「何故中学校案を早急提案せなかったのか」という問いに対し「地方寄附で学校を設立すると云ふ事は長官の意思でない、地方寄附に依ると恰かも学校を売

物に出すやうなものだ，さればとて全然地方費に依頼すれば工費其の他二十余万円を要するから，つまり財源に顧念して躊躇するところあつたが，這回英断を以つて釧路中学校及び他の三校設立の件を提案する事になつた」と答えたという[62]。道庁でも庁立学校を地元負担で増設することへのためらいがないわけではなかった。

　一方，負担する地元はどうであったか。おそらく師範学校の設置費用を負担するというもっとも不合理を感じてもおかしくない函館でも「学校を立てるからと云つて，直ちに敷地なり建築費なり出せといふか如きは，到底理屈にも何にもなつては居ない」が「函館では運動をした位であるから，義理責めに何うでも負担させるといふのならは考へねばならぬ」「相応の代償といふ意味ならば，宜しく此の辺の用意を以て七八万円の金を出しても惜くないと想ふ」[63]と地元負担をやむなしとする風潮があった。その代償としては，教員養成機関の設置という教育上のメリットに加え，学校設置による経済的効果を強調するような論調もあった[64]。また全体としても，地元負担は「三区一町〔札幌区，小樽区，函館区，釧路町・筆者註〕に対する一種の名誉ある賦課」[65]として甘受する雰囲気が漂っていた。

　あるいは，「設備費ヲ負担スルト云フコトハ，極メテ苦痛ノコト」だが「ソレニモ拘ハラズ，何故ニ此ノ寄付ノ申出ガ競ウテアルカ」を「其ノ地方ニ学校ヲ建テテ貰ヒタイト云フ，一ノ好奇心トデモ申シマセウカ，或ハ虚栄心トデモ云ヒ得ヘキ」心理で説明する向きもあったが[66]，ここで地元が区町立ではなく庁立学校設立のために負担しようとしていることに注意したい。かつて函館区が地方費補助の区立高等女学校を拒絶し，設立費を寄付してまで庁立高女の設立を求めたことが改めて思い出される。今回の道会ではそのような庁立志向の露骨には表れなかったが，逆に言えば，すでにそれは言わずもがなの前提となっているのかもしれない。

　実際，庁立志向は後の大正，昭和期に区町立の中等教育機関を庁立学校へ移管する際に再び明瞭に表出されることになる。大正期以降の北海道内における中等教育機関の設立の模様について検討を続けてみよう。

注

1)「学校増設異見」『北海タイムス』1911年11月23日。
2) 読売新聞は,「近時中学校は各府県共其設立なく」「之に反し」「実業学校に就ては商業学校及び農業学校徒弟学校等にして設立認可を経たる者五十七校の多きに達せる由にて此現象は喜ぶべきことなりと文部当局者は語り居れり」と伝えている(「実業学校増設」『読売新聞』1910年4月5日朝刊)。
3)「文部地方財政の整理」『教育時論』990号,1912年10月,31頁。
4)「中学校依然増加」『教育時論』1014号,1913年6月,30頁。
5) たとえば,「学校の改廃問題に関し,紛議を醸成し頓て府県会に於て紛争を惹起すべき形勢に在るものは宮城,新潟,長野,群馬,青森等五六に止まらざる有様」が伝えられている(「教育機関の整理」『教育時論』995号,1912年12月,36頁)。
6)「小樽高等女学校寄附金」『北海タイムス』1906年11月28日。
7)「岩見沢農業学校の前途」『北海タイムス』1906年10月7日。
8)「農学校寄附金募集難」『小樽新聞』1907年4月16日。
9)「一名道会議員訪問録」『北海タイムス』1911年11月25日。
10)「上川高等女学校設置繰上げ(釧路中学校の繰延)」『北海タイムス』1906年8月15日。
11)「旭川町会と高女校」『北海タイムス』1906年8月17日。
12)「高等女学校設置問題」『北海タイムス』1906年8月7日。
13)「上川高等女学校問題」『北海タイムス』1906年8月26日。
14)「野人語」『小樽新聞』1907年4月20日。
15)『北海道会第七回通常会議事速記録』第二号,1907年11月15日,35-36頁。
16)『北海道会第六回通常会議事速記録』第二号,1906年11月13日,23頁。
17) 同上,23-24頁。
18) すでに見たように,第二回道会で論議された上川中学校については,その新設用地として北海道が所有する農業試験場が用意されていた(第2章第2節1を参照)。
19)『北海道会第八回通常会議事速記録』第二号,1908年11月9日,30-31頁。
20)「釧路中学校」『釧路新聞』1905年11月15日。諮問が正式に道会に示されたのは11月14日である。
21)「緊急報告」『釧路新聞』1905年11月18日。
22)「釧路の設備(七)中等教育機関」『釧路新聞』1907年6月21日。
23)「釧路中学校問題」『釧路新聞』1907年5月30日。
24)「釧路中学校の繰延」『北海タイムス』1907年6月21日。
25)「海霧録」『釧路新聞』1907年6月26日。
26)『北海道会第十回通常会議事速記録』第二号,1910年11月7日,37頁。なお,この発言に対する理事者からの答弁は速記録では確認されない。
27)「商業学校設置照会」『小樽新聞』1907年4月14日。

28)「庁立商校設置と区臨時費」『小樽新聞』1907年6月7日。
29)「庁立商業学校と区の希望」『小樽新聞』1907年6月11日。
30)「商校設置案調査」『小樽新聞』1907年6月15日。
31)『第七回議事速記録』第三号，1907年11月16日，49頁。
32) 1909年の第九回通常会において，小樽区選出の中谷宇吉は，前述した1907年春の道庁からの照会には「小樽ハ之ニ対シテ」「四十一年度ヨリドウカ設立スルコトニシテ貰ヒタイ，学校ノ敷地モ校費モ四十一年度ヨリ寄附ハ致シマス，斯ウ云フコトヲ答ヘテアリマス」と述べている（『北海道会第九回通常会議案第一号調査委員会議事速記録』第四号，1909年11月12日，34頁）。結局，小樽は道庁の負担要求を呑んだのであった。
33) 注19)に同じ，31頁。
34)『北海道会第九回通常会議事速記録』第五号，1909年12月3日，165頁。同じ道会で「未タ其発案ヲ見ス」「中等教育ノ普及ヲ妨クルコト甚タシキヲ以テ」「第六回道会ニ諮問セル」「学校新設計画ノ趣旨ニ基キ速ニ釧路ニ中学校ヲ設置セラレンコトヲ望ム」という釧路中学校設立の建議も成立している（160-161頁）。
35) 注32)に同じ。31-34頁。
36)『北海道会第十回通常会議案第一号調査委員会議事速記録』第三号，1910年11月16日，51頁。質問したのは函館区選出の松下熊槌，答弁は事務官の県忍。
37)『北海道会第十一回通常会議事速記録』第二号，1911年11月6日，14頁。
38) 板坂金吾の発言。同上，19頁。
39) 松実喜代太の発言。『第十一回議事速記録』第三号，1911年11月7日，28頁。
40) 文部省普通学務局『全国中学校ニ関スル諸調査』および『全国公立私立中学校ニ関スル諸調査』から算出。
41) 注37)に同じ，13頁。
42)「札幌中学増設問題」『小樽新聞』1911年4月18日。
43) 新聞の取材に対し，青木区長は「商業学校設立の議ありたるは寧ろ中学校増設問題以前」であったが「年々志願者の幾割をも収容するを得ざる中学校の増設には最も時宜に適したる施設なる可しと云ふの衆議一決し」商業学校は「之れが為め自然後廻」とならざるを得ないと語っている（「当区商業学校問題」『北海タイムス』1911年10月25日）。
44)「札幌区会議員協議会　中学校増設問題」『小樽新聞』1911年10月13日。
45)「中学校増設問題」『小樽新聞』1911年10月15日。
46)「中学期成役員会」『北海タイムス』1911年10月19日。
47) 県忍事務官の発言。注36)に同じ。
48)「札幌と中学問題　工業学校も設置」『函館毎日新聞』1911年10月17日。
49)「中学と工業学校」『北海タイムス』1911年10月28日。
50)「中学校敷地問題」『北海タイムス』1911年11月20日。新設中学校の候補地として「南部山鼻地方を云々する者」あるが「右は近き将来に計画さる可き工業学校の予定地」であ

るので，と当局者が語ったと伝えている。
51)「目睹耳聞」『函館毎日新聞』1911年10月30日。
52) 今里準太郎『北海道会史』1918年，北海石版所活版部，305-308頁。
53) 北林屹郎の発言。『第十一回議事速記録』第四号，1911年11月8日，48頁。
54)「道会紛擾始末(十三)学校問題の裏面」『小樽新聞』1911年12月17日。
55)「庁立学校問題」『函館毎日新聞』1911年10月21日。
56)「閑是非」『北海タイムス』1911年10月22日。
57)「釧路中学問題(二)佐藤道会議員談」『釧路新聞』1911年10月14日。
58) 函館区助役が10月15日の「夜の急行列車にて愴皇〔倉皇か・筆者註〕出札の途に就」いたこと(「渋谷助役の招電師範学校問題か」『函館日日新聞』1911年10月16日)，釧路町の「助役本多直剛氏亦十六日に出札した」こと(「中学設置運動」『函館毎日新聞』1911年10月19日)などが伝えられている。
59)「庁立商業問題」『小樽新聞』1911年10月20日。
60) 石原長官の発言。注37)に同じ，13頁。
61)「地方実業学校に就きて」『教育時論』1000号，1913年1月，63頁。同記事は三省訓示による「地方制度整理の結果として」「普通教育を押し縮めて得たる経費を以て実業学校を立てんと計画中のもの五，六県あ」るが「其地方の実況を能く調査せず唯実業学校なりせば生産的にして且制度整理の趣旨にも適ふものと早合点する向きもある様」だとも述べている。
62)「佐藤道議報告(四)学校問題(二)」『釧路新聞』1911年12月22日。
63)「師範学校問題　敷地と寄附金」『函館日日新聞』1911年10月19日。
64) 函館毎日新聞は，師範学校経常費の「大部分は当区内に散するは言ふまでもなく生徒一人に付一ヶ年五六十円の小使を費消すべく生徒総数四百人とし一人五十円消費するとせば総額二万円，生徒が当区に居る以上父兄の往復するものあるべく」「是等の散布する金額等を合するときは一ヶ月約十万円は当区内に散布せられるべく一々数ふるときは利益する所宏大なるものありと云ふ」とその経済的効果を指摘している(「師範校設置利益」『函館毎日新聞』1911年10月21日)。
65)「道会と長官」『北海タイムス』1911年11月2日。
66) 友田文次郎の発言。注53)に同じ。1911年11月8日，45頁。

第五章

大正期における北海道庁立中等学校整備政策
　　　―1921年答申に注目して―

第1節　大正期における中等教育機関の増設と北海道

　1919（大正8）年，原敬内閣のもと政府は「高等諸学校創設及拡張費支弁ニ関スル法律」を制定し高等教育機関の拡充に着手した。これに伴い，それまで進学先である上級学校の不在を理由として中等教育機関の拡充に消極的だった文部省は，「最近に於て高等学校拡張をやつた故に此際府県に在つては中等教育拡張を」とその方向を転換させる[1)]。

　その結果，各地で中等教育機関の増設が計画されている。たとえば大阪府では「積年の入学難を一掃」するために「中等学校大増設計画を樹て」ていることが伝えられている[2)]。実際，図5-1に示すように大正前半，漸増にとどまっていた中等教育機関の数は，1920（大正9）年前後に急激に増加している。大正後期は全国的に中等教育の拡充期であった。

　北海道も例外ではなかった。大正に入ってから庁立学校の設立は，前章でみた明治末年に設立が決定された札幌第二中学校や釧路中学校などを含めても散発的であった。しかし1922（大正11）年以降の5年間で一気に20校近くの庁立学校が増設されている。その背景には前年の第二十一回北海道会で諮問された「地方費教育施設ニ関スル件」に対する答申があった。後述するようにこの答申は1922年から5年間で庁立学校42校を増設するというきわめて大がかりなものであったが，この計画は全国紙でも「大増設の答申案を可決」したとして

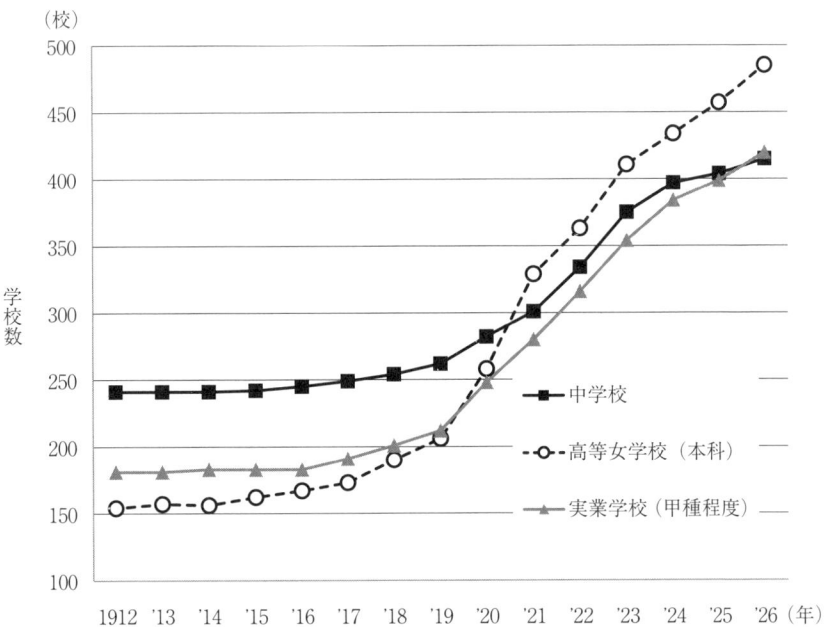

図5-1 大正期における公立中等教育機関の増加
出所:『文部省年報』に基づき作成。

取り上げられるところとなった[3]。

本章ではこの答申が出されるまでの大正期の北海道内の中等教育機関設立状況をたどりながら、まずは答申が成立するまでの過程を議事速記録や新聞から確認する。すでに第三章や第四章において、複数の庁立学校を設立するために道庁が示した諮問に道会が答申するという場面を考察してきた。今回の諮問と答申は学校数の点でこれらのケースをはるかに上回るものではあるが、ひとまずそれらと同様の文脈に置くことができるであろう。

これに加えて、本章では答申後の整備状況について詳察する。後ほど指摘するように、この答申に基づく中等教育拡充計画は、上述の42校を増設する予定であったが、結局19校の新設にとどまり途中で頓挫してしまう。今回も地元負担が前提とされ、もはや庁立学校設立に際し、その地域が新設費用をまか

なうことは常態化していた。しかし地元負担で次々と庁立学校を設置したとしても，今度は道庁がその維持運営に必要な経常費の支出に苦しむようになり，途中で計画は一旦停止されてしまうのである。

しかし，その中で二つの中学校が町立として開設され，その後北海道に移管されている。移管という費用負担者の変更は，それ以前から散見されていたが，この二つの中学校については，かなり計画的に移管が実行された形跡を見てとることができる。そこで本章後半では，余市中学校と留萌中学校という二つの町立学校が庁立に移管される過程を分析する。

この庁立移管という方式は，いったん地元が学校を新設し，一定期間それを維持運営した後にその学校を現物寄付する，という手続きを取るため，地域が庁立学校新設費用を直接寄付する，という従来の手法に比べると，地元負担の様相はさらに複雑になる。しかしこの後昭和に入ると，終戦まですべての庁立中学校と高等女学校は，本章でみるような市町村立学校を北海道に移管する形で設立されている。その意味で，余市と留萌は先駆的と考えられるのである。

ところで，この答申が成立する論議やこれが実行される過程において，計画にあった中学校，高等女学校，実業学校を総称する言葉として「中等学校」という語が頻繁に，そして自覚的に用いられるようになっている。第三章において中等教育機関を増設する際，道庁理事者が商業学校をなるべく中学校に引きつけて語ろうとする傾向があったことを指摘したが，今回は規模においてその計画を遙かに上回るものであった。これらの学校を一括して総称しなければならない場面が頻発するなかで，この中等学校という用語が定着していくことになるのだが，その点についても触れておきたい。

この章では，まず1921（大正10）年答申前の大正前半の道会における中等教育をめぐる論議の確認を行っておくが，これにより本章は上記の課題に答えると同時に，大正期における北海道の中等教育政策の全体像を描写することになる。

第2節 大正前半における中等教育機関の整備状況

　大正期，1921年の答申までに設立された庁立学校は，明治末の1911（明治44）年道会で決定済みの札幌第二中学校，釧路中学校，函館師範学校を除けば，札幌工芸学校，室蘭中学校，室蘭高等女学校，釧路高等女学校，滝川中学校と数年に1校増設されるかどうかという状況であった。その少ない機会をめぐり，道会は庁立学校新設の気配があるたびに激しく反応した。その事例として，ここでは道会が紛糾した札幌室蘭間の工業学校問題と，空知管内の中学校問題を取り上げておこう。

1．札幌／室蘭の工業学校問題

　第三章で取り上げたように，1905（明治38）年の第五回道会において多数の庁立学校の増設が答申されたが，その際末尾に「明治四十二年度ニ於テ札幌区ニ工業学校ヲ設立スルコト」が付されていた。しかし第四章で見たように，札幌では工業学校の新設よりも中学校の増設が急がれたため，工業学校の問題は大正に入ってもなお解決されずに残っていた。

　札幌工業が繰り延べされる一方で，北海道会では例年のように各地から庁立学校の設立が建議される状態が続いていたが，その一つとして，室蘭支庁選出議員が提出者となって1911年の第十一回通常会で可決された「室蘭実業学校設置ニ関スル件」があった。説明では「冶金，機械，電気，土木等ノ実科ヲ主トスル」となっていることからこの建議は実際には工業学校の設置を要求するものであった[4]。室蘭選出議員は前年も同様に建議しているが，そのときの原案では「中学校若クハ中学程度ノ工業学校」となっていたことから[5]，校種を絞り込んで建議を重ねるようになったといえよう。その際，札幌に設置するとされていた工業学校が遅延していたことが念頭にあったのかはわからないが，大正に入ると，「道会に於て宿題と為りたる室蘭実業（工業）学校設立に関する予算の計上を請ひ」「速成陳情の為め不日常設委員出札すべし」[6]と報じられるように，室蘭は積極的に運動するようになる。

　工業学校をめぐる札幌と室蘭の争いが先鋭化したのは1914（大正3）年の第十

四回通常会であった。この年も道庁から工業学校設立の提案はなかった。これについて道庁長官の西久保弘道は「工業学校は設立する積なりしが札幌室蘭両地候補を競ふ姿を呈し之が設立費は寄附に依る方針なりしを以て寄附者間両地との関係より支障を生じたるを以て此度びは提案せざる事に決せり」と語ったと伝えられている[7]。西久保は道会冒頭こそ「実ハ成ルタケ来年度カラ設置ヲ致シタイト思ヒマシタケレドモ」「学校ノ創設費トテフモノハドウシテモナイ」「工業者カラ寄付スルト云フコトモ」「ドウモ纏リマセヌデシタカラ，ソレデ兎ニ角一年ダケハ延期スルコトニ致シマシタ」と場所の問題ではなく財源の問題だと説明していたが[8]，最終日になって「大正五年度ニ於テ庁立工業学校一校ヲ設置セントス仍テ本会ノ意見ヲ諮フ」という「工業学校設置ニ関スル件」を諮問する[9]。これは，つまり道庁としては設立場所を決めかねるので道会で一本化してほしいという要請であった。

　この諮問の背景について，当時少数会派であった新政党に属していた北林屹郎は「工業家ノ中カラシテ所謂新設ニ必要ナルトコロノ建築費ヲ寄付シヤウト云フ申出ガアツタ」はずだったが，札幌と室蘭の新設運動が激化したために「工業家側ニ於テハ斯ウ云フ両地ノ争ニナツテ，札幌ヨリ若クハ室蘭ヨリ種々ノ物議ヲ招キ怨嗟ノ声ヲ聞イタ場合ニ於テハ，甚ダ自分等ノ立場トシテ困ルト云フコトカラシテ，此ノ工業学校ノ位置ガ極ルマデハ寄付ヲ見合セル，斯ウ云フコトニナツタノデアリマス」と暴露している[10]。

　しかし，札幌，室蘭選出議員はともにほぼ政友会で占められており，また道会の過半も政友会議員であったため，諮問されても道会で調整することは難しかった。また従前から例年のように建議が重ねられていたにもかかわらず，この問題を放置していた道庁への不満もあったのであろう。答申案を携えて登壇した八木橋栄吉は，「私ハ殆ド此ノ諮問ニ対シテハ答申ヲスル程ノ必要ハナイト思ヒマスガ」「諮問ノ権能ヲ長官ガ有シテ居ラレル，又吾々ハ答申ノ義務ガアリマスカラ」[11]と前置きしてから，「工業学校設置ノ急務ナルハ道会ガ夙ニ答申ニ建議ニ屡々当局ニ進言シタル所ナリ当局ハ宜シク大正五年度ニ於テ成案ヲ具シテ本会ニ提出スベシ」という答申案を示し，これが可決されている。

なおこの提案の際，八木橋が答申案を取り違えて読み上げてしまう場面があった。あわてて「私ノ手許ニハ沢山ノ案ガアル」のでと弁解しているが，誤って「当局ハ宜シク財政ヲ調節按排シ之ヲ大正五年度ニ於テ札幌室蘭ノ両地ニ設置」という別案を読み上げてしまい，「ソレ見タコトカ尻尾ヲ出シタ」と野次られている[12]。とはいえ，問題がここまでこじれてしまった以上，札幌，室蘭両方に配慮することが必要な状態であることは確かであった。

翌 1915（大正 4）年の第十五回通常会開会に際し，新聞は「工業学校設置問題は中々喧ましくなつて来た」「札幌でも，室蘭でも，負けず劣らずの真剣勝負がオツ始まる訳けだ」と運動の過熱を予想している[13]。これに対し道庁は当初予算に示すことができず，新任の俵孫一長官は「工業家ノ寄付金ヲ以ツテ此ノ問題ヲヤリタイト云フ，行掛リニナツテ居ル」ので「其ノ方ガ纏マリ次第ニ是ハ提案スル積リデアリマス」と猶予を求めている[14]。

閉会前日の 10 月 29 日に道庁が追加議案として示したのは，札幌に工芸学校，室蘭に中学校を新設するというものであった。提案に際して俵は，「何カ突然トシテ，室蘭ニ中学校ノ設置ヲシタノデアルカラ何カ当局者ニ考ガアル，或ハ一ツノ調和剤トシテ―両地ノ競争ガ非常ニ激烈デアツタタメニ，此ノ激烈ナル争ヲ鎮定スルトコロノ鎮和剤トシテ，己ムヲ得ズ此処ニ中学校ヲ出シタノデハナイカト云フ議論ノ生ジテ来ルコトハ，是ハ私モ覚悟ノ前デアル」と述べ，妥協策として受け止められてもかまわないとする一方，「三万以上ノ人口ヲ有スル所ノ都市ニシテ，中等程度ノ学校ノ一ツヲスラ持タヌト云フ都市」は「二箇所」しかないのであり，「室蘭ト云フ処ハ三万以上ノ人口ヲ有スルニモ拘ハラズ，何等一ツノ中等程度ノ学校ヲ持タヌト云フコトハ，甚ダ室蘭町民ノ為メニ同情ニ値スベキモノデアル」として，室蘭は中等教育機関を設けるにふさわしい地域であるという認識を示して原案への同意を求めている[15]。その際，中等教育機関設立の目安として人口 3 万人という数字を用いていることが注目される。また道会外部でも，提案以前から「工業校問題の如きも学校分布の関係より云へば室蘭なりと云ふものあれど単に其為には工業校よりも中学校を設置するを寧ろ急務とするやも知れず」という声があがっていた[16]。

とはいえ,「政友会ガ内輪揉ヲシヤウガ」「ソンナ事ハ地方問題ヲ解決スルニ付イテ眼中ニ無イ積リデアル」[17]とわざわざ長官がこの件に言及しているところに配慮を看取できるといえよう。この提案はいくつかの質疑を経た後,読会省略の上特に混乱なく可決された。長年にわたる懸案が解決されたことで,翌日の北海タイムスは,札幌工芸と室蘭中学の設立決定について「一天快晴を告げて妖気一掃の感ありだ」と評している[18]。

しかし逆に見れば,庁立学校の設立がなかなか進まないことで,その乏しい学校数をめぐって地域の争いが激しくなり,それがまた道庁の判断を鈍らせることになる。札幌と室蘭の工業学校設立問題は,その解決策として2校増設という妥協策をとらざるを得なくなったケースと考えることもできるのである。

2. 空知管内における中学校設立問題

今ひとつの事例として,空知管内における中学校新設をめぐる紛糾を見てみよう。空知は札幌と旭川の間に縦長の形で置かれた支庁であるが,函館本線沿いに,岩見沢と滝川という二つの大きな町が点在していた。この両者が中学校新設を争奪したのが,1919年の第十九回通常会であった。もともと前年の第十八回通常会で「空知支庁管内適当ノ地ニ庁立中学校ノ設立セラレンコトヲ望ム」という「庁立中学校設置ニ関スル」建議[19]が成立していたので,空知地方に中学校が必要という認識は道会では了解を得ていたが,問題は管内のどこに設置するかであった。そのため,道会開催前にはたとえば滝川町で有志期成同盟会が組織されたことが報じられるなど[20],中学校をめぐる両者の動きは活発となっていた。

道庁は予算編成時までに設置場所を確定できなかったため,当初予算案では中学校新設費用は計上されていなかったが,新任長官の笠井信一は,中等教育機関の設立にあたっては,「一ツノ処ニ幾多ノ学校ヲ集中スルト云フコトハ避ケタイ」ので今後は「散在制ヲ採ル考デアリマス」と述べている[21]。この分散配置は後述の「七年計画」などに引き継がれる考えであるが,今回の問題に限っていえば,長官の発言はすでに空知農業学校を抱える岩見沢には不利に働くかもしれない。

実際，会期末に道庁から滝川中学校を設立するための予算が追加議案として示されることでこの問題は決着する。ただその際，設置場所の決定過程をめぐっては道庁と道会で激しいやりとりがあった。要するに，議員の中で，道庁が滝川と岩見沢に中学校設立の話を持ちかけて，寄付金の多寡で設置場所を確定したのではないかと疑う者が少なくなかったのである。

冒頭の全体質問で，植田重太郎は「マサカ是ハ事実デハアルマイ」としながら「此ノ問題ニ付テ尾崎内務部長ハ，其ノ地方ノ人ニ頻リト寄附ヲ強ヒテ居ルト云フコトヲ，民間ニ伝ヘテ居ル者ガアリマス」「滝川町或ハ岩見沢町デアリマスガ，此ノ何レノ町村デアルカ知リマセヌガ，町村ノ有力者ヲ喚ビ出シテ，少クトモ二十万円ノ寄附ヲセヨ，セナケレバ他ヘ持ツテ行クト云フヤウナコトヲ言ツテ，威喝的ニ寄附ヲ強ヒタト云フ事ガ伝ヘラレテ居リマス」とその真否を問うている[22]。これに対する明確な答弁がなかったため植田は後日さらに「聞ク処ニ依リマスルト空知管内ニハ中学校設置ノ議論ガアリマシテ，各希望地ヨリソレゾレノ希望ヲ道庁ニ申出タサウデアリマスガ」「内務部長ガ甲ト乙トノ両地ニ向ツテ，寄附ヲ強ヒタト云フ事ガ事実ニ在リマスルナラバ」，学校争奪といった「問題ガ各地ニ起リマスルコトハ，当局ノ是ニ対スル手加減一ツニ因テ之ヲ起スモノデアル，謂ハバ当局ハ是ガ煽動者ノ首謀ナリト，断定シテモ差支エナイ」とまで述べ，「煽動的ニ命令的ニ或ハ天秤的ニ，両方ヲ釣ツテ寄附ヲサセルト云フコトノナイヤウニ，私共ハ重ネテ望ム」と発言している[23]。

むろん道庁はこれに対し，「寄附ヲ強要シタト云フヤウナ御質問デアリマシタガ，事実ハ決シテ左様ナコトデハナイ」「双方ノ土地ニ対シテ，寄附ヲスル方ニ設置ヲスルト云フヤウナコトヲ申シタコトハ，絶対ニ無イノデアリマス」と強く否定せざるを得ない[24]。

しかし会期末に滝川町から「建物又ハ金銭ヲ以テ，寄附ヲスルヲ云フ申出」があったので「総計ニ於テ約二十万円ヲ以テ，此ノ学校ヲ完成スル」という滝川中学校開設のための追加予算が示される。当初から植田が疑っていた「二十万円ノ寄附」と同額であったことから道庁と関係者の間である程度の折衝があったことを推測させるが，この提案に対してはそれ以上に「斯様ナ巨額ノ金ト

尚敷地等ヲ寄附スルト云フノ結果ト致シマシテ，町村経済ノ基礎ヲ危ウスルヤウナ虞」[25]を指摘する声が寄せられた。つまり，「空知ノ中学ノ問題ニ就キマシテ，岩見沢ノ地方ニモ此ノ計画ノ希望ガアツタト云フコトハ，是ハ隠モナイ事実デアリ」「滝川町ノ寄附ノ決議ハ，他ノ地方ノ競争ニ脅サレテ，此ノ重大ナル負担ヲシタト云フ嫌ハナイカ」[26]という懸念である。

先の植田はさらに，この二十万円という金額に至った経緯を，次のように見立てている。

世間伝フル所ニ依レバ，尾崎内務部長ト滝川町ノ有志ト折衝スル際ニ当ツテ，既ニ岩見沢町ノ有志ニ対シテ二十万円ノ寄附アラザレバ学校ガ出来ヌ，斯ウ云フ事ヲ言ウテアルカラ，滝川町ニ於テモ是ト同様二十万円ノ寄附ガナケレバ，アナタノ村ニ中学校ヲ設立スルコトハ出来ヌト，斯ウ云フ筆法デ御相談ナサツタト云フコトガ，世ノ中ニ伝ツテ居リマス[27]

これに対しても道庁当局としては，「空知管内ニ於テハ比較的ニ滝川ガ適当ナ土地デアルト云フコトヲ，最初カラ考ヘテ居」たのであり，「寄附金ノ早ク出タ方トカ，或ハ多ク出シタ方トカ云フコトデ以テ，位置ヲ決メタコトハ絶対ニ無イ」と答えざるを得ないし[28]，また予算案を示した以上，従前から「他ノ学校ノ寄附等ニ於テモ，矢張有力者ノ寄附ト云フモノガ大部分デアリマシテ，ソレガタメニ自治団体ノ財政ノ基礎ヲ危クスルト云フコトハ絶対ニ無カツタノデアル，又将来斯ノ如キ事ハ無カラウト考ヘルノデアリマス」と応じざるを得なかった[29]。

滝川中学校の新設案は最終日に可決されている。この一件について新聞は，「此夏頃の模様だと岩見沢町でも滝川町でも精々七万円位より出せない有様であつたが滝川が敷地の二十万とは偉い奮発だ折角町村経済に後の祟りを残さぬ様にありたい」と評している[30]。しかし後述のように，滝川町は寄付のまとまりがつかず，後年極めて厳しい立場に追い込まれる。さらにそのことによって地元寄付を口約束で終わらぬような方策がとられ，地元負担の方法が変わっ

ていく。

しかもこの道会では今回の争奪に破れた岩見沢に加え，留萌，名寄，倶知安，帯広，網走，余市といった滝川と同規模の地方における中学校，実業学校の設立建議案が続々と提出されている。逐年で一校程度増設するのでは対応できないほどに庁立学校の設置要求は高まっていた。これを一挙に解決しようとしたのが次にみる，1921年道会での庁立学校増設の答申である。

第３節　1921年北海道会における諮問とそれに対する答申

1.「七年計画」

続く1920年の道会では，「道庁では来年度に於て何れかに中学校一校増設の意向」であることがささやかれたが[31]，結局提案は見送られた。有力視されていた網走支庁において「網走町か野付牛[32]かと云ふのが問題」[33]となっていたため，前年の二の舞を避けたのかもしれない。また今までのような単発的な措置では各地からの要求にとうてい応じられず，道庁としても「庁立学校ノ増設拡張ノ件」は現状では「甚ダ足ラヌト当局ハ認メテ居」り「故ニ是ハ相当ニ増設拡張ヲスル必要ヲ認メテ居」た。しかし校種や位置，そして財源について「大ニ研究ヲ要スル」としてこの年には増設の提案はなかった[34]。道庁はこの年増設の提案はせず，次回の道会に向け，方針の策定を進めたようである。

1921年の第二十一回通常会開会前の10月になるとその道庁の増設計画の内容が漏れ伝えられるようになる[35]。策定の中心人物であった尾崎内務部長がこの直後に青森県知事として転出するが，その際彼は「我輩は本年は大に中等学校の増設を行う心算で七ヶ年計画を樹てた」と述べていることから[36]かなり以前から長時間をかけて計画が練られたのであろう。この計画は全国紙でも取り上げられており，その内容は以下のように伝えられている。

道庁では中等学校七年計画として十一年度に野付牛，倶知安，岩見沢等に中学校を，網走に高等女学校を，帯広に農業学校を，函館に工業学校を，同二

第３節　1921年北海道会における諮問とそれに対する答申　139

年度に網走と帯広に各中学校を，十勝地方に農業学校を，同三年度に岩見沢に高等女学校を，同四年度に名寄に中学校を，シマコク〔渡島国か・筆者註〕に農業学校を，五年度に帯広及び倶知安に各高等女学校を設立するの計画を樹て明年度以降着手することとなつた[37]

この記事は，たとえば十勝地方の帯広に農業学校を２校つくることになっているなど，不正確な面がある。これは，道庁としてはこの「七年計画」の存在を公にしなかったので，仄聞するところで報道せざるを得なかったためであろう[38]。後に道会で道庁当局の発言によって明らかにされたこの計画を一覧化すると表5-1のようになる。従来までの姿勢を一変したかなり思い切った増設計画といえる。この計画はその完成年数から道会内外では，以降，非公式ではあるが「七年計画」と呼称されることになる。

この「本道中等学校七年計画」が「世上に漏るるや各地の学校運動頗る猛烈を極め」ることになった。たとえば，旭川関係者などが要望していた工業学校が「今回の七年計画より除外されある所より是非共七年計画中に刻み込む必要ありとて過般来区長以下有志出札必死の運動を」展開するという様相を呈した[39]。また「七年計画」では1925（大正14）年度に中学校の設立が予定されていた名寄では，町民大会が開かれ「大正十一年度に中学校を」「設置せられむことを当局に陳情請願する事」が決議されており[40]，繰り上げ開設を求める

表5-1　「七年計画」による学校増設

開設年度	中学校	高等女学校	実業学校	計
1922年	岩見沢・倶知安・野付牛	網走	帯広農業・函館工業	6
1923年	網走・帯広		永山農業	3
1924年		岩見沢		1
1925年	名寄		大野農業	2
1926年		帯広・倶知安		2
計	6	4	4	14

出所：道会で示された道庁からの説明（『北海道会第二十一回通常会議事速記録』第四号（1921年11月24日，50-51頁），及び第八号（11月29日，154頁）に基づき作成。

動きもあった。

道会開会直前はこのように「計画に漏れたる町村や又計画に含まれし町村で年度繰上を欲するものやで運動却々猛烈」という状態となっており[41]、「七年計画」を上回る規模の増設案を求める雰囲気が醸成されていたといえる。

２．諮問第四号と答申

1921年の11月中旬から開催された第二十一回通常会では、冒頭の予算説明において宮尾長官は「新タニ中等学校ヲ設置致シテ、是ガ分布ノ調和ヲ図ル必要ヲ認メ、財政ノ許ス程度範囲内ニ於テ、段々之ヲ充実シテ参リタイト存ジマス」と述べ、総称としての「中等学校」という語を用いつつ、積極策に転じることを表明した[42]。しかし、それでもなお「吾々ガ観ル所ニ依リマスルト云フト、此案ハ極メテ小サイ低イ程度ノ拡張ト思ヒマスル、尚ホ是ハ大ニ拡張スル必要ガアル」とさらなる増設を求める圧力は高かった[43]。この道会から尾崎の後任として内務部長を務めることになった服部教一もそのような要望に対し、「中等学校ヲ沢山造ル必要ガアルカト云フコトデアリマスルガ、是ハ御尤ノ事デアリマシテ」「段々拡張シテ行キタイト思ウテ居ル」と応じている[44]。

後述するように、「七年計画」もまた例によって地元負担を前提としており、それを問題視する議員もいないわけではなかった。しかし先に見た追加や繰り上げ要求に加え、渡島地方では「七年計画」では大野とされていた農業学校をめぐり、七飯や八雲が争奪戦に参入してしまい[45]、激しく展開される各地の運動を鎮めるためには、増設学校の上積みとその設立箇所の確定が必要であった。多数会派の政友会所属議員も院外で「七年計画に属せざる地方の中等学校設立に関し更に調査の必要ありとし」てその調整に入っていたようである[46]。

その判断を道会に委ねようとしたのが、「本道中等学校其ノ他教育上ノ施設ハ現下ノ情勢ニ鑑ミ将来大ニ拡張ヲ要スルモノアリト認ム依テ之カ計画ニ関シ本会ノ意見ヲ諮フ」として会期末に提出された「諮問第四号地方費教育施設ニ関スル件」である[47]。

これに対し道会が答申した年度別の開設計画は表5-2の通りであった。道庁から諮問が示された際、「御諮問ノ趣旨ハ、サウ云フ七年計画ナルモノノ根柢

第3節　1921年北海道会における諮問とそれに対する答申　141

表5-2　答申に示された学校増設計画

開設年度	中学校	高等女学校	実業学校	師範学校	計
1922年	岩見沢・名寄・網走 倶知安・野付牛	網走	帯広農業・函館工業	旭川・釧路	10
1923年	八雲・帯広・稚内	岩内・根室	永山農業・苫小牧工業		7
1924年	余市・江別 留萌・小樽	岩見沢・七飯	室蘭商業		7
1925年	紋別郡	深川・名寄 帯広	大野農業・旭川工業 札幌商業・釧路商業 釧路管内実業・江差実業	札幌女子	11
1926年	富良野・函館	倶知安	伊達農業・美唄工業 当別実業・浦河管内実業		7
計	15	9	15	3	42

ヲ覆シマシテ新ニ御建テニナルト云フ御考デア」るかという「七年計画」との関係を問う質問が発せられたが，服部は「私共ノ赴任スル前ニ於テ一ノ案ガ出来マシテ其地方々々ト交渉シテ居ツタ」が「ソレガ不十分デアルナラバソレヲ適当ニ訂正シナケレバナラヌ」ので「皆サンノ御意見ヲ聴イテ，サウシテ多少斟酌シテ行カナケレバナラヌ」と答えており[48]，答申が「七年計画」を上回る規模になることは予想されたことであった。

「七年計画」には盛り込まれなかった留萌中学校や旭川工業学校が加わり，名寄中学校の開設年度は前倒しされた。また農業学校を争っていた地域には，大野に農業学校，七飯に高等女学校，八雲に中学校を置くことで決着しており，札幌工業と室蘭中学校の事例を彷彿とさせる。答申は5年間で42の庁立学校を各地に開設するという相当に大規模な計画であったが，まずは「総花的に各支庁管内に庁立中等学校の分布設置を為さんとするもの」[49]と受け止められた。

実際には，この答申はわずか一度開催された調査委員会によって原案が作成され，諮問から二日後に道会で報告されている。調査委員会での手続きについては「或ル一人ノ御方致シマシテ案ヲ提出サレタ」ところ「多数派ノ諸君ハ」「読会ヲ省略シテ之ヲ即決シタ」と不満を述べる[50]議員もいたことから，過半を占める政友会系議員によってかなり乱暴に進められたようである。先の新聞

が総花的と評していたことから，政友会系議員が院外での調整を済ませ，箇所付けの議論がある程度煮詰まったそのタイミングを見計らって諮問が示されたのかもしれない。道会終了後，答申によって設置が予定された各地における祝賀会の模様が報じられている[51]。

しかし争奪戦が過熱していく中で，地元負担の問題は後退していった。実際，多くの議員は開会当初から，庁立学校の増設問題は結局のところ場所と経費の問題であると認識しており，地元負担は富裕な地域に有利に働くとして「寄附万能主義」を牽制する発言[52]や，「各地共欲しいんだから無理をして寄附する，結局は町村財政の基礎を危くする」という懸念[53]が当初から示されていた。諮問をめぐる論議に際しても寄付強要の弊害についての指摘があった。このような批判に対しては，従前道庁はやむを得ない措置として同意を求めてきたが，新任内務部長の服部はそれに加え，次のように持論を展開した。

> 此寄附ヲ求メル理由ノ一ツト致シマシテハ，……設立後ニ至リマシテハ其土地ニ教員生徒ガ集マリ又他カラ多クノ人ガ其地ニ来マスカラ，其土地ノ商業上ニ於テモ利益ヲ与ヘルノデアリマス，又其処ニ学校ガ出来マスト其土地ノ子供ハ其学校ヘ通学サスコトガ出来マシテ，弁当ヲ持タセテ授業料サヘ出セバ這レルコトニナリマス，然ルニ通学ノ出来ナイ地方デアリマスト云フト，……地方ノ寄宿舎ニ入レナケレバナラヌト云フ不便ガアルノデアリマス，……ソレダケノ遠方ノ処ハ損害ヲ受ケルコトニナルノデアリマス，……設立地ガ設立地デナイ農村ノ僻遠ナ処ト比較致シマシテ，特別ノ利益ヲ亭ケル〔ママ〕ト云フコトニナルノデアリマスカラ，其点カラ其地方ニ於キマシテ或ル寄附ヲスルト云フコトハ是ハ当然ノ事デアリマス[54]

中等教育機関の開設により，地元には利益が発生するのであり，またそれによって生ずる不公平を避けるためにも「寄附ヲスルト云フコトハ」「当然」とより積極的に地元負担を求めているのである。またその寄付金収集の見込みについては，「出ス積リデ居ツタケレドモドウモ出シ悪イト云フヤウナコトガ後

ニ起ル場合モアル」かもしれないが「併ナガラ是ハ約束通リ其地元ニ於テモ徳義ヲ守ツテ，サウシテ十分ニ其約束ヲ実行スルヤウニシテ貰ヒタイト思ウ」と楽観的であった[55]。

新聞報道も最終的にはこの計画について，財源問題を「奈何にするかは当面に起る疑問であるが，之れに就ては道会は条件を附して緩急疎通の道を開」いているので「此の疑問は氷釈すべき，少くも此答申は当局の学校計画に対する大なる目安となるには十二分」とまずは好意的に受け止めていた[56]。その「緩急疏通の道」として答申には「計画中ノモノト雖尟メテ公立（区町村立）学校ノ設立ヲ奨励シ之ニ補助ヲ与ヘ而シテ相当ノ時機ニ於テ庁立ト為スヘキコト」が附記されていた。

すでに開設されている区町村立学校を庁立移管することについては，1919年における室蘭高等女学校の事例がある。また今回の答申を受け，1922年度に開設された学校のうち，函館と十勝の2校は既存の区立函館工業学校と組合立十勝農業学校を庁立移管したものだが，これらもすでに「七年計画」に織り込み済みであり，答申の附記は今後についてのことなので，これらのケースとは直接関係しない。もともとこの附記は「今回ノ設立ノ撰ニ漏レテ居ル処ハ成タケ区町村立学校ニシテ置イテ，サウシテ或ル時機ニ於テ之ヲ庁立学校ニシタラ宜カラウ」という今回選外となってしまった地域への配慮であった[57]。しかしこの一文は，庁立移管を前提にあらかじめ市区町村が設置者となって中等教育機関を開設しておくという手法を容認するものである，と一歩踏み込んだ解釈をすることもできる。実際，次に示すように，答申に示された庁立学校の獲得を確実なものとするため，この移管方式は地方団体によって注目されるところとなる。

第4節　増設計画の頓挫と移管方式への着目

翌1922年度，この答申は中学校，高等女学校，実業学校についてはほぼ計画通りに実行されたが，旭川と釧路の師範学校については，寄付金を集める時

間が足りなかったためか，年度内の開校には至らなかった。そのため 1922 年の通常会では，答申で 1923（大正 12）年度に設置が予定されている 7 校に加え，これらの師範学校の新設が検討されるはずであった。

　しかし北海道会はこの年から，参事会の決定を経た「大革新」である，として「全部ノ金ヲ納ムルカ，学校全部ヲ新築シタル後デナケレバ新設シナイト云フ方針」のもと，地元に確実な寄付を迫るという厳しい態度をとるようになる[58)]。この影響を受けて，師範学校については旭川師範が予定より一年遅れて開校にこぎ着けたものの，釧路師範は遅延の末，後述するように計画自体が中断されることで遂に設置されるには至らなかった。また既定の岩内高等女学校も同様に見送られ，その設立は昭和まで持ち越されてしまった。

　道会がこのように寄付完納を強く迫るようになった背景の一つに，答申前に設立されていた庁立滝川中学校の新設費用を開校後に年度割りで納付することを約束しながら，いっこうにそれを果たす気配のない滝川町に対する強い憤慨があった[59)]。先に見たように，滝川は同じ空知管内の岩見沢と中学校の先設をめぐって激しく競争し，議員が町村財政に支障を来すのではないかと懸念するほどの寄付金に応じて庁立学校を獲得した経緯がある。滝川町としても町民大会で「滝川中学校問題は我町盛衰の岐る所にして町民は宜しく之に対し大なる犠牲を払ふの当然義務あること」を宣誓するなど懸命に寄付金を収集しようとしていた[60)]。しかし設置の経緯を考えるならば，やはり実行不可能な条件を受け入れてしまった結果といわざるを得ないであろう[61)]。

　ただこの措置には，単に「滝川町ノ背信行為，不徳行為」を難じるためというよりも，景気の後退などを理由として，当初道庁が示した 1923 年度予算案には「学校案ナルモノハ一校モ現ハレナカツタ」ことから，答申を可能な限り実現するためには今まで以上に地元寄付に頼らざるを得なくなったため，滝川町をスケープゴートにして設置予定自治体の奮励を促そうとした一面もある[62)]。またこの問題は初めて起こったものではなく，従前から「寄附ノ事ニ就テ更ニ申シマスレバ，今日迄ノ事ヲ申上ゲマスルト札幌ノ第二中学校，釧路ノ中学校」などでも「寄付行為ニ於キマシテハ，最初ノ申出―道庁当局ガ当道

会ニ於テ明言シタ事ガ一モ行ハレテ居ラヌ」[63]と当初の約束がうやむやになったケースはまれではなかったようである。しかし今回はその強硬な姿勢に反応したのか，校舎の現物寄付を受けてすでに「盛大ナル開校式ヲ挙行」しているなど「寄附納入歩合ノ宜シイ」地域は少なくなかった[64]。逆に，寄付を完納しておいたり施設設備を物納しておくことは，北海道地方費の財政事情に左右されず，確実に庁立学校を呼び寄せることにもつながるだろう。

1923年の道会では，それが既存の学校を北海道地方費へ移管するという形でかなり意識的に用いられる場面が確認される。この年，折からの戦後不況と道会開会直前に発生した関東大震災の影響により，道庁はついに答申にあった計画を中断せざるを得ないことを道会に訴えなければならなくなった。

　　従来ノ四十二校計画ト云フモノハ，強チ厖大デアルトカ過大デアルトカ速断スルモノデアリマセヌ，併ナガラ……建築費ハ之ヲ寄附ニ俟ツト致シマシテモ，其年々増加シテ行ク経常費ヲ如何ニシテ負担シテ行クカ，是ハ本道ノ今日ノ地方費ノ状況カラ申シマスルト負担シ切レナイノデアリマス，先ヘ行ケバ直グニ行詰マルト云フコトハ眼ニ見ヘテ居ルノデアリマス[65]

たとえ新設費用や新設の校舎を寄付されたとしても，その後の経常費の負担に耐えきれないというのである。ただ，この発言のみでは計画の全面的な中止なのか，可能な箇所には設置していくという形で部分的に継続するのかは明らかではない。しかし答申において1924（大正13）年に予定されていた7校のうち，室蘭商業学校と岩見沢高等女学校は計画通りに開設されているのであるから，そこには何らかの選択や判断があったはずである。

この2校は既設の市立，町立の学校施設を庁立学校として転用したものであった。岩見沢町では答申以前から小学校併設の女子職業学校を「将来甲種の庁立程度の女学校たらしむる方針の下に」独立校舎を新築することが協議されていた[66]。庁立岩見沢高等女学校はこの校舎を用いて開校されたものである。女子職業学校の組織は引き継がなかったので移管とは言い難いが，施設の完備

が庁立学校設置に有利に働いたことを示すものといえる[67]。

　もう一方の室蘭は市立商業学校の移管による庁立学校の設立であり，その際道庁や室蘭市が文部省に送付した移管申請書等でその経緯を知ることができる[68]。それによると，まず室蘭市長は1923年9月，つまり道庁が計画中止を求めることになる道会が開催される前に，すでに市立商業学校の移管を道庁長官に求めている。その理由として，「設置ノ急務ナルヲ認メ」「多端ナル経費ヲ割キテ」「市立商業学校ヲ設置シタル次第」であるが「財政上独リ教育ニノミ専ラナル能ハスシテ本校ヲ永久ニ維持経営スルコトヲ許サレサル情勢」をあげ，「就テハ現在ノ同校敷地校舎並其ノ他附属建物及校具ノ一切ヲ」「地方費ニ寄附シ以テ庁立商業学校ニ移管ヲ請」うと述べている（「室蘭市立商業学校移管ノ儀上申」1923年9月26日）。道庁長官から文部大臣宛ての認可申請でも一応これに対応して，「室蘭市将来ノ財政状態ヲ考慮シ」と記されており（「室蘭商業学校設立者変更ノ儀ニ付認可申請」1924年2月12日），文字通り受け止めるならば，経費負担に耐えられず移管を申し出たということになる。しかし実際には，1921年の答申可決直後，室蘭が大正「十二年度に区立商業学校を設置し翌十三年度に於て之れを移管することに決定」した（室蘭は1922年8月まで区制）と伝えられており[69]，財政問題とは関係なく（あるいはそれを承知の上で），庁立移管を見込んで区立学校を先行的に開設したと考えることもできる。室蘭の意図するところを道庁が内諾していたかどうかは明らかではないが[70]，室蘭商業学校は北海道地方費に移され，庁立学校となったのである。

　この措置について道会はどのような反応を見せたであろうか。会期末，「大正十年通常道会ニ於テ決議答申セル」「大正十三年度新設庁立学校七校ノ内二校ニ係ル建物ヲ地元市町村ヨリ寄附完納セル場合ハ之ガ開設ニ関スル大正十三年度歳入出予算ヲ定メ」ることを参事会に委任することが決定された[71]。この「二校」が岩見沢高等女学校と室蘭商業学校を指していることはいうまでもない。既存施設を用いての庁立学校増設は「七学校ノ新設ノ目的ヲ是非貫徹シタイケレドモ財政ノ都合」を考慮した道会の意向でもあった[72]。

　ところで残りの5校（余市，江別，留萌，小樽の各中学校と七飯高等女学校）につ

いては「市町村立トシテ之ニ相当補助ヲ与ヘ財政ノ按排ヲ見テ移管サレムコトヲ望ミマス」とされた[73]。この要望は,「計画中ノモノト雖励メテ公立（区町村立）学校ノ設立ヲ奨励シ之ニ補助ヲ与ヘ而シテ相当ノ時機ニ於テ庁立ト為スヘキコト」という答申の附記と同じ趣旨である。5校のうち,このとき設立に向けて準備を進めていたのは余市と留萌の中学校であり,実際に翌年度両校は北海道地方費からの補助を受け,町立中学校として開校する。道内において庁立以外の公立中学校が設立されたのはこれが初めてであり,また本来なら庁立としてスタートさせる予定であった学校を,移管含みであることをここまで公然化しながら町立として発足させることも初めてであった。

では,その両中学校が町立から庁立へ移管される過程を検討してみよう。

第5節　余市,留萌中学校の庁立移管

1923年の道会で庁立中学校の設置が見送られた余市と留萌の両町は,年明け直ちに町立学校の設置認可を申請している。設置理由として留萌町は「庁立中学校ノ設置ヲ希望スルコト深大ナルモ本道地方費ノ経済ハ急ニ之カ実現ヲ期シ難キ状態ニ在ルヲ以テ本町ニ於テ之カ設立ノ計画ヲ立テ」（「町立中学校設置認可稟請」1924年1月29日）たと庁立学校設立を逸した回復措置であることを明示しており,余市町も同様の事情で「庁立中学校開校ヲ見ルノ不可能ナル今日躊躇スル能ハス町立ヲ以テ中学校ヲ設置シ中学校入学志望者ノ希望ヲ満ス」と述べている（「余市中学校設置ヲ必要トスル事由」1924年1月21日)[74]。当時,町立中学校の設置は全国的にも極めてまれであったが,道庁長官は文部大臣に対し「機宜ニ適シタル施設ト被認候条速カニ御認可相成様致度」と副申している（「余市中学校設置ニ関スル件」1924年3月15日,留萌についても同様の副申がある）。また中学校開設に伴う財政については,たとえば留萌町は認可稟請で「寄附金其ノ他ノ収入ニ依リ支弁シ得ル見込確実ニシテ為メニ賦課ノ増加ヲ要スルカ如キコト無之ニ付経費維持ニ困難ナク従テ町内小学教育ノ施設上何等妨無」と断言しており,道庁も「将来ノ維持ニ関シテモ町財政カ苦境ニ陥ルカ如キコトナク

随テ小学校教育ノ施設上支障ヲ来スカ如キ虞無之」とこれを保証したのである（「留萌中学校設置ニ関スル件」1924 年 3 月 15 日）。また同時に両町には「大正十三年度所要経常費補助トシテ本道地方費ヨリ金五千円支出ノ予定」であり「維持経営上懸念スヘキ点無之」と念押ししている。この道庁長官の副申は上記のように 1924 年 3 月 15 日付となっているが，文中の経常費補助についてはその二日前の道会参事会で決定されていた。

ところでその参事会において，両町中学校への補助金支出に関する議論の最中，出席議員から「余市中学校ノ設置ニ関シ」余市の町会では「該町立中学校ノ大正十四年度ニ於テ北海道庁立ニ移管スヘキコトハ道庁ニ於テ殆ト内定セル所」という発言があったようだが道庁当局は関知しているかという質問があり，これに教育兵事課長が「道庁トシテ絶対ニ内定セス従テ之ヲ言明セルコトナ」し，と強く否定する場面があった[75]。このような風説が流れること自体に，当初から移管への期待含みで町立中学校が設置された可能性をうかがうことができる。

しかし 1924 年の第二十四回通常会では，道庁から余市留萌両中学校の庁立移管の提案は示されなかった。「地方費財政ノ状態ガ許シマスレバ，成ルベク速ニ庁立ニ移管致シタイト云フ希望ヲ持ツテ居ルノデアリマス，併シ今日ノ状態デハ未ダ之ヲ移管致シマスルノニハ，地方費ノ財政ト致シマシテ之ヲ許サナイ」[76]という変わらぬ財政難がその理由であった。

これに対し「町ニ向ツテハ或ル期間ニハ移管ヲスルト云フ諒解ヲ与ヘツツ，時局ニ云為致シマシテ之ヲ避ケントスルコトハ，地方費ノミ時局ノ影響ヲ避ケテ町ノ影響ヲ軽視スルノ嫌ガアル」[77]と移管を迫る意見が示されるが，道庁は「何年度ニ於テ之ヲ移管致シマスト云フコトハ決シテ私共ハ言明致シテ居リマセヌ」と反論する[78]。だが，当局がいうように「明年度ヨリ之ヲ移管ヲシヤウト云フ約束ハシナカツタ」かもしれないが，「岩見沢及室蘭ノ此ノ両校ハ大正十三年度ニ於テ庁立ニ致シタノデアリ」，「其ノ次ニ順序ト致シマシテ最モ必要デアルト一般ノ認メマスルノガ即チ余市及留萌デアツタ」，だからこそ道庁も「翌年度ニ於テ為スベキモノデアルト御考ニナリマシタ結果，町立ニ依リ

マシテ御許シニナツタ」のではないか[79]，という室蘭商業学校などの移管といった今までの経緯も一定の説得力をもっていた。

　道庁も決して硬直的だったわけではなく，このような議会からの要望に対しては，「成ベク速ニ移管ヲ致シタイ考」だが「十五年度ニ於テドウ致シマスルカ又十六年度ニ於テドウ云フ風ニナリマスルカ，是ハ明言ハ致シ兼ネ」ると慎重に言葉を選びながらも，「現在ノ生徒ガ学校ヲ卒業致シマス頃マデニハ恐ラク道庁立ニハ為シ得ル考デ居ル」と完成年度までには移管できるという見込みは示している[80]。

　この状況から，「町立留萌中学校，町立余市中学校ニ対シテハ地元町ヨリ大正十三年度内ニ於テ大正十四五年両年度ノ経常費中其ノ年度ノ経常費ヨリ大正十四年度ニ於テ地方費ヨリ受クベキ補助金ヲ控除シタル残額ニ相当スル金額ノ寄附ヲ完納セルトキハ之ヲ庁立ニ移管」する，つまり最初の二年間の経常費は町が負担し，その費用を本年度中に支払うならば庁立移管するという提案が示され[81]，これを参事会の委任事項にすることが決定されたのであった。

　これに基づく道会閉会後の移管手続きの過程を，公文書から見ておこう。まず翌年1月下旬に両町から道庁長官あてに移管が申請されている。申請に至る事情として，「町費ニ頼ラントスルモ当町ハ施設スベキ幾多ノ事業輻湊シ独リ教育ニノミ専ラナルヲ得ス財政ノ調理寔ニ困難ニシテ本校ヲ永ク維持経営スルコト能ハサル情勢」（「留萌町立中学校移管ノ義申請」1925年1月23日），「財界不況ノ為経常費ノ負担容易ナラス永ク町立トシテ維持経営スルコト困難ナル事情」（「理由書」（余市）1925年1月24日）が説明されるが，昨年の設置申請では「経費維持ニ困難ナク」と述べていたはずである。同様に当初「維持経営上懸念スヘキ点無之」としていた道庁も移管を引き受ける際に文部省には「将来ノ財政状態」を考慮して「此ノ機会ニ於テ道庁立トシテ一層完全ナル教育機関タラシムルハ相互ノ為適当ノ措置」と説明している（「余市中学校名称及設立者変更ノ義ニ付認可申請」1925年3月7日）。やはり町立学校の開設は移管を前提としたものであった。さもなくば，道庁と両町の財政見通しがきわめて甘いものであったといわざるを得ないであろう。

ただ，こういった文部省への申請では歩調を合わせていたものの，移管の過程では道庁は留萌や余市に対しかなり強い態度を取っていたことがうかがわれる。以下は，道庁内務部長が余市からの移管の申し出を受け，1月29日付で余市町長に送った文書である。

今回貴町立中学校ヲ北海道地方費ヘ移管ノ件稟請相成候処貴町ニ於テ別記条件ニ異議ナク確実ニ実行シ得ル義ニ候ハバ急速取運フ見込ニ候条本月三十一日午前十時迄ニ電信ヲ以テ何分ノ義御申出相成度此段及照会候也（「余市中学校移管ニ関スル件」）

しかもこの文末には「期日迄ニ何等申出ナク又ハ別記条件ノ一部分ニテモ同意セラレサル場合ハ自然中止セラルル次第ニ付為念申添候」とあり，有無を言わさぬ構えであった。提示された条件は，既述のようにすでに道会で決められた移管後2年間の経常費の寄付に加え，その2年間に災厄が起きた際の復旧費の負担，仮寄宿舎の提供，指定された設備改善工事の完了など多岐にわたり，経常費寄付の担保の提出まで求めるというもので（「中学校移管ニ関スル条件」1925年1月29日），前例の室蘭商業学校の移管に比べはるかに厳しいものであった。これは名称こそ庁立だが，費用負担を考えると実質は町立のままという状態がしばらく続くことになるが，両町はこれを受忍したのである。

厳しい要求を受け入れ，庁立移管を果たそうとする背景には何があるのであろうか。前年の道会で議員の一人は「町村立デアリマスル上ニ於テハ教員其ノ者ノ素質モ道庁立ノヤウナ立派ナ教員ハナイヂヤナイカ」「生徒自体モ各方面ヲ漁リマシタ到底イケナイ，成績ノ劣悪ナル所ノ素質ノ悪イ所ノ余リノモノガ斯クノ如キ学校ニ流レ来」るのではないか，という「移管致サナカッタ場合」の影響を懸念していた[82]。ここには市町村立よりも庁立の方が信頼できるという強い庁立志向と，庁立の方が格が上という払拭しがたい意識がある。

1921年の答申には「公立（区町村立）学校ノ設立ヲ奨励シ之ニ補助ヲ与ヘ而シテ相当ノ時機ニ於テ庁立ト為スヘキコト」という附記があったことをすでに

指摘したが，この措置を新聞は，「町村立中等学校の設立を奨励し，適当の時期に庁立に昇格するの方法を慫慂」するものであると解説していた[83]。庁立化は昇格なのであり，それをめざす庁立志向が，道庁が示す厳しい条件をクリアする強力な動機となっていたのである。

両中学校が庁立に移管された半年後，苫小牧町から文部省に町立高等女学校の「名称中町立ノ二字アルカ為生徒募集上面白カラサル影響アリ」としてその「町立ノ二字ヲ削除シ」たいという申し出があった[84]。前年の道会では苫小牧高女の庁立移管の建議が出ており，移管を希望していることは明らかである。それまで庁立を名乗れないのであれば，せめて学校名から設置者が町であることを隠したいという自虐的な申請といえるが，同時に庁立志向の根深さもまた傍証しているといえる。

第 6 節　大正期北海道における中等学校の増設

1．移管による庁立中等学校の設立

大正前期，庁立中等教育機関の新設は緩慢であった。これに対し 1921 年の道会答申は，初発においてはその増設を一気に加速するものであった。ひとまずこれは，大正期における中等教育への要求の高まりという文脈にのせて考えることができるであろう。その勢いは一種の慣性となって，財政難に伴い道庁が計画中止を呼びかけてもいくつかの地域では衰えなかった。経常費は確かに「多額ニ上ツテ居リマスケレドモ，之ヲ授業料若クハ入学試験料其他ノ歳入ト差引致シマスト，左マデ巨額ニ上ツテ居ルトハ」思われない[85]，と道会側は増設をしきりに促す。しかし個別の経常費は多額でなくても答申通りに 40 数校すべてを開校させれば，北海道地方費を確実に圧迫するだろうという警戒感が道庁を渋らせたことも容易に想像できる。事実答申直後からの景気の悪化，そして関東大震災が重なることにより財政状況は極めて深刻となった。

その中で，移管による庁立学校の設立という方法が着目されるようになったと思われる。もし財政状況が芳しくなければ，道庁は移管条件を高くすること

により地元がそれをクリアするまでの時間的猶予を得ることができ，また結果的に完成度の高い学校施設も入手できることになる。加えてすでに見たように，一定期間は北海道地方費からの経常費支出を免れるような条件を提示することも可能であった。一方，庁立志向が持続している限り，市町村は道庁が示す条件の達成に努め続けるであろうし，実際そうした結果移管が成ったのであった。

　今まで見てきたような，地元寄付によって最初から庁立中学校や高等女学校が発足するという事例は途絶し，以降，戦前の庁立中等普通教育機関はすべてこの方式により設立されるようになる。次章でみるように，昭和に入り間もなく，道内各地では庁立移管を目論んで町立高等女学校の設立が相次ぎ，昭和10年代になると今度はそれに刺激されて町立中学校の設立が進む。1921年の答申とその実施過程を経て，市町村立学校を移管するという方式は庁立学校設立の主流を占めるようになっていくのである。

　この方式の定着により，学校名称上に表れる設置者と，実際の費用負担者の乖離がいっそう進んだ。もともと設置費用を地元に負担させている時点で，それを「庁立」学校と呼んでよいのかが問われるはずである。しかし，やむを得ない措置として求められていた地元負担は，答申前後の議論では道庁にとって自明の前提となっていった。今回の増設計画の中心的な人物であった内務部長の服部教一は，後年以下のように述懐している。

　　学校は寄附金に依つても之を建設する方法があるのである。私が曽て広島県内務部長の時に三つの中等学校を寄附金に依つて建て，又北海道内務部長の時にも中等学校の大増設を断行し，四年計画にて合計四十二校の中等学校（中学校女学校師範学校農工商の各実業学校）を寄附金に依つて増設した。此の時は先づ道会に諮問してその必要なる校数を定め，校舎はその地方の寄附金に依つて建築し，その建築した校舎の寄附を道庁に受けることにした。……到る処数千円数万円の金を寄附した者も幾十人となく出てきて，四年間の短日月に於て各地方に中等学校の新設を実現せしむることが出来たのである。学校の建築に要する臨時費は斯の如く寄附に依つてでも出来るのである[86]。

実際には答申が途中で崩壊し，また寄付金収集がいかに困難であったかを知るならば，服部の記憶には多分に自賛が混じっていると理解できる。しかしそれ以上に地元負担を臨時費として当て込むことを当然と捉え，庁立や県立の学校を地元負担で設立することに何らの疑問や気後れを感じていない論調に注意しておきたい。

移管方式についても，結局は庁立学校設立に際し地元負担を課していることになるので，まずは同じような批判が可能であるが，単純な引き継ぎから，庁立化後も移管元が経常費を支出しなければならない期間，いわばテイクオーバーゾーンが設けられることで，費用負担の区分はますます曖昧になっていった。他府県でも県立移管はしばしば「昇格」と表現されていたが[87]，中等教育機関の設置者として道庁府県がふさわしいのであれば，そのような設置形態に持っていくことが重要であり，そこに費用負担の問題を見出して逡巡するという姿はまず確認されない。

2. 大正期北海道の中等学校政策の特質

さらに，今回の答申を通してうかがえるこの時期の北海道の中等教育整備政策の性格について二つほど言及しておく。一つは，この答申前後から，行政当局も中等学校という総称をあまりためらわずに用いるようになったということである。道庁当局は長い間，普通教育機関と実業教育機関を峻別する態度をとり続けていた。たとえば，園田は初期道会において「普通ノ中等学校モ，実業学校モ，本道ニ於テハ何レモ最モ必要」と述べ[88]，彼が示した「北海道教育事業計画」も中等教育と実業教育についての計画は別項で構成されていた。その後，中等学校という用語は，一般的には明治末期あたりから流布され始め[89]，大正時代に入ると議員も道会で総称としての「中等学校」という語を時折使うようになる。それに対し道庁当局は「中学校」と「他ノ中等程度ノ学校」を分けたり[90]，「中学校程度ノ学校」[91]という表現を用いるなど，なおも普通教育と実業教育を公式の場で一括りにすることについてはかなり慎重であった。

これが1920年に至ると，たとえば，中学校，高等女学校に加え，小樽商業学校や空知農業学校の学級を増設するという原案に反対する議員に対し，尾崎

内務部長が「中等学校所謂庁立学校ニ於ケル学級増加ハ，見合セ得ベキモノハナイカト云フ御質問ノヤウデゴザイマシタガ」と中等学校という語を用いるようになる[92]。尾崎は別の質問に対しても「庁立中等程度ノ学校〔の配置・筆者註〕ノ事ニ就テ，更ニ御質問デアリマシタガ」「今日現ニ設立サレテ居リマスル中等学校ニシテ」「不適切ナモノガアリマセウカ」と述べている[93]。すでに「中等学校本道二十有余ノ学校」[94]という状態ではそれら各種の庁立学校を統べる用語が議場で発言する際にも必要となってきたのであろう。

　答申が可決された翌1921年の道会では，すでに引用したようにまず開会冒頭長官自身が「七年計画」を念頭におきながら「新ニ中等学校ヲ設置致シテ，是ガ分布ノ調和ヲ図ル」と述べ[95]，会期後半に示された諮問「地方費教育施設ニ関スル件」の説明文でも「本道中等学校」の「拡張ヲ要ス」とあり，道庁も「中等学校」という言葉を公の場面で使用するようになっている。大規模な庁立学校増設を論議するために，中学校，高等女学校，実業学校，師範学校を包括的に扱い，中等学校の整備政策として捉える視点が必要となったのである。

　今ひとつは，この答申によって開設に至った中等学校19校のうち，その多くは普通教育機関（中学校10校，高等女学校3校）であり，実業学校は5校にとどまったということである。多くの実業学校は計画後半に予定されていたので，答申が途中で頓挫したために開設が進まなかったのだという見方もできるが，前半に開設に漕ぎ着けた実業学校のうち，3校は既存の市区組合立の実業学校を移管したものであり，全くの新規で開設できたのは永山農業と苫小牧工業の2校のみである。道庁は実業教育の振興を重視してきたはずであったが，一方で「実業教育ト云フモノガ単リ本道ニ於テ振ハザルノミナラズ，ドウモ未ダ日本ニ於テ実業ト云フ事柄ガ振ツテ居ラナイ」[96]という現状も認識していた。その原因の一つとして「中学校ニ入リタイケレドモ中学校ハ入学試験デ以テ落第シタ，已ムヲ得ズ実業学校ニ入ルト云フ者」[97]の存在を想定しているが，それだけ中学校志向が高かったということもできる。当初，実業学校を建議し札幌と工業学校を激しく争った室蘭が，中学校設立で溜飲を下げたことはそのことを傍証しているかもしれない。また町立中学校の移管に成功した留萌と余

市も，実は1919年の道会ではそれぞれ「留萌町ニ中学程度ノ実業学校ヲ設置セラレンコトヲ望ム」[98]，「余市町ニ庁立中等実業学校ヲ設置セラレンコトヲ望ム」[99]という建議案を提出していることから，当初望んでいた実業学校が運動の過程で中学校に変わっていったようである。むしろ望んでいたのは単に庁立の学校だったのかもしれない。

　加えて，実業学校は中学校に比べ施設等の点で設立費用がかさみ，その分地元負担が重くなったことも実業学校の開設のしづらさに関係していると思われる。苫小牧工業学校の設立に尽力した地元選出議員小保方卯市は「学務部長〔内務部長であろう・筆者註〕の所に行き」打診すると「『小保方君苫小牧に工業学校を建てるには三十万かかるからね，もつとも諸君等がよいといえば，あえて反対はしないがね』と簡単にやられた」と回顧している[100]。結局答申成立後は「七，八万円」の寄付金に加え苫小牧町がさらに負担することになったが，その「金の準備は十二年（創立の年）になつてもまとまらなかった。倶知安，八雲は既に出来たというし，帯広もあるという」「それで当時の宮尾長官にしきりと請願したわけだが」「宮尾さんはこれ（指を丸く）さえ持つて来てくれれば，いつでも開校してやる，といつて金のことをいう」とも追想している[101]。当時，自治体の規模としては倶知安や八雲に決して劣らない苫小牧が難渋しているということは，中学校に比べ工業学校設置に要する地元負担が大きかったためであろう。

　庁立学校を地元負担で獲得する。その際できるだけ負担を軽くしようとすれば，実業学校はなかなか手を出しにくかった。庁立学校の新設費用を地域に負担させることが常態化したために，実業学校の拡充が進まなかったのだという見方もできるのである。

　もし道庁が答申の実施を中止しなかったとしても，計画後半にあった地方部における中等学校の設立はそう容易ではなかったであろうし，とりわけ実業学校の設立は極めて困難だったはずである。昭和期に入ると，この計画頓挫の影響を被ったいくつかの地域で中等学校の設立が試みられる。それは既往の経緯にとらわれず，別の中等学校を設立したり，その際の費用をできるだけ縮減な

いし分散しようとする動きとして確認することができるが，これについては次章でみてみよう。

注
1)「全国視学官会議経過」『小樽新聞』1921 年 5 月 25 日。
2)「大阪中等校増設案」『教育時論』1308 号，1921 年 8 月，35 頁。
3)「中等学校増設　北海道会の答申」『読売新聞』1921 年 12 月 13 日。また『教育時論』もこの計画を伝えている(「北海道中等校計画」『教育時論』1321 号，1921 年 12 月，39 頁)。
4)『北海道会第十一回通常会議事速記録』第十三号，1911 年 11 月 30 日，301 頁。
5)『北海道会第十回通常会議事速記録』第九号，1910 年 11 月 30 日，286 頁。
6)「室蘭時事　工業学校速成陳情」『北海タイムス』1912 年 9 月 25 日。
7)「東京便　道長官対談」『北海タイムス』1914 年 10 月 20 日。
8)『北海道会第十四回通常会議事速記録』第四号，1914 年 10 月 27 日，53 頁。
9)『第十四回議事速記録』第十一号，1914 年 11 月 18 日，303 頁。
10) 同上。議事速記録は，この発言の後に，「(「長官以上ダネ能ク知ツテルネ」ト呼ブ者アリ)」と記している。
11) 同上，307 頁。
12) 同上。
13)「閑是非」『北海タイムス』1915 年 10 月 3 日。
14)『北海道会第十五回通常会議事速記録』第三号，1915 年 10 月 7 日，44 頁。
15)『第十五回議事速記録』第十二号，1915 年 10 月 29 日，258-259 頁。
16)「速に解決せよ＝貯支問題と工業校問題＝」『北海タイムス』1915 年 10 月 22 日。
17) 注 15) に同じ，266 頁。
18)「閑是非」『北海タイムス』1915 年 10 月 30 日。
19)『北海道会第十八回通常会議事速記録』第十四号，1918 年 12 月 10 日，200 頁。
20)「滝川中学期成同盟会」『北海タイムス』1919 年 9 月 9 日。
21)『北海道会第十九回通常会議事速記録』第五号，1919 年 11 月 22 日，71 頁。
22) 同上，63 頁。
23)『第十九回議事速記録』第十一号，1919 年 11 月 29 日，157 頁。
24) 尾崎勇次郎内務部長の発言。同上，160 頁。
25)『第十九回議事速記録』第十五号，1919 年 12 月 13 日，334 頁。懸念する発言は阿由葉宗三郎のもの。
26) 安東俊明の発言。同上，335 頁。
27) 同上，336 頁。

28)尾崎内務部長の発言。同上，337 頁。
29)同上，335 頁。
30)「閑是非」『北海タイムス』1919 年 12 月 21 日。
31)「閑是非」『北海タイムス』1920 年 11 月 7 日。
32)野付牛町は 1942（昭和 17）年に市制が布かれ，北見市となる。
33)「道会雑感（二六日午前）」『北海タイムス』1920 年 11 月 27 日。
34)尾崎内務部長の発言。『北海道会第二十回通常会議事速記録』第七号，1920 年 11 月 27 日，142-143 頁。
35)たとえば，「中等学校の基礎計画　今期道会に提案されん」『小樽新聞』1921 年 10 月 1 日。
36)「北海道は是から　途中で去るは残惜しい＝と尾崎新知事は愛嬌たつぷり」『小樽新聞』1921 年 10 月 1 日。
37)「庁立学校設置　明年度着手」『読売新聞』1921 年 10 月 8 日。
38)宮尾長官は道会開会直後に記者と面談した際，「『七年計画？』てそりや君等が勝手に命名したのじや無いか」と応じてこれを受け流している（「拓殖費と新設校　方針を変へる訳に参らぬ　宮尾長官帰来談」『北海タイムス』1921 年 11 月 21 日）。とはいえ，「道庁として公表したので無くとも世間では当らずと雖も遠からざるものとして見て居る」（「学校設置要望」『北海タイムス』1921 年 10 月 26 日）という状況であった。
39)「七年計画前途　学校運動猛烈」『北海タイムス』1921 年 10 月 29 日。
40)「名寄町民大会　中等学校運動」『北海タイムス』1921 年 10 月 13 日。
41)「閑是非」『北海タイムス』1921 年 10 月 19 日。その他，計画から漏れた留萌からも「中学校設置請願の件」について意見交換があり「中学校運動につきて」町民大会が開かれる模様が伝えられている（「留萌町有志会」『北海タイムス』1921 年 10 月 31 日）。
42)『北海道会第二十一回通常会議事速記録』第二号，1921 年 11 月 21 日，8 頁。
43)池田醇の発言。『第二十一回議事速記録』第三号，1921 年 11 月 22 日，19 頁。
44)『第二十一回議事速記録』第四号，1921 年 11 月 24 日，45 頁。
45)「七年計画」では 1925 年度に大野村に農業学校を開設となっていたが，道会会期中になると近隣の七飯村と八雲町が割って入り，「農業学校の設立に就て，大野村と七飯村と，八雲町と相競争」する事態となり「校舎用敷地及校舎建築費を寄附するを以て当局者を動かさんと」していることが報じられている（「学校設立と地方の寄附」『函館新聞』1921 年 11 月 24 日）。
46)「中等学校問題」『北海タイムス』1921 年 11 月 25 日。
47)『第二十一回議事速記録』第十二号，1921 年 12 月 10 日，315 頁。
48)恩賀徳之助と服部内務部長の質疑応答。同上，315-317 頁。
49)「中等学校設置問題」『北海タイムス』1921 年 12 月 12 日。
50)恩賀徳之助の発言。『第二十一回議事速記録』第十三号，1921 年 12 月 12 日，333 頁。
51)たとえば「中学設置祝賀　野付牛にて」「中学や高女の設立で岩見沢町民大喜び」など

(ともに『北海タイムス』1921年12月19日）。
52)「今期道会の問題（七）恩賀徳之助氏」『北海タイムス』1921年11月21日。恩賀は続けて「寄附金に依つて其運命を決せしむるが如きは実に寒心に堪へぬ」としている。
53)「今期道会の問題（三）笠島貞治氏」『北海タイムス』1921年11月16日。
54) 注47)に同じ，316頁。服部はさらに「是ハ独リ北海道ダケデハナクシテ内地ニ於テモ同様デ」「新設費ト云フモノハ全部其ノ地方ガ寄附ヲシテ居ルノデアリマス」と続け，全国的にも地元負担は当たり前，という認識を示している。
55)『第二十一回議事速記録』第八号，1921年11月29日，156頁。
56)「道会の成績　空前の大予算」『北海タイムス』1921年12月18日。
57) 池田醇による諮問調査委員会報告。注50)に同じ，332頁。
58) 丸山浪弥の発言。『北海道会第二十二回通常会議事速記録』第三号，1922年11月21日，11頁。
59) この道会直前の参事会では，もはや寄付金完納は不可能であろうとして「明年度ノ生徒募集ヲ停止」し「廃校」することが真剣に検討されるほどであった（『大正十一年第九回道参事会会議録第四号』（北海道議会事務局蔵），1922年11月12日）。
60)「滝川町民大会　中学校寄附金問題に就いて」『北海タイムス』1922年11月15日。
61) このように獲得競争の過程で能力を超えた負担に応じてしまう事態はまれではなかったであろう。たとえば，答申で中学校を獲得した八雲町でも，近接の大野村，七飯村との誘致合戦のなかで，道庁が示す寄付額などの条件に対して町長が「大野若クハ七飯村ニ於テ負担シ得ルモノトセハ八雲町ニ於テモ勿論之カ要求ニ対応シテ完成ヲ期シ得ルモノト信ス」と対抗意識を露わにした発言を行っている（「第六回町会会議録」（北海道山越郡八雲町，北海道立文書館蔵，原本は八雲町史編さん室が所蔵）1921年11月20日）。
62) 丸山浪弥の発言。注58)に同じ，9-10頁。
63) 植田重太郎の発言。注55)に同じ，153頁。
64) 泉対信之助理事官の発言。『第二十二回議事速記録』第五号，1922年11月24日，69-70頁。
65) 土岐嘉平長官の発言。『北海道会第二十三回通常会議事速記録』第三号，1923年12月4日，23頁。
66)「岩見沢の懸案協議」『小樽新聞』1921年7月21日。
67) たとえば，前節2で言及した最初の移管事例である1919年の室蘭高等女学校については，庁立移管の前に室蘭区ではすでに校舎を落成していた。そのため同年に開設された釧路高等女学校が1学年1学級だったのに対し，「室蘭は二学級を容されたるは一に区立実科女学校の存在が前提となりしものにして室蘭区理事者の施設宜しきを得たる結果」と伝えられている（「室蘭高等女学校開校式」『北海タイムス』1919年9月26日）。
68) 文-47-3A-2385『商業学校設置廃止認可・北海道第三冊』「室蘭商業学校設置改称」（国立公文書館蔵）。

69)「室蘭商校問題」『小樽新聞』1921年12月13日.
70) ただし,道庁は「室蘭商業学校設置者変更ノ儀ニ付認可申請」において,移管を引き受けるまでの経緯を,もともと道庁としては「庁立学校拡張案ニ基キ大正十三年度ニ於テ室蘭市ニ商業学校設置ノ計画ヲ立テ」「道会ニ附議シ之カ協賛ヲ得」ていたところ,室蘭が既設の「市立商業学校ヲ」「地方費ニ移管セムコトヲ要望」してきたので,と説明している.
71)『第二十三回議事速記録』第九号,1923年12月18日,258頁.
72) 寿原重太郎の発言.『北海道会第二十三回通常会第一号調査委員会議事速記録』第五号,1923年12月16日,2頁.
73) 高倉安次郎の発言.注71)に同じ,196頁.
74) 文-47-3A-1709『中学校設置廃止認可・北海道第一冊』「余市中学校設置改称」「留萌中学校設置改称」.以下,留萌および余市中学校関連文書はこの文書綴による.
75)『大正十三年第三回道会参事会会議録』,1924年3月13日.
76) 内務部長得能佳吉の発言.『北海道会第二十四回通常会議事速記録』第八号,1924年12月1日,178頁.
77) 村田不二三の発言.同上,175頁.
78) 注76)に同じ.
79) 近藤豊吉の発言.同上181頁.
80) 内務部長得能の発言.同上,197頁.
81) 東條貞の発言.『北海道会第二十四回通常会調査委員会議事速記録』第六号,1924年12月15日,87頁.
82) 近藤豊吉の発言.注76)に同じ,182頁.
83) 注56)に同じ.
84)「北海道苫小牧町立高等女学校名称変更ノ件認可申請」(文-47-3A-1833『高等女学校設置廃止認可・北海道第一冊』「苫小牧高等女学校設置改称」1925年10月16日).
85) 寿原重太郎の発言.『第二十三回議事速記録』第六号,1923年12月7日,70頁.
86) 服部教一「日本教育の改革(二)」『教育時論』1497号,1927年1月,9頁.なお服部は1923年に道庁内務部長の職を離れており,答申の計画が頓挫した際には既に北海道にはいなかった.
87) たとえば,1918年11月16日の『大阪朝日新聞』は和歌山県の翌年度予算の「新事業費目」である郡立高等女学校の県立移管を,「粉河高等女学校,日高高等女学校の県立昇格」として紹介している(「本県予算　八年度歳出予算」).
88)『北海道会第二回通常会議事速記録』第十号,1902年11月14日,170頁.
89) この件については,第三章注91)を参照.
90) 俵長官の発言.注15)に同じ,259頁.
91) 俵長官の発言.『北海道会第十七回通常会議事速記録』第五号,1917年10月30日,75頁.
92) 注34)に同じ,142頁.

93）同上，148 頁。
94）中田鶴吉の発言。同上，140 頁。
95）注 42）に同じ。
96）俵長官の発言。注 14）に同じ，54 頁。
97）同上。
98）『第十九回議事速記録』第十六号，1919 年 12 月 14 日，404 頁。
99）同上，422 頁。
100）この回顧談は，佐藤憲士「創設の昔をしのぶ」（小保方卯市翁伝記刊行会『小保方卯市翁の回顧』1954 年，198-203 頁）からの重引である（199-200 頁）。佐藤によると，「苫工創立二十周年記念行事」の際「『創立当時を偲ぶ座談会』が開かれその席上小保方氏の談話が記録され」ており，本稿は「そのなかから所々抜き出し」た文章である（198 頁）。なお，その座談会の記録は「現在行方不明」ということである（北海道苫小牧工業高等学校『創立四十周年』1964 年，23 頁）。
101）同上，201 頁。

第六章

昭和前期の北海道における公立中等学校と
その移管問題

第1節　昭和戦前期と道内の公立中等学校

　本章では，昭和戦前期の道内における中等学校の設立状況について検討する。前章で見たように，大正末期から中学校，高等女学校といった中等普通教育機関を最初から庁立学校として設立する事例は途絶し，その増設はもっぱら町立学校の移管という形で進められるようになる。従って，庁立学校の設立過程を検討する際に，町立中等学校の移管過程を確認する作業は不可欠である。

　また道庁は地方からの要望を受けて，比較的整備の整った町立中等学校を地方費財政の状況をにらみながら順次移管してゆくという手法をとるが，道庁と町との間のそれに関する折衝の状況については，移管を希望する地方の声を代弁する議員の発言があるものの，北海道会の議事速記録などからその詳細をうかがい知ることは難しくなる。町立学校の寄付を受けるか受けないかという判断は道庁が行うため，その了承を得る場所である道会ではそれぞれの学校の移管の是非といった個別の問題は議論とはなりにくかったのである。

　その一方，設置者や費用負担者の変更を伴う移管には，文部省の認可が必要となる。そのような認可の過程で文部省に送られた文書がまとまった形で現存しているため，本章では検討の主な対象として，国立公文書館所蔵の「設置廃止（位置変更）改称に関する許認可文書・中学校・北海道」および「同・高等女学校・北海道」に綴じられている申請書，添付資料，それに対する告示や通牒

等の起案を用い，町立中等学校の設立から，それが道庁に移管される過程をまず確認する。

その際とりわけ目に付くのは，高等女学校の場合，多くは町立実科高等女学校（以下，実科高女とも）を本科高等女学校（以下，本科高女とも）に組織変更したのちに庁立移管が行われていることである。つまり，昭和前期にはまず町立で学校を設立し，それを整備した上でこれを道庁に寄付することで，庁立中等学校の増設が進められたということである。

この措置は時間幅を大きくとると，学校新設費用を町が負担し，結果として該地に庁立学校が設立されたとみることができることから，明治期から続く庁立学校新設に対する地元負担の変形であると捉えることができ，また庁立学校を獲得する作業に平行しながら中等教育の実施が可能であったという点でより応用的であるといえる。本章の目的の一つは，このように頻繁に確認される町立中等学校の移管の動きを，北海道会開設以来続いてきた地元負担の問題の中に位置づけることである。

中等普通教育学校がこのような移管方式で開設される一方，昭和10年代になると最初から北海道地方費による庁立実業学校の拡充が進む。しかし増設された実業学校が工業学校と農業（水産）学校であったことからも理解されるように，拡充の背景には戦時下体制という特殊な事情があった。また新設に当たって庁立学校であるにも関わらず地元負担に依拠していたという点では以前と全く変わりはない。

このような庁立学校設置に際する地元負担の問題は，結局戦後に引き継がれることになった。とりわけ北海道では戦後，市町村立高等学校を道立へ移管する事例が多数見られるという点で，地元負担の方式まで引き継がれることになる。そして同時に戦前の庁立志向も，戦後は道立志向として引き継がれていった。ここではそのような，戦前戦後の制度的連続性に加え，メンタリティの継受についての指摘も試みる。

第2節　北海道内における女子中等普通教育

1．高等女学校制度の柔軟性

既述のように，道内における昭和戦前期の庁立高等女学校は，すべて町立高女を移管して設立されたものである。またその多くは，実科高等女学校からスタートし，後に本科に組織変更するという経歴をたどっている。そこで，まず実科高等女学校制度について簡単に確認しておこう。

1910（明治43）年，高等女学校令が改正され，実科高等女学校が制度化された。これは同年の高等教育会議に諮られた，技芸専修科を改め家政科のみの高等女学校を設置するという改革案が修正されたものである。高等女学校令の改正に伴い，同令施行規則も改正された。

この施行規則は主に高等女学校のカリキュラムを定めたものであるが，あわせて注目されるのは第40条の2として，「実科高等女学校ハ高等小学校ニ併設スルコトヲ得」と定めたことである。単独校舎を必要としないことで，実科高女の開設は財政的に容易となる。この措置について高等女学校令改正に関する文部省訓令は，次のように説明している。

> 女子ノ教育ハ特ニ学校ト家庭ト相竢チテ始メテ其ノ訓育ノ効果ヲ完ウシ得ヘキモノニシテ女子ヲシテ修学ノ為遠ク父母ノ膝下ヲ離レシムルカ如キハ訓育上頗ル考慮ヲ要スル所ナリトス是レ従来ノ高等女学校ノ外ニ一般公共団体ヲシテ単独ニ実科高等女学校ヲ設置シ又ハ之ヲ高等小学校ニ併設スルヲ得シメ以テ其ノ設置ヲ簡易ニシ地方ノ女子ヲシテ成ルヘク其ノ地方ニ於テ必要ノ教育ヲ受クルノ便ヲ得シメ学校ト家庭トヲ密接ナラシメン[1]

このように「公共団体」による「設置ヲ容易ニシ」「地方ノ女子ヲシテ」「其ノ地方ニ於テ必要ノ教育ヲ受クル便」を考慮していること，また府県には実科高等女学校の設置義務を免除していたこと（高等女学校令第17条の2）からも，公立実科高女の主な設置者として市町村が想定されていたことは明らかであろ

表6-1 高等女学校・実科高等女学校の学科目表（単位は1週あたりの時間数）

高等女学校（1908年）

	1年	2年	3年	4年	計
修身	2	2	2	2	8
国語	6	6	5	5	22
外国語	3	3	3	3	12
歴史地理	3	3	2	3	11
数学	2	2	2	2	8
理科	2	2	2	1	7
図画	1	1	1	1	4
家事			2	2	4
裁縫	4	4	4	4	16
音楽	2	2	2	2	8
体操	3	3	3	3	12
計	28	28	28	28	112

実科高等女学校（1910年）

	1年	2年	3年	4年	計
修身	2	2	1	1	6
国語	6	6	6	6	24
歴史	2	2			4
数学	2	2	2	2	8
理科及家事	2	2	3	3	10
裁縫	14	14	18	18	64
図画	1	1			2
唱歌	2	2			4
実業			3	3	6
体操	3	3	3	3	12
計	34	34	36	36	140

高等女学校（1915年）

	1年	2年	3年	4年	計
修身	2	2	2	2	8
国語	6	6	5	5	22
外国語	3	3	3	3	12
歴史地理	3	3	2	3	11
数学	2	2	2	2	8
理科	2	2	2	1	7
図画	1	1	1	1	4
家事			3	3	6
裁縫	4	4	6	6	20
音楽	2	2	1	1	6
体操	3	3	3	3	12
計	28	28	30	30	116

実科高等女学校（1915年）

	1年	2年	3年	4年	計
修身	2	2	2	2	8
国語	6	6	5	5	22
歴史地理	3	3			6
数学	2	2	2	2	8
理科及家事	2	2	3	3	10
裁縫	12	12	14	14	52
図画	1	1	1	1	4
唱歌	1	1	1	1	4
実業			3	3	6
体操	3	3	3	3	12
計	32	32	34	34	132

高等女学校（1920年）

修身	2	2	1	1	6
国語	6	6	5	5	22
外国語	3	3	3	3	12
歴史地理	3	3	2	2	10
数学	2	2	3	3	10
理科	2	2	3	3	10
図画	1	1	1		3
家事			2	4	6
裁縫	4	4	4	4	16
音楽	2	2	1		5
体操	3	3	3	3	12
計	28	28	28	28	112

実科高等女学校（1920年）

修身	2	2	1	1	6
国語	6	6	5	5	22
歴史地理	2	2	2		6
数学	2	2	3	2	9
理科及家事	3	3	3	4	13
裁縫	8	8	8	8	32
図画	1	1	1		3
唱歌	1	1	1		3
実業			2	4	6
体操	3	3	3	3	12
計	28	28	28	28	112

第 2 節　北海道内における女子中等普通教育　165

う。

　では，本科高女と実科高女の教育課程上の相違はどうだったであろうか。表6-1 は高等女学校令施行規則が定める，本科と実科のカリキュラムとその変遷である（4年制の場合）。当初の実科高女の教育課程上の特色は，裁縫の時間数の多さに表れている。総授業時間数 140 時間のうち，64 時間，つまり半分近くが裁縫で占められていた。逆に本科高女を特徴付けるものは外国語の存在であろう。これをはじめとするアカデミック科目を本科高女が重視していたのに対し，制度発足時における実科高等女学校はまさしく上記訓令がいうような「家政ニ関スル学科目ヲ修メントスル者ニ対シテ」「其ノ学科目ニ於テ特ニ裁縫ニ重キヲ置」いた学校であった。

　しかし大正期の二度の改正を経ると，実科高女における裁縫の比率は徐々に低くなり，1920（大正 9）年には 112 時間中 32 時間，比率にして 3 割を下回るようになる。それに代わり，数学といった主要教科の時間数が次第に増加していった。また表中には見えないが，実科高女では週 6 時間程度の加設科目や選択科目を設定することが可能となっており，そこにたとえば外国語といったアカデミック科目を開設することで，本科高女に近いカリキュラムを編成することができるようになっていた。

　このようにカリキュラムが接近していくのに対し，施設設備については一貫して両者に大きな違いが残され続けた。すなわち先述のように，本科高女が独立校舎を必要としていたのに対し，「実科高等女学校ハ高等小学校ニ併設スルコトヲ得」と規定されていたことから，単独校舎なしに開校することが可能だったのである。本章が対象とする昭和期に入ると，本科高女と実科高女のもっとも大きな違いは，自前の校舎が必要かどうかであったといってよい。

　2．実科高等女学校から庁立高等女学校へ

　それは，次のような道内における高等女学校の変遷からも明らかである。表6-2 は庁立移管が行われた町立高等女学校の沿革をまとめたものである。実科高女を前身としている場合，それを本科へ変更するまでの所要時間は学校によってまちまちであった。しかし，どの学校も本科への組織変更が完了すると（あ

表6-2 昭和前期に庁立化されるまでの北海道内の各高等女学校の沿革

	苫小牧	名寄	滝川	深川	富良野	江別	池田	岩内	江差	稚内	余市	砂川
実科設置年	1922	–	–	–	1926	1929	1929	1926	1933	1923	1923	–
本科変更（設置）年	1924	1927	1929	1929	1932	1932	1931	1933	1937	1938	1939	1941
実科→本科の所要年数	2	–	–	–	6	3	2	7	4	15	16	–
庁立化年	1927	1930	1931	1931	1933	1933	1933	1934	1937	1940	1941	1945
本科設置→庁立化所要年数	3	3	2	2	1	1	2	1	0	2	2	4

るいは本科が設置されると），比較的短時間で庁立移管を果たしていることがわかる。もっとも長いのは1945（昭和20）年3月31日に庁立移管が完了した砂川高等女学校であるが，これも1941（昭和16）年4月に本科が発足するとその完成年度内に庁立移管を済ませたことになる。本科変更に成功すれば，庁立移管の可能性は格段に上がったのだといえそうである。

それに対し，実科設置から本科変更までの所要年数にはばらつきがある。すでに述べたように実科高女と本科高女の決定的な違いは単独校舎が必要か否かである。実際にそれぞれの町は実科高女を小学校併設で開校し，単独校舎の設立が成れば直ちに本科へと組織変更を図っている。つまり実科から本科までの所要時間の差は，単独校舎を設置できるかというそれぞれの町の財政能力の差ということになる。同時に，町は積極的に実科高女を選択したのではなく，単独校舎が完成するまでの暫定的措置として実科高女を選択したといえそうである。

さらに，それぞれに時間差があるものの，実科→本科変更→庁立という変遷がほぼ共通しているということは，とにかく併設可能な実科高女を経営しながら独立校舎設立費の調達作業を行い，独立校舎ができれば本科へ変更し，最終的にはそれを道庁に寄付する，という一連の流れが各地で共有されていた可能性を示している。もし，実科高女の設置も，本科への変更も，そうした庁立学校獲得のための活動の一環であるならば，申請書に記されている理由は名目上のものとしてやや冷静に取り扱わなければならないであろう。次節ではそれら申請書や理由書を具体的に分析する。

第3節　設置理由・変更理由の分析

1. 実科高等女学校の設置理由——なぜ実科高女なのか

　後で示すように，単独校舎の設置が済むと町はすぐさま実科高等女学校を本科へと組織変更しようとする。したがって，実科高女を開設する理由には便法的な側面があることに注意しなければならないが，富良野町の事例のように，典型的には実科高女の必要性は次のように語られている。

　　本町ハ尋常高等小学校一，尋常小学校七ヲ有シ内下富良野市街地ハ戸数千百
　　三十六戸人口五千九百九十八人ニシテ年々尋常小学校ヲ卒業スルモノ女子約
　　百三四十名ニ上リ高等普通教育ヲ受ケントスルモノ亦多数アリト雖本町ニ其
　　施設ナク概ネ遠隔都市ニアルヲ以テ上流資産家ニアラサル限リ多大ノ学資ヲ
　　供給シ得サルハ勿論多数入学希望者アル于ös上入学ヲ拒否セラルル等殊ニ女
　　子ヲシテ父母ノ膝下ヲ離レ遠ク笈ヲ負フハ寒心ニ堪ヘサル所ナリ故ニ本町ハ
　　大ニ女子教育機関ノ必要ヲ感シ大正九年以来女子実業補習学校ヲ設置シ現在
　　ニ継続シツツアリテ相当多額ノ経費ヲ投セル割合ニ其ノ成績ノ挙ラサルハ実
　　ニ補習学校ノ名目及教課程度ノ高等普通教育ニアラサルニ帰スヘク斯クテハ
　　其効果ヲ永遠ニ認メ得ラレサルヲ以テ本町ハ町勢ノ発展ト時代ノ進歩ニ順応
　　シ茲ニ実科高等女学校ヲ併設シテ女子教育ノ振興ヲ企図シ一面他ノ都市ニ憧
　　憬スル子女ヲ収容シテ家庭的ニ経済的ニ普遍的ニ実科ト学科トヲ兼備セル高
　　等普通教育ヲ施サントス然シテ之カ認可ノ暁ハ独リ本町ノミナラス上富良野
　　落合間及芦別本町間ノ各村落ハ汽車便ニヨリ通学シ得テ頗ル幸福ノ事ナリト
　　ス（「実科高等女学校併設ニ関スル調書」1926年2月8日）[2]

　富良野町では女子義務教育修了者のために実業補習学校を設けたが不人気だったようである。その原因を「補習学校ノ名目及教課程度ノ高等普通教育ニアラサル」ことに求め，「町勢ノ発展ト時代ノ進歩ニ順応」して実科高女を設立すると述べる。そして同時にこれは，「都市ニ憧憬スル子女」が中等教育の機

会を求めて「父母ノ膝下ヲ離レ」ることを防ぐ策でもあった。そのため実科高女を「家庭的ニ経済的ニ普遍的ニ実科ト学科トヲ兼備セル高等普通教育ヲ施」す機関と認識することで積極的に評価しようとしている。

このように実科高等女学校を両義的な存在とみなし，中等教育を求め町外に進学しようとする女子の引き留めと，義務教育後教育の提供の両立が可能とする理由立ては，次の池田町の申請書にもみられる。

　通学若クハ遊学等ニ因ル幾多不利悪弊ヲ脱セントスルニハ須ク其ノ郷土ニ適応セル女子中等教育機関ノ完備ヲ講セサルヘカラス茲ニ於テ本町民多年ノ与論ニ順応シ修業年限四ヶ年ノ実科高等女学校ノ設立ヲ企図シタル所以ニシテ……本町ノ現状ト附近町村ノ実状トニ鑑ミ茲ニ時勢ニ順応セル実科ヲ主トシタル女子中等教育機関設置ノ緊要ニシテ最モ適切ナルヲ痛感シ之カ実現ヲ要望スル所以ナリ（「池田実科高等女学校設置理由書」1929年3月14日）[3]

理由書はさらに既存の女子実業補習学校の「組織ヲ改善シ以テ時勢ニ順応スル家政教養ヲ主トセル中等普通教育ノ機関ヲ設置スル」と述べている。実業補習学校を改組するという点で富良野と同様であり，またその背後には，実科高女は正規の普通教育機関の一つであるという認識があるのもまた同じである。

当時もっとも近い高等女学校は富良野町では旭川，池田町では帯広にあったが，双方とも距離があり，通学することはかなり困難であった。そのため町内に高等女学校を設立したい，という動機は一応首肯できる。しかし，隣接する札幌の学校へ鉄道で通学することが十分可能であった江別町でも以下のような理由を掲げ，自前の中等教育機関として実科高女を設置しようとする。

　年々尋常小学校ヲ卒業スルモノ女子約二百二十余名ニ上リ高等普通教育ヲ受ケントスルモノ亦タ多数ナリ然レドモ本町ニ其ノ施設ナク札幌市又ハ遠隔都市ニ寄宿又ハ汽車通学ニヨリ在学中ノ者百余名ヲ算スルモ多大ノ学資ヲ要シ中産階級以下ニ於テハ負担甚タ困難ナルノミナラス近時一般都市ニ於ケル入

第 3 節　設置理由・変更理由の分析　　169

学希望者著シク増加シ従テ定員ノ関係上入学ヲ拒否セラルルモノ亦少シトセ
ス一面世相ハ女子ヲシテ家庭ヲ離レ若クハ遠ク汽車通学ニヨリ勉学セシムル
ハ家庭ノ憂慮甚大ナルモノアリ故ニ本町ハ大正九年是等情勢ニ鑑ミ女子実業
補習学校ヲ小学校ニ附設シ爾来今日マテ継続シ相当多額ノ経費ヲ投シ努力ヲ
加ヘツツアルト雖モ一般ノ情勢ハ補習教育ヲ以テ到底満足スベクモアラス高
等普通教育ヲ要望スルヤ切ナルモノアリ（「実科高等女学校併設ニ関スル調書」
1929 年 2 月 21 日）[4]

「定員ノ関係上入学ヲ拒否セラルル」場合があること，また「汽車通学ニヨ
リ勉学セシムル」のでさえ「憂慮甚大」であること，そのため町内に実業補習
学校を設けたが「一般ノ情勢ハ補習教育ヲ以テ到底満足スベクモアラス」とい
う状態が町立実科高女を設置する動機としてあげられている。

ただ，この江別町の場合実科高女の設立の背景にはもう一つの理由があった。
後年，この江別実科高女を本科高女に組織変更する際，北海道庁が添えた文部
大臣宛の「江別実科高等女学校組織変更ニ関スル意見書」には「江別町ハ大正
十年其ノ地ニ中学校ヲ設置スヘク画策スル所アリシカ男子ハ比較的附近都市タ
ル札幌又ハ岩見沢町ニ通学容易ナルモ女子ハ之ニ反スルモノアルヲ以テ遂ニ中
学校設置ノ計画ヲ止メ高等女学校ヲ以テ之ニ代フルコトトシ」（1931 年 12 月 10
日）[5] たとある。前章で見たように，1921（大正 10）年の道会の答申では 1924（大
正 13）年に江別中学校を開設する計画となっていた。つまり高等女学校の設置は，
途中で頓挫した 1921 年答申の代替措置でもあったのである。

実科高等女学校設置に際しては，「地方之実情ニ適合セル実科ト学科ヲ兼備
セル所謂公式ナル高等普通教育」（江別町「実科高等女学校併設ニ関スル調書」）を
施すというその中等教育機関としての正統性といわば総合制学校としての性格
から設立理由を導き出そうとしている点で共通している。しかしこの後述べる
とおり，より正統である本科変更を目指す際に，実科高女の総合的性格は逆に
中途半端なものとして脇へ追いやられることになる。

最初に述べたように，申請書に記されている動機は建前であり，実科高等女

学校の設立は暫定的な意味合いが強い。より正規な女子中等教育学校が必要であるが，しかし独立校舎を設立するには財政的に時間がかかる。そこでひとまず小学校に併設可能な実科高等女学校を設立しておく，というのが実際のところであろう。

2．独立校舎の設立

したがって併設実科高女の設立が認可されると，町は次に独立校舎の建設に力を傾けることになる。

町は，義務教育機関としての小学校の経営という単独事業を抱えている。中等教育機関の開設条件としてその小学校経営を圧迫しないことが強く求められるため，高等女学校独立校舎の設立にはどこの自治体も難渋するが，江別町は比較的早期に独立校舎建築に至ったケースといえる。地方財政逼迫の折にもかかわらず，江別町は小学校への実科高女併設が認められた直後から独立校舎建築に着手している。その「位置変更」すなわち独立校舎新築「ニ要スル費用八万二百七十九円ニ関スル財源等詳細承知致度」という文部省から照会（「実科高等女学校位置変更ニ関スル件」1929年11月29日）をうけた江別町はその内訳を下記のように示している[6]。

内訳
金一万三千二百七十九円　一般町費並ニ指定寄附金
金三万二千円　中等学校設置積立金繰入
金三万五千円　基本財産運用繰入
計金八万二百七十九円

説明
一，町費並ニ指定寄附金一三，二七九円中指定寄附金ハ敷地買収並ニ設備費ニ対シ現金又ハ備品ヲ以テ寄附ヲ受クル見込ニシテ総額九，〇一二円ヲ予定セルモノトス内既ニ敷地買収ニ対シ六，〇一二円ノ寄附収入ヲ見残額三，〇〇〇円ハ校舎新築施行ニ伴ヒ富士製紙株式会社其ノ他ノ法人並ニ個人ヨリ設備

費ニ対シ寄附ヲ受クル見込ニシテ収入確実ナルモノトス
次ニ一般町費四,〇〇〇円ハ昭和三年度以降繰越金剰余額ヲ充当ノ見込ナリ然ルニ昭和三年度決算ノ結果五,〇〇〇円余ノ繰越金増加ヲ見タルヲ以テ既ニ之カ財源ヲ得タルモノトス
二,中等学校設置積立金繰入三二,〇〇〇円ハ本町中等学校設置ノ目的ヲ以テ大正十三年度以来積立金ヲ設ケ現在三四,〇〇〇円余ヲ定期預金トシテ積立中ナルヲ以テ本財源トシテ三二,〇〇〇円ヲ繰入充当スルモノトス
三,基本財産運用繰入三五,〇〇〇円ハ現在本町基本財産銀行預金四二,六八三円ノ内ヨリ之ヲ運用充当スルモノニシテ起債ニ準ズベキ性質ナルモ本町ハ自給自補ノ主義ニヨリ将来負担トナルベキ町債等更ニ有セズ支消ノ翌年ヨリ十ヶ年ヲ以テ補填シ得ルモノトス（「財源調書」1929年12月18日）

一は主として寄付金である。三は基本財産を取り崩し，その後補填するとしていることから実質的には起債と同じ効果を持つ。注目すべきは，二の中等学校設置積立金の存在である。すでに述べたように，江別町はもともと1921年の答申を受けて中学校の開設を目指していた。設置費用の負担に備え町は積立金の形で設置費用をプールしており，それを高等女学校校舎設置費に流用することが可能だったのである。

このように当初から財源が整っていたため，江別の場合は実科高女併設から独立校舎開設まで，すなわち本科組織変更までの所要時間が極めて短い。しかし実際には江別のようなケースはむしろまれといえる。逆に，独立校舎設立費用の捻出が困難な場合，それだけ実科高女にとどまっている期間が長くなる。

たとえば岩内町では，1926（大正15）年に小学校に併設して実科高等女学校を開設している。その後「直チニ開校ト共ニ一面校舎新築ノ計画ヲ定メ敷地ヲ選定シ」たといってはいるが，実際に独立校舎が完成するのは1932（昭和7）年の夏であった。そして同年の冬に組織変更の申請が行われ，翌1933（昭和8）年4月から本科高女となっている。組織変更申請の際，岩内町は「校舎設備年次完成シ一面有資格ノ職員ヲ充実シ経営上多大ノ努力ヲ払ヒタル」にも関わらず

「入学者之ニ伴ハサル」ことを理由として掲げているが，話は逆で，独立校舎が完成したので不人気である実科を廃し本科への組織変更の申請が可能になったとみるべきであろう[7]。

3. 本科変更の理由——なぜ実科高女ではだめなのか

そのため，どの地域も独立校舎が設置されればほぼ数年内に本科への組織変更を図ろうとするのであるが，その申請に際してはどのような理由が示されたのであろうか。当初「最モ適切」と評して実科高等女学校を設立した池田町はその2年後，以下のような理由を掲げて本科への変更を申請している[8]。

　一，本校開設以来当地方民ノ女子教育ニ対スル向学心益々高潮シ一般女子トシテ高等普通教育ヲ受ケントスルモノ愈々多キヲ加ヘ従来ノ実科ノミヲ以テ満足スルニ至ラサリシコト
　一，一般ニ実科ノ名称ヲ喜ハサルタメ当町ニ女子教育機関アルニカカハラス尚ホ他地方ニ赴ク者相当多数ニ上リタメニ入学生ヲ得ルコト困難ナルコト
　一，実科高等女学校ニテハ在学中転校ノ場合他ノ諸学校トノ連絡不便ナルコト
　（中略）
　一，実科高等女学校ニテハ卒業後小学校教員其他各方面ヘノ就職希望ノ場合不便□□□サルコト
　一，実科高等女学校ヨリ上級学校ニ志願ノ場合高等女学校ニ比シ特典ニ相違アルコト

〔取り消し線は原文のまま・筆者註〕

冒頭にあるような，実科ではもはや高潮する向学心を満たすことができなくなったという判断は，開校わずか2年目としてはいささか性急である。むしろこれに続く，実科という名称に対する忌避感，転校や進学に際しての接続の悪さ，そして取消線が引かれ正規の書類からは消えたことになっているが就職上の不利といったあたりがより切実な本科変更の理由であろう。

第3節　設置理由・変更理由の分析　　173

　実科という名称に対する住民の忌避的態度は各地でも同様であった。江別は「地方一般ノ傾向ハ実科ノ名称ヲ喜ハサル」ため入学者が集まらないことを本科変更の理由として掲げているし[9]，富良野も「実科ノ名称ヲ喜ハサル傾向漸次濃厚トナリ為メニ当町ニ女子教育機関アルニ拘ラス尚ホ他地方高等女学校ニ走ル者増加ノ傾向ヲ辿リ為メニ入学生募集上相当困難ヲ感スル」状況を嘆いている[10]。江別では札幌，富良野は旭川の本科高女への流出が止まず，経営不振に追い打ちをかけていた。

　しかし，そもそも実科が不人気であることを当初から予見できなかったものか[11]。上記のような先行する事例がありながら，江差町では1933年に町立実科高等女学校を設置し，1936（昭和11）年末に本科変更を申請している。その際同じように「当地方一般ノ傾向ハ明ニ実科ノ名称ヲ喜バザルモノト認メラレ生徒募集上困難」と述べており，池田，江別，富良野とまったく同じ轍を踏んでいる[12]。

　このような動向をみる限り，むしろ不人気であることを承知の上で実科高等女学校を設置したと考える方が自然であろう。つまり，実科高女設置はそれ自体が目的ではなく，まず併設可能な学校を開校させ，次に独立校舎を建てた上で本科高女を設置するための一段階として理解されていたといってよい。

　それは江別町が文部省に実科高女の本科変更を申請する際，道庁が以下のような意見書を添えていることからも明らかである。

　　江別町ハ……昭和四年度ヨリ実科高等女学校ヲ設置シ適当ノ時機ニ於テ高等女学校ニ組織ヲ変更セントシ昭和五，六両年度ニ於テ地五千十六坪ヲ選定シ且ツ八百八十三坪五合ノ木造二階建校舎ヲ新築シタルヲ以テ茲ニ当初目的ニ向フテ進マントス[13]

　あらかじめ組織変更を折り込んで実科高女を開設するという江別町の意図を，道庁としても当初から承知していたかのような書きぶりとなっていることが注目される。その上で道庁は「実科高等女学校入学者ハ漸減ノ状態ニアリ申請ノ

通リ組織ヲ変更スルヲ以テ適当ノ措置ナリト認ム」と述べ，江別町の言い分を認めるのであった。

　実科高等女学校設立の暫定性は明らかであろう。本科変更の理由は，なぜこのままではだめなのかという実科を否定する形で示されているが，それらは実科設立の際すでに認識されていたことである。あくまでも本科が目的であり，実科高女の開設はその第一歩であった。

第4節　町立学校から庁立学校へ

1．移管理由とその条件

　しかし，本科への組織変更は最終目的ではなかった。すでに述べたように本科への変更に成功すると，町は学校の道庁移管に向けて動き始める。

　道庁への寄付を申し出る際にまず語られるのが町の財政難である。たとえば，名寄町は道庁へ高等女学校を寄付する理由を以下のように述べる。

　本町ニ庁立ノ高等女学校設置ノ件ハ多年来地方民ノ切望シテ已マサル所ニシテ幾度トナク請願ニ次グニ請願ヲ以テシタレトモ容易ニ之レカ実現ヲ見ル能ハス町民ノ熱情ハ遂ニ之ヲ駆テ兎ニ角多大ノ犠牲ヲ忍ヒ町経営ヲ以テ設置スルコトトナリ昭和二年三月文部大臣ノ認可ヲ得名寄高等女学校ヲ設置……然レトモ如此町民熱情ノ余リ之レガ施設ヲナシタリト雖モ本町ノ如キ微力ナル自治体ニ於テ該校ヲ永ク維持経営スルコトハ到底其ノ資力ノ耐ユル所ニアラス（「理由書」1928年9月3日）[14]

　名寄町は，珍しく独立校舎を建築して町立高等女学校を最初から本科として発足させている。だが「熱情ノ余リ」町支弁で設立したものの，経営的に立ちゆかなくなったと訴えるのであった。しかし独立校舎を建築して町立本科高女を開設したこの前年，町は「高等女学校ヲ新設スルモ町財政ニ困難ナル影響ヲ来サズ」との見通しを設置申請の際示していたはずであった[15]。ところが，

第4節　町立学校から庁立学校へ　　175

この判断はわずか一年あまりで覆されたことになる。正確には「新設」は可能だったが，これを「永ク維持経営」することは困難であるということになろうが，逆に経営が行き詰まることを承知の上で新設に踏み切ったのであれば，その後の維持経営に関し，何か別の見通しがあったのではないかと憶測させる。それは「庁立ノ高等女学校設置」について請願を重ねたものの，一向に誘致が進展を見せなかった経緯を引き合いに出し，この寄付を受諾することが道庁の道義的責任であるかのような論調となっていることからもうかがわれる。この名寄町の申し出に対し，道庁はどのように応えたであろうか。

　　道庁立高等女学校ハ現在十校ニ及ヘルモ本道ノ最北部タル宗谷支庁管内及上川支庁管内北部ニハ其ノ設置ナク将来適当ノ時機ニ於テ此ノ方面ニ一校ヲ増設スルノ必要ヲ認メタリシモ地方費財政ノ関係上未夕其ノ実現ヲ見ルニ至ラサリシモノナリ然ルニ名寄町ハ此ノ欠陥ヲ補ハンカ為昭和二年度ヨリ町立ヲ以テ名寄高等女学校ヲ設置シ主トシテ旭川市以北上川宗谷網走管内ノ生徒ヲ収容セルモ……一小町村ナルヲ以テ全校ノ経営ハ財政上頗ル苦心ノ存スルアリ之ヲ地方費ニ移管セムコトヲ要請セルコト一再ナラサルモノアリ（「高等女学校ノ名称設立者変更認可申請」1930年1月28日）[16]

　これは道庁長官から文部大臣に送られた設置者変更申請であるが，町財政の困難を理由としてあげており，名寄町の言い分に対応している。また本来なら北海道北部に庁立で高女を設置すべきところ，これを名寄町に肩代わりさせていたので引き取るという言い方になっており温情的立場を示している。確かに，申請に添付されている「名寄高等女学校在籍生徒町村別表」によれば，町外出身者は45％を占めており，「一小町」による経営は不自然といえる。学校の実態から庁立としての経営が適当であると考えられたのであろう。
　道庁が寄付を受け容れる際に示す認識についてもう少しみてみよう。以下は江別，池田，富良野，帯広の町立高女を一括して設置者変更した際の道庁から文部省宛の理由書である。

何レモ設置以来其ノ成績相当見ルベキモノアリシモ近年一般経済界ノ不況ニ加フルニ特ニ本道ニ於テハ凶作水害等ノタメ更ニ町財政ハ極度ノ逼迫ヲ告ゲ之ガ維持経営実ニ容易ナラザルモノアルヲ以テ之ヲ地方ニ移管セラレタシトノ町民ノ要望切ナルモノアリ一方本道ニ於ケル庁立高等女学校数ハ現在十三校ニシテ庁立中学校ノ十八校ニ比スルニ尚一段ノ拡充ヲ要スルモノアルノ外……生徒数ハ附近町村ヨリノ入学者ヲ以テ大部分ヲ占ムルノ実情ヨリ考察スルモ単ニ之ヲ一町村ノ負担ニ帰セシムベキモノニアラザルヲ被思料ノミナラズ地理的ニ見ルモ同地方ニハ庁立高等女学校ヲ設置スルノ要アルモノニシテ夙ニ本庁ニ於テ計画セル庁立学校拡張計画網中ニ含マレ其ノ実現ヲ企図セラレ居リタルモ地方費財政ノ都合上遂ニ今日ニ至リタルモノナルヲ以テ此ノ際之ヲ地方費ニ移管シ既定計画ノ実現ヲ図リ町民ノ要望ニ応ズルト共ニ他面一層地方女子普通教育機関ノ進展向上ヲ期セントスルモノナリ（「公立高等女学校費用負担者並ニ名称変更ノ件認可稟請」1933 年 3 月 4 日）[17]

　ここで示される移管の理由は，財政の逼迫による町からの移管要請，庁立中学校数と高等女学校数との権衡，町立学校における町外の受益者の存在といったあたりである。しかし財政に関していえば，たとえば先に見たようにこの前年度，江別が町立本科高女に組織変更しようとした際，道庁自身が「維持上別段ノ困難ナキモノト思料ス」と文部省に対し江別町の財政能力を副申で保証していたはずであるが[18]，それを覆して移管を引き受けるとしている。名寄町の例とあわせていうならば，町には始めから経営難となることを承知の上であえて校舎を建設し町立本科高女を開設した節が認められ，道庁もこれを後押ししていた形跡がある。事前に財政逼迫となることが予見できたにも関わらず，本科変更に道庁が協力的であったということになれば，設立した町立本科高女をいずれ道庁に移管するというプロセスは既定路線として町と道庁によって共有されていたと考えることができよう。

　なお，道庁が「本庁ニ於テ計画セル庁立学校拡張計画網」について触れてい

第4節　町立学校から庁立学校へ　177

ることにも注意しておきたい。これは前章で取り上げた1921年道会の答申を受けた計画のことであるが、「地方費財政ノ都合上」「今日ニ至リタル」ため町立学校を「地方費ニ移管」することで「既定計画ノ実現ヲ図」ると述べている。道庁にとって庁立移管は，従前の計画の回復措置という側面もあった。

　しかしその一方で，道庁は寄付を受け入れるにあたっては，尊大といってよい態度をとっていた。先の名寄町には「設備ノ一切及昭和五年度ニ於テ学校経営費トシテ九千六百八十七円備品充実費トシテ五千円合計一万四千六百十七円ヲ寄附セシメ」「橋門柵地均排水道路校舎ノ修繕及模様替等ヲ行ハシムルヲ条件トシテ昭和五年度ヨリ地方費ニ移管スル」というかなり厳しい条件を示している[19]。他の高女移管の際も同様であった。富良野は校地，校舎，設備一切に加え，それらが「不備若ハ不適当ナル場合之ヲ修補整備」すること「又ハ該費用」が求められ，「庁立ニ移管後二ヶ年間当該学校ニ要スル経常費」や「庁立移管後五ヶ年以内ニ於テ学級増加ノ為敷地ノ狭隘ヲ告ゲ又ハ特異ノ設備ヲ必要トスルニ至リタル場合ニ要スル費用」の負担が移管の条件であった[20]。

　とくに，期間を限るとはいえ庁立学校の「学校経営費」を町に負担させるのは，費用負担者変更の実質を崩す要求であるが，町はそれを飲んで名を取るという選択をしている。逆に見れば，そこまでの要求に応じてでも，地域に「庁立学校」が設立されるのは意味のあることであったといえよう。

2．道会における議論

　ところで，北海道会では高等女学校の移管については，どのように論議されていたのであろうか。道会では個別の学校について移管の可否を直接論ずることはなく，たとえば以下のように議決して，参事会に委任していた。

道参事会委任事項中改正ノ件
二十四，町立池田高等女学校校舎及同敷地並ニ昭和七年度経常費所用額ノ内地方費負担増加額ニ相当スル金額ヲ寄附スベキ条件ヲ以テ之ヲ庁立ニ移管スルノ議アリタルトキハ之ニ関スル歳入出追加更正予算ノ事
……

二十九，町立富良野実科高等女学校ノ校舎及同敷地並ニ当該年度経常費所用額ノ内地方費負担増加額ニ相当スル金額ヲ寄附スベキ条件ヲ以テ之ヲ庁立ニ移管スルノ議アリタルトキハ之ニ関スル歳入出追加更正予算ノ事[21]

　当該地域から施設設備等の寄付を受けるのは北海道庁であるから，結局はその話がまとまりしだい，道庁が予算を閉会中であれば参事会に諮るという形で移管が決まっていったことになる。この委任事項からも了解できるように，庁立移管後一定期間町が経常費を負担するということは，道会もそれを認めていた。

　なお，池田には「昭和七年度」となっている一方で，富良野が「当該年度」とあるのは，この時点ではまだ富良野は実科高女だったこともあり，直ちに移管できる状況ではなかったからである。逆にいえば，池田町においてはこの時点で移管に要する準備がほぼ完了していたことを意味し，また富良野も組織変更を済ますなど整備が整えば順次移管対象として取り上げられる可能性が高くなったということである。

　これらについては，先に述べたように1933年4月に江別，帯広とともに四校一括で移管されることになるのであるが，そこに至るまでの道会の模様について確認しておこう。まず池田高等女学校については，年度は一年遅れてしまったものの，江別高等女学校と一緒に「本道女子教育ノ現状ニ照シ，又学校施設ノ内容ニ鑑ミマシテ，之ヲ庁立ニ移スヲ適当ト認メ」られ，昭和八年度予算に計上されることになった[22]。しかしその際，「内容ノ充実シテ居ル町立若ハ村立高等女学校ト云フモノハ，他ニ相当沢山アル」が「予算ノ関係上二校ニ止メラレタノデアルカ」とさらなる移管を促すような発言や[23]，もっと露骨に「江別並ニ池田ノ高等女学校ノ移管問題ニ対シマシテハ，満腔ノ敬意ヲ表スル」が，「形式並ニ内容ノ充実シテ居ル学校ハ，独リ江別及池田高等女学校バカリデハナイ」「私ヲシテ謂ハシムルナラバ，富良野町ノ実科高等女学校ハ」「百五十有余ノ生徒ヲ収容シテ，実績ヲ挙ゲテ居ルノデア」るし「富良野町ニハ中等学校ト云フモノガ一ツモナイノデ」「地理的関係カラ観マシテモ，ドウシテモ庁立

ニ移管シテ頂カナケレバナラナイ」と富良野高等女学校の移管を求める声も上がっている[24]。

　この要求に対して道庁側は「学務部長トシテノ責任上，之ニ追加予算デ爰ニ提案スルト云フダケノコトヲ言ヒ切レルダケノ勇気ヲ持タナイ」と慎重な言い回しで謝絶している[25]。このため，結果として翌年4月に，既定の池田と江別の移管に富良野，帯広が加わることになるものの，それは道会からの直接的な働きかけの結果であるとは言いづらい。移管に際してもっとも重要だったのは，道庁が示す条件を地元が受け入れるかどうかだったからである。ただ「女学校ハ各地ニ於テ年々一二移管ヲシテ，モウ競争デ各地ニ御建テニナルコトヲ希望スル」[26]という角逐状況についての発言があったことから明らかなように，地元にとっても，道会議員にとっても庁立移管は大きな関心事であった。その理由について，ある道会議員はこのように語る。

　庁立学校デアラウガ，或ハ町村立学校デアラウガ，ソレニハ何ノ甲乙ガアラウ筈ガナイ，併シナガラ庁立学校ト云ヘバ如何ニモ良イモノノヤウニ思ウテ庁立学校・庁立学校ト云ツテ押シテ行ク形ガアル，現ニ町村立ノ高等女学校ヲ庁立ニ移管スル理由ハ大体ソコニ在ル[27]

　しかし実際には，設置者の違いに「甲乙」を見出す風潮は払拭しがたく，「町立ト道庁立デハ卒業後嫁入資格ニ大差ガアル」という世評を取り上げる議員もいた[28]。移管によって経常費負担から解放されることもさりながら，「庁立学校」を手に入れる意味もまた同様に大きかった。校地校舎一切を寄付し，加えて本来であれば直ちに免れるはずでありかつ免れるべき経常費をさらに数年負担してでも（つまり実質，町立である状態が続いたとしても）庁立に移管される意義は町にとってきわめて重要だったのである。

第5節　中学校への援用

　整備の済んだ学校を順次庁立学校として移管していくというこの方式は，昭和10年代に入ると今度は中学校に援用されるようになった。この昭和戦前期に道内では町立中学校が11校設置されているが，うち終戦までに6校（苫小牧，深川，富良野，遠軽，伊達，岩内），さらに戦後新制高等学校制度発足前までに3校（本別，砂川，紋別）が庁立中学校へと移管されている（残りの池田町立中学校と江差町立中学校も新制高校発足時に北海道立へと移管されている）。最後に，中学校の費用負担者変更について若干言及しておこう。

　町立中学校を開設したこれらの町のほとんどでは，すでに高等女学校が開設されていた。そのため設立理由として男女両方の中等教育機関の必要性が取り上げられる。以下は，富良野中学校の設立申請書である。

　　時勢ノ進運ハ年ト共ニ一般町民ノ子弟教育ニ対スル関心ヲ深カラシメ……以テ曩ニ町立ヲ以テ富良野高等女学校ヲ設置シ富良野沿線唯一ノ女子教育機関トシテ之ガ経営ヲ持続中ノ処昭和八年ニ至リ北海道庁立ニ移管セラレ茲ニ於テ僅カニ女子教育施設ノミ漸ク整備セラレタルニ過ギズ多数国家ノ中堅タリ得ベキ男子々弟教育機関ハ之ニ伴ハズ跛行的不幸ノ状態ニ多年放任セラレアリテ本町民ノミナラズ本町ヲ中心トシテ囲繞スル近接関係町村民ノ洵ニ遺憾トスル処ニシテ之ガ急速実現ヲ希求スル与論澎湃トシテ抬頭シ熱烈ニ強調セラルル有様ニアリ（「富良野中学校設置認可申請書」1940年12月2日）[29]

　もともと先に見たように，高等女学校は女子を遠方に通学させることを躊躇していわば特設されたはずであった。しかし庁立高等女学校として完成してしまうと，その状態は「男女教育施設ノ跛行的現状」[30]と表現され，男子中等教育機関の不在を際立たせることに活用されている。

　またこの申請書は，最後に「徒ラニ庁立中学校ノ設置ヲ望ミ荏苒年月ヲ空シクスルノ秋ニ非ラザルヲ以テ町民ノ甚大ナル犠牲ヲモ省ミズ敢テ町立中学校ヲ

設置シ多年ノ懸案ヲ解決シ民心ノ安定ヲ計ラントスル所以ナリ」と述べ，自己犠牲感を漂わせながらも庁立学校への欲求をあえて隠していない。

あとはこれを道庁がどのように受け取るかということになるが，開設から二年後に富良野中学校は庁立に移管される。その際，道庁は「富良野中学校ハ昭和十六年度同町立ヲ以テ設立セラレタルモノナルガ其ノ入学志願者ノ状況及本道ニ於ケル庁立中学校分布ノ状況等ニ鑑ミ地方費移管ノ要望切ナルモノアリ」，と高等女学校移管の際とほぼ同様の理由を述べている[31]。

他の事例でも，道庁は「該設立町村ノ子弟ノミナラズ広ク附近町村ノ子弟ヲ収容シ之ヲ一町村ノ設立ニ委スル」ことは町立学校としての役割限度を超えているという認識を見せている[32]。このような状況は，高等女学校の移管の際，道庁はすでに経験済みであることから，町立中学校が開設された時点で，すでに費用負担者変更は町と道庁双方の行政日程に入っていたのではないかと考えられる。

さらにそれを文部省が黙認していた可能性も指摘しておく。文部省は1942（昭和17）年，町立本別中学校設置認可の際，道庁に以下のごとく通牒したようである[33]。

北海道庁長官宛
　　　北海道本別中学校設置ノ件
……標記ノ件本日別紙ノ通認可相成タル処本校ハ完成年度昭和二十一年度迄寄附金ヲ以テ経常費ノ一部ニ充当シ，完成年度以降ニ於テモ維持費ノ捻出ハ相当困難ナルモノト認メラルルニ付経営上特ニ御配意相成度（「町立中学校設置ノ件通牒案」1942年2月7日）

本別町は認可申請に際し，校舎建築といった臨時費だけではなく，開設後の経常費歳入も寄附金を当て込むという危うい経営計画を示していた。この通牒案からすると，文部省はそれを承知した上で設置を認可していることになり，「御配意」とは道庁への移管を指し示していると取れなくもない。実際本別中学校

は完成年度の1945年度末に旧学制下において庁立となっている。

　町立中学校の設置も高等女学校と同様に，それを道庁に移管して，庁立中学校を獲得するためのワンステップであったと考えてよいであろう。またこのように危うい計画のもとで町立中学校を立ち上げる背景にも，高等女学校の場合と同様，庁立志向があったことは間違いないであろう。高等女学校での経験や方法は，中学校の移管にも活かされたのであった。

第6節　庁立移管の意味

　昭和戦前期，財政能力に乏しい町が自前で高等女学校や中学校を設立する背景に，中等教育の大衆化を看取すると同時に，庁立学校への強い志向を指摘することができる。それは実科高等女学校の設置理由が独立校舎を持ち，本科変更する時点でたちまち覆され，本科が成れば今度はその直後から財政難を理由に移管運動に転じていることからもうかがえる。その移管に至る一連の流れが定形化され，組織変更や移管申請文書が学校間でほぼ共通しており，しかも道庁から文部省への副申もほとんど同様であったことを考えると，町立学校を庁立化する手法は各地で共有され，道庁もその動きを容認していたと考えてよいであろう。自前で学校を設立しても最終的にはそれを庁立移管，つまり北海道庁へ寄付するのであるから結果的には庁立学校設立に際して地元負担をしていることになる。

　大正期までの地元負担は，新設費用を道庁に寄付して庁立学校を設立させる，というシンプルなものであったが，昭和以降は住民に町立学校で教育を提供しながら，同時に庁立化に必要な財を収集していくというものである。特に高等女学校の場合，実科高等女学校が中途半端な存在であると認識されればそれだけこれを庁立学校として完成させよう，具体的には独立校舎の設置や整備のための資金を収集しようという動機づけが高い水準で維持されることになる。そして庁立高等女学校の獲得に成功すると今度は男子教育機関である中学校の設立に動き始める。整備意欲の減退は，町にとって当面越えるべき課題が，段階

第6節　庁立移管の意味　183

的かつ小出しに示されることで防ぐことができた。

　一方道庁にとってこれは，完成度の低い町立学校の費用負担者変更は容易には認めないという選択肢を持つことで，より整った庁立学校を初期費用なしに増設することができるという点で有意義な方法であった。直接に庁立学校の設置費用を地元に負担させる場合，複数年にまたがる寄付金が約束通りに完納されなかったため[34]，結局建設費の一部を北海道地方費から支出するという道庁にとっては不本意な事態が発生しかねないが，移管方式ではそのリスクを回避することができた。さらに地方費の状況によっては，移管後数年間の維持費を町に肩代わりさせる条件を提示することも可能であった。庁立移管は双方の利益の一致点であったといえる。

　ところで開設後の移管とはいえ，結局は庁立学校の設置費用を地方自治体に負担させていることになるので，明治，大正期においてみられた設置費用の地元負担と同じく，設置者と費用負担者の間には相変わらず食い違いが生じていることになる。しかも移管後も経常費を数年間町が支出するのであるからその齟齬は無視できないはずである。しかしそれを平らげているメンタリティとして，これまた連綿と続いている「庁立志向」をあげることができる。移管方式が主流となることで，地域にとって庁立学校を獲得する重要性はかえって鮮明に浮かび上がることになる。たとえば，以下のような北海道会における発言をみてみよう。

　各地ノ高等女学校ガ昇格シテ呉レトニフ運動ヲ随分起シテ居ル。私共ノ処ニモ書面デ頂戴シテ居ルノガ二・三通アリマスルガ，江差ノ学校モ其ノ一ツ。或ハ野付牛ノ学校モ其ノ一ツ。斯ウ云フ風ニ学校昇格ノ希望ガ非常ニ多イ[35]

　発言中にある江差とは先に取り上げた江差高女の移管のことである。このとき野付牛（現・北見）も庁立移管を目指し運動していたが，両町にとって町立学校を移管することは，自分たちの学校を「道庁立ニ昇格サセ」る[36]運動であ

った[37]。同じ種類の学校であっても，町立と庁立では格が違うのであり，より格の高い庁立学校を獲得することがもっとも重要な課題であった。これが庁立志向の実態であろう。

　この移管方式やメンタリティが戦後にも継承された可能性があることを指摘しておこう。戦後教育改革時，ここで見てきた中等学校の大半は北海道立の高等学校として再スタートしている。これらに続き北海道内では新学制に基づく新制高等学校が新設されるがそのほとんどは市町村立であった。それら市町村立高等学校の多くは後に北海道立へ移管されているが，その際北海道が示す厳しい移管基準をクリアする必要があった。

　つまり，大正末期からみられはじめ，昭和前期に一般化した移管による庁立（＝道立）学校の増設という手法は戦後にも継承された可能性が非常に強いのである。

　そして，この制度によって移管を望むメンタリティもまた継承されることになろう。戦後まもなくの北海道議会において道会議員は「道立移管に一日もはやくなりたいために無理な財政を都合して数千万円の町費村費をかけ，さらに無理な寄付までもら」うという「莫大な犠牲が払われて」いる状況を「高等学校の昇格問題」として取り上げている[38]。「昇格」という言葉を用いているところに新制高校になってもなお市町村立と道立との間に差を見出してしまうその意識の投影を指摘することができる。

　学校制度に大きな改革が加えられてもなお，この志向が継承されているということは，公立ならば市町村立よりも都道府県立の方が格が上という取り立てて明確な根拠のない我々の感覚が，精神的に相当深い場所で護持されていることを示しているのかもしれない。

注
1) 1910 年文部省訓令第 23 号，1910 年 10 月 27 日。
2) 文-47-3A-1838『高等女学校設置廃止認可・北海道第六冊』「北海道立富良野高等女学校

設置改称」（国立公文書館蔵，以下同じ）。
3) 文-47-3A-1835『高等女学校設置廃止認可・北海道第三冊』「北海道立池田高等女学校設置改称」。
4) 文-47-3A-1838『高等女学校設置廃止認可・北海道第六冊』「北海道立江別高等女学校設置改称」。
5) 同上。
6) 同上。
7) 「実科高等女学校ヲ高等女学校ニ組織変更ニ関スル調書」1932年12月10日。文-47-3A-1840『高等女学校設置廃止認可・北海道第八冊』「北海道立岩内高等女学校設置改称」。
8) 「高等女学校設置ノ理由」1931年2月18日。注3)に同じ。
9) 「実科高等女学校ヲ高等女学校ニ組織変更ニ関スル調書」1931年11月4日。注4)に同じ。
10) 「高等女学校ニ組織変更理由書」1932年1月22日。注2)に同じ。
11) 実科制度発足早々から「父兄及び生徒の実科高等女学校に対する感想極めて不良」で「程度の低き劣れる学校なりとの感想を有する」という状況が当の実科高女の校長によって嘆かれており，実科高女が全国的にも不人気であることはすでに十分知られていたはずである（武谷等「実科高等女学校の名称廃止論」(『教育時論』1096号，1915年9月，8頁)。
12) 「実科高等女学校ヲ高等女学校ニ組織変更ニ関スル調書」1936年12月16日。文-47-3A-1842『高等女学校設置廃止認可・北海道第十冊』「北海道立江差高等女学校設置改称」。
13) 注5)に同じ。
14) 文47-3A-1833『高等女学校設置廃止認可・北海道第一冊』「北海道立名寄高等女学校設置改称」
15) 「小学校教育施設ノ状況」1927年2月23日。同上。
16) 注14)に同じ。
17) 注4)に同じ。江別高等女学校関係の文書に綴じられているが，四校すべての移管書類が一括されている。
18) 注5)に同じ。
19) 「高等女学校ノ名称設立者変更認可申請」1930年1月28日。注14)に同じ。
20) 富良野町から北海道庁への「寄付願」。江別高等女学校関係の書類とともに注4)に所収。
21) 『北海道会第三十一回通常道会議案』(1931年)。池田については議案第41号，富良野は議案第44号でともに会期末に可決されている。
22) 佐上信一長官の発言。『北海道会第三十二回通常会議事速記録』第一号，1932年11月28日，6頁。
23) 児島銀蔵の発言，『第三十二回議事速記録』第八号，1932年12月9日，325頁。
24) 高橋日出男の発言。同上，335-336頁。なお高橋は富良野町が属する上川支庁選出の議員。また発言には富良野実科高等女学校とあるが，この年の4月すでに本科変更が完了している。

25) 後藤耕造学務部長の発言。同上，344 頁。
26) 田中喜代松の発言。『北海道会第三十一回通常道会議事速記録』第七号，1931 年 12 月 5 日，233 頁。
27) 北勝太郎の発言。『北海道会第三十四回通常道会議事速記録』第十一号，1934 年 12 月 18 日，427 頁。
28) 寿原重太郎の発言。『北海道会第三十回通常会議事速記録』第十号，1930 年 12 月 2 日，423 頁。
29) 文 47-3A-1715『中学校設置廃止認可・北海道第七冊』「北海道立富良野中学校設置改称」。
30) 同上。
31) 「北海道富良野中学校費用負担者及名称変更ノ件」1943 年 2 月 22 日。同上。
32) 「北海道砂川中学校外一校費用負担者変更及名称変更ニ関スル件」1946 年 3 月 25 日。文 47-3A-1716『中学校設置廃止認可・北海道第八冊』「北海道立砂川中学校設置改称」。
33) 文 47-3A-1715『中学校設置廃止認可・北海道第七冊』「北海道立本別中学校設置改称」。
34) 第五章第 4 節の前半を参照。
35) 村田要助の発言。『北海道会第三十六回通常道会議事速記録』第七号，1936 年 12 月 7 日，322 頁。
36) 同上。
37) 江差は当初，実科高女のまま庁立移管（＝昇格）することを求めていたようである。「町立江差実科高等女学校ヲ昭和十一年度ヨリ北海道地方費ニテ経営」することを求める 1936 年 1 月 31 日付の北海道会参事会宛て「陳情書」には，「本校ハ吾桧山支庁管内ニ於ケル唯一ノ女子中等学校ニシテ之ガ存立ニヨリ教育ノ機会均等漸ク其ノ緒ニ就キタリト雖猶一層ノ効果ヲ収メムニハ更ニ昇格シテ庁立学校トシテ経営スルニ非サレバ其ノ目的ヲ達成シ難」いとある（北海道江差高等学校『五十年史』1980 年所収，35-36 頁）。
38) 三室三雄委員の発言。『昭和二十八年第二回定例道議会予算特別委員会議事速記録』1953 年 6 月 20 日，70 頁。

終　章

研究のまとめと今後の課題

　新制高等学校制度発足直後，北海道教育委員会は一見奇妙な方針を示した。後の通達は，それを以下のように伝えている。

　一般に……北海道が設置する営造物の名称は，当該営造物の名称の頭に「道立」を冠するのであるが，道立学校については，昭和二十五年二月公立高等学校の再編成において，委員会の方針により，設置者名を表示することによつて起る学校差観念を除去するために「道立」を表示しないこととした[1]

　これによって，現在でも北海道内の大半の公立高等学校は道立，市町村立といった名称を付していないため，だれが設置者なのかを校名から判断することはできないようになっている。それは戦後教育改革をきっかけに意識的に措置されたことであり，その理由は，「設置者名を表示することによって起こる学校差観念を除去する」ためであった。

　本書では，戦前北海道における中等教育機関の整備過程を北海道会における議論を主な分析対象として考察してきたが，そこで頻繁に見られた地元住民の庁立志向は重要な検討対象の一つであった。函館に結局区立ではなく庁立の高等女学校を地元寄付で設置することを決めた第三回道会において園田長官は，「学校ノ名称ヲ区立ニスルトカ，庁立ニスルトカ云フコトハ論ズルニ足ラヌ話」なのは同感であるとしながらも，「遺憾千万ナガラ我国ニ於テハ，未ダ人智ノ

程度ガ其処ニ達シテ居ラヌ」として「信用」が高い庁立学校を設立することにした，と述べていた[2]。しかしその後も「人智ノ程度」は前進することなく，結局終戦までその「学校差観念」すなわち庁立志向を払拭することはできなかったということになる。

この庁立志向の背景には，公立中等教育機関の設置主体としては市町村よりも府県のほうが望ましいという一般的な了解を見てとることができるのであるが，それが単なる好き好みの問題を越え，望ましい設置者による学校を設けるためには本来果たす必要のない地元負担も受忍すべきと考えて費用を負担してしまう，といういびつなかたちで現れたところにこの心情の複雑さと根深さがある。そして，この庁立志向と地元負担が戦前における道内各地の中等教育機関の整備と普及を推進してきたのであった。

終章ではまず研究の総括を行い，次に序章で示した課題に即して本研究の成果をまとめた上で，今後の研究の展望について記しておきたい。

第1節　本研究のまとめ

1. 北海道会発足当初における中等教育政策論争

第一章では，1901（明治34）年に発足した北海道会における中学校と商業学校をめぐる優先論議について検討した。この北海道会で中等教育政策が本格的に論議され始めるのは全国的には中学校，高等女学校，実業学校に関する法制がほぼ整った時期であった。他府県では，中学校に対する理解が進み，中学校制度の定着，さらに中学校の増設が進みつつあった。その一方文部省は産業教育の振興を重視し，中途退学が多く，また上級学校への進学も僅少であることを理由の一つとして中学校設置の抑制と実業学校の奨励に動く。

そのため初期の道会は，他府県と同様にまず普通教育機関の設置を求める多くの道会議員と，文部省の意向に沿いつつ（また拓殖途上という北海道的な事情も考えつつ）実業学校の設置を優先したい道庁との論争の場となったのである。具体的には，主要商業地であった小樽に庁立の教育機関として中学校と商業学

校のどちらを先に開設するかという優先論議である。

この論争は，完成教育と準備教育という機能について，それをどのような教育機関でおこなうのか，そしてどのような順番でその教育機関を開設してゆくか，といった中等教育制度整備政策の本質に関わる議論であった。実際には，議場外で折衝があったことを考えると，筋書きはある程度できていたと考えるべきであるが，それでも北海道会という公の場で，当時の中等教育論争の典型が展開された意味は小さくない。

中学校を優先させるべきであるという主張には，まずは普通教育機関を設立すべきであるという中等教育整備に対する原理的な考えが認められる。そしてその汎用性とともに実際に中学校への進学希望者が多いこと（逆に既設の商業学校が不振であること）も有力な論拠として用いられた。

一方，道庁は他府県ではすでに中学校が濫設状態にあること，たとえ需要が高いとしても結局は多くの中途退学者を出し，また進学機能も十分には発揮されていないことを踏まえ，実業学校の方が実効があると判断して商業学校を提案したのであった。

対する道会の中にも，実業教育優先に同調する議員はいないわけではなかった。しかし道庁は，実業学校の中から商業学校を優先する積極的な理由を示し得ず，最終的には道会の主張を受け入れ小樽に中学校が設立されることになった。実業教育優先論は，中学校増設の抑制には効果はあるかもしれないが，ではどのような実業学校を配置していくかというそれぞれの実業学校の設置を強調しようとすると効力は急速に弱まる。まして中等教育制度全体の整備に本格的に着手しなければならない北海道において，具体的な展望を明示し得ない状態では道庁の実業教育優先論は力を持てなかったのであった。

このような正論としての普通教育優先論と実業教育優先論が，設置費用の問題に直面し急速に変質してゆくことを第二章で確認した。すなわち第二回道会では上川中学校の早期開設の費用として地元の寄付金が注目され，庁立学校設置に際しての地元負担が当然視されるきっかけとなった。その際注目すべきは，道庁自身は当初，開校時期を遅らせるものの，道所有財産である農事試験場跡

地をあてて上川中学校を設置しようとしていたことである。さらに即時開校を迫られ，その不足費用を補おうとした際にもなお財源を中学校と高等女学校の授業料値上げに求めたことに注目したい。それを上川中学校のために道民一般に負担を負わせることはあってはならないと退け，不足費用は地元が「当然負ハザルベカラザルモノ」[3]，と地方への負担転嫁を発案したのは道会の方であった。

　つまり地元負担はそれを言い出す土壌が整えられていたとはいえ，道庁が強制したものではなく，地域からの自発的行動という形で本格化していったのであった。その背後には庁立学校を獲得することを地方利益として捉える発想があることは，「上川ノ人ガ此問題ニ付イテ……道会議員ヲ買収シタイト云フヤウナ評判」[4]が喧伝されていることからもうかがえよう。

　さらに，地元が求めたのは単なる中学校や高等女学校といった教育機関ではなく，北海道庁立の学校であったことが第三回道会における函館高等女学校をめぐる議論から指摘することができる。

　第三回道会当初，道庁は「北海道教育事業計画」を示し，実業学校を庁立で設置し，普通教育機関は地方立学校を補助とするとして，実業教育を優先する方針を明確にした。普通教育であれ実業教育であれ，庁立学校設置費用を地元に負担させることは問題なのであるが，道庁はそれを選択的に用いることで自らの実業教育優先の姿勢を示すのであった。ただ道庁は，地方が中学校や高等女学校を設立した場合はそれに補助をするといっていたのだから，普通教育機関の設置を一切認めなかったというわけではない。

　しかしそのとき函館区が選んだのは，補助を受けて自力で学校を経営するのではなく，校地や開設費用を寄付して道庁に高等女学校を開設させることであった。道庁は事業計画を翻し，庁立函館高等女学校を地元負担で設置することを道会に諮問する。この諮問に応じることは，以後の庁立普通教育機関の設立には地元からの寄付が必須であるということを道会としても公に認めることを意味していた。そのため一部の議員からは強い反発が示されたが，他ならぬ函館区がそれを求めている以上，そして函館の後にも庁立高等女学校の設置を待

望する地域が控えていることもあり，道会はこれを是とする答申をすることとなった。

2．明治後期における中等教育機関の増設と地元負担

このときの道庁の方針は，先に述べたように普通教育機関の設置費用を地方に負担させつつ，自らは積極的に実業教育を振興させることにあったはずである。したがって，実業学校は名実ともに庁立として設置されるべきであった。だが第三章で見たように，第五回道会では大規模な庁立学校増設計画が論議されていく中で，実業学校も地元からの寄付で設置されるようになり，すべての庁立学校の設置に際し地元負担が前提となってゆく。このように実業学校への「援用」が追認されてしまったいちばんの要因は，道庁が単発ではなく，中学校，高等女学校，実業学校の設立を一括りにして諮問してきたことにある。道会開会後は，諮問が予定していた設置場所を覆そうという運動が起き，設置予定地の各議員はその防御に追われることになったが，結果，「『君の方にも賛成するから，オレの方にも賛成して呉れ』的運動」[5]が生じ，庁立学校全般に地方負担を求める道庁の計画を飲まざるを得なかった。

その一方，実業学校にまで地元負担を広げたことで，従来道庁が注意を払っていた中学校高等女学校といった普通教育機関と，実業教育機関の両者の区分は曖昧となってゆく。代わって庁立学校という設置者の共通性が注目され，その庁立学校設立に際し広く地元負担が求められることになったといえる。普通／実業教育機関に関わらず庁立学校の設置が重要視されたのであり，庁立志向は学校種を問わず拡大していった。

第四章では，このように実業学校にまで地元負担が広がったことが道庁の政策を大きく変えたことを指摘した。明治末年，道会はすべて地元負担を前提に中学校，商業学校，師範学校の増設を決めた。もともと初期道会で道庁が示していた普通教育を地元負担で，実業教育は北海道地方費で整備するという方針には，財源調達の方法と実業教育優先という姿勢が混在していた。しかしどの庁立学校の設置に際しても地元負担が必要だということになれば，設置される学校の種類については負担する地域の意向をうかがわざるを得ない。長く工業

学校の設置を望んでいた札幌がそれを後回しにし，進学難を理由に中学校増設を求めた結果第二中学校が先に開設されることになったのは端的なケースである。明治後期，中学校数は抑制傾向にあったためこの増設は全国的には珍しいことであったが，地元負担を全面適用してしまった結果，どのような庁立学校を設立するかについて，その地元住民が関与することになるのである。とはいえこの時には函館の師範学校までもが地元負担となったのであるから，庁立学校設置費用を地元が負担するという問題はより広がりを見せ，常態化していったことも見過ごすことはできない。

この地元負担については道庁も，「地方寄附に依ると恰かも学校を売物に出すやうなものだ」[6]とは感じていたが，短期間に複数の学校を設立するためにはその費用を地方費の外に求めざるを得なかった。さらに庁立学校を開設したとしても，今度はその維持運営に要する経常費の捻出に窮するようになる。すでに決定事項であった小樽商業学校の開設が長く遅延していたことからもわかるように，たとえ寄付金を携えてきてもその要望に即応することは難しくなっていた。その一方で庁立学校を求める地方の声は高まってゆくのであった。

3. 大正昭和初期の中等学校増設と費用負担方法の変容

第五章では，その後のいっそう高まる地域の中等学校設置要求をどのように調整しようとしたのかについて確認した。大正初期，庁立学校の増設はなかなか進まなかったが，その一方で学校の開設要求はしばしば室蘭と札幌，滝川と岩見沢といった地域間紛争にまで発展してしまい，道庁は思い切った増設の必要性を感じていた。その増設計画は当初，いわゆる道庁による「七年計画」という形で現れたが，それでも各地の開設要求を吸収することができず，結局は1921（大正10）年の道会においてアウトラインを示しつつも，諮問という形式でその調整を道会に預けることにしたのであった。

この計画もまた，開設費用は設置地域が負担するというものであったが，かつての一括諮問という形式や，寄付することで任意の庁立学校の誘致に成功したという経験から，道会は必要以上にこれを問題として取り上げる雰囲気とはならなかった。むしろ答申が実行に移される段階になると，約束通りの寄付の

励行を設置地域に強く促すという態度をとり，道会の方が地元負担に積極的な一面を見せる場面もあった。庁立学校の初期費用を地元が担うという設置方法は完全に定着したといえる。同時にこの大規模な計画が活発に議論される過程で，中学校，高等女学校，実業学校等を総称する中等学校という語がより一般的に用いられるようになった。

　さらに計画後半，財政難のため答申通りに学校の設置が進まなくなると，留萌中学校や余市中学校のように，いったん町立で発足させ，時期を見計らって北海道地方費に移管するという庁立学校の設置方法が，意識的に用いられるようになったことを確認した。

　昭和戦前期は，この移管方式が庁立学校増設の主流となる。特に盛んに行われた町立高等女学校の移管を中心にこの問題を第六章で検討した。高等女学校の場合，独立校舎が不要である実科高等女学校制度が，地方における女子中等教育の普及を支えた。ただ地方にとって実科高女の開設は独立校舎が必要である本科を設けるための暫定的な措置であり，また町立本科高等女学校への組織変更は，庁立移管に向けての準備であった。各学校の改組に関する申請書を見ても，変更理由や手続きには高い共通性が確認され，また道庁による移管申請書の表現からも，町立学校の移管による庁立学校の増設という方法が北海道内で共有されていたことを確認した。

　この方式は町で設立して現に運営されている学校そのものを北海道庁に寄付するという点で，従来行われていた庁立学校設置費用の寄付という地元負担の応用態であり，費用負担者の問題はますます見えにくくなった。加えて道庁は移管に際し高い水準での学校整備や，移管後も一定期間の経常費負担を求めてきたため，移管を望む自治体はその受け渡し前後の財政負担にも耐えなければならなかった。それを受忍させたのは，町立学校を庁立学校へ「昇格」させたいという連綿と続いてきた「庁立志向」であった。

　戦中や終戦直後になると高等女学校でみられたこの移管方式は，町立中学校の移管の際にも適用されるようになっていった。

194　終　章　研究のまとめと今後の課題

第2節　本研究の成果

1．戦前における地方議会と中等教育政策

　本研究の成果の第一として，戦前における北海道会における中等教育政策を通覧したことをまずあげておきたい。

　発足が1901年と他府県に比べ遅かったこと，そしてそれ以前には中等教育機関が僅少であったことから，北海道会は戦前における道内中等教育機関整備過程の大半の議論に関与することとなった。発足当初の道会での議員と道庁当局者との間では，中等教育段階において提供すべき教育内容とその優先順序という極めて原理的な問題が議論された。

　普通教育機関であった中学校と，実業教育をつかさどる実業学校のどちらを優先すべきか，という議論は中等教育が抱える準備教育と完成教育という二つの役割をどのように調整してゆくかという問題を検討することである。初期道会ではこの中等教育の根本原理を真剣に論議する場となった。

　中学校令改正，高等女学校令および実業学校令制定によって男女別，目的別に分岐した中等教育制度が整った状況のもとで道庁は他府県の状況を見ながら意識的に実業学校を優先しようとしたが，まずは普通教育の整備から着手すべきという初期道会の雰囲気が覆ることはなかった。優先しようとしても実業教育の場合，さらに産業別に学校を考えなければならない。当局がそれを示し得ないのであれば，なおさら地方の要求にストレートに応える普通教育機関の整備が優先されることになる。たとえ上級学校への進学者が少なかったとしても，中等教育制度全体が未整備であれば，中学校には「其レ自体ノ任務」[7]がある，という筋論が通用したのであった。

　しかし，このようないわば正攻法による中等教育機関の整備に関する議論は，道会議員が庁立学校を地方利益と捉えたとたんに後退していった。中学校が設置された地方は次に高等女学校誘致に動くであろうし，普通教育機関の整備が済めばさらに実業学校の獲得を目指すであろう。また各都市部で庁立学校の設置が進むことで，その都市間に点在する中規模自治体が中等教育の不在を自覚

して誘致運動に加わることになる。

　そのため明治後半から戦前における北海道会は，一貫して各地からの学校設置要求をとりまとめる場となった。その解決方法としては，逐年で単数校を設置してゆく重点主義ではなく，設置要求が統制不可能になる寸前で一気に複数校増設を決定してゆくという均霑主義がとられた。

　このように各地に設置すべき中学校，高等女学校，実業学校を一挙に決めようとしたことで，これらの学校の差異よりも，同じく初等教育に接続する庁立学校であるという共通性が前提となり増設計画が議論された。その過程において，分岐型学校系統を構成するこれら諸学校をひとまとめに取り扱うために，中等学校という表現が，新聞，道会議員，そして行政当局者によっても頻繁に用いられるようになった。

　2. 中等学校と地元負担

　次に，本書では，その中等学校設置に際して地元負担が常態化してゆくなかで，学校設置者と費用負担者が噛み合わなくなってゆくプロセスを解明した。

　普通教育機関に限って設置費用を地元に負担させるという方針を変え，すべての庁立学校の新設に際し地元負担を求めるようになったことで，道庁は学校種をコントロールする重要な手段を失う。その結果，庁立学校とはいいつつ，実際には地元が初期費用を負担するという設置者と費用負担者の齟齬が目立つことになる。加えて，これによりどのような庁立学校であれ設置費用は地元住民が負担しなければならなくなるため，普通教育機関と実業教育機関を同じ水準，つまり庁立中等学校として認識しやすい状況がいっそう醸成されることになった。

　その庁立中等学校を地元負担で建てることを批判する議員は常に存在していた。そもそも設置者と費用負担者が食い違うこと自体に問題があることもさりながら，地元負担がなければ設置しないということになれば，都市部に追随して庁立学校を設置しようとする中規模自治体がそのあおりを被ることになる。結果として財政力に乏しい自治体には相対的に重い負担がのしかかる。あるいは，負担能力が弱い地域には中等教育機関が行き渡らないという庁立機関とし

ての不権衡が生じることになる。

　対する道庁も，地元負担については必ずしも終始強硬な態度をとり続けていたわけではなかった。歴代長官のうち何人かが時折感じていた呵責の念からは，地元負担という財源調達方法が公教育機関設置の原則論から外れているという認識をうかがうことができる。しかし，地方からの要求を捌きれなかった結果ではあるものの，蓄積された庁立学校の設置要求を総花的に実現するためには地元からの寄付に頼らざるを得なかった。そのため，増設計画のたびに交わされる，庁立学校に地元負担を強いるのは不合理であるという道会議員からの批判と，それに対する道庁当局のさればとて無い袖は振れぬという弁解のやりとりは，地元負担以外に選択肢はないことを双方で確認するためのいわば儀礼となっていった。

　これが慣例化し長くその状態が続くことによって，庁立学校は地方費で設置するものでありその際地域には負担を求めないというごく当然のことが，逆に「敷地提供ノ負担ヲ免ルルコトトナリ他ニ影響ヲ及ホス虞」がある，つまり庁立学校は地元負担で建ててきたという前例との権衡を欠くので認められないという転倒が生じてしまうのである[8]。

　最終的にこの地元負担は，町村立学校を北海道へ移管して庁立学校を入手する，という様式にまで変形していった。地元負担については「看板は道庁がくれて一切は地方民にやらした」[9]と表現されていたが，それに倣えば移管方式による庁立学校の獲得は自分たちが作った学校の「看板」を庁立に付け替えたということになろう。

3．中等教育機関とその設置者
(1) 庁立志向の背景

　では，なぜ庁立なのか。本書ではその庁立志向への接近を試みたが，これが三つ目の成果である。まず法制上，中等教育機関の多くは道庁府県が設置者であるという前提があったことは確かである。より大きな括りでいえば，国公立学校の場合，国が高等教育，都道府県が（後期）中等教育，市町村が義務教育という現在でも通用する役割分担も了解されていたであろう。そのため，庁立

学校設置に際しての地元負担には，道庁の事業を援助したという側面は確かにある。

しかし道会初期には，函館が区立高女を設置するための費用を道庁に渡して地方費による高等女学校を求めた動きがあり，大正末期には町立中等学校を移管するための各地での奔走ぶりが明らかとなった。ここからは，道庁の政策を支援するというよりも，庁立学校に対してならばコストを支払うことにさほど躊躇しないという意識を確認することができる。道内中等教育機関の整備過程において一貫してみられたこの庁立志向はどのように説明できるであろうか。

まず函館高女の事例で典型的にみられたように，「庁立」に寄せる信用という素朴な感覚があげられる。それは後年，とりあえず町立で余市と留萌の中学校を発足させた際，早々に移管しなければ良教員の確保などに差し障りがあるのではないかという道会議員の懸念にも通じるものであり，また実際に町立だと「生徒募集上面白カラサル影響アリ」[10]として学校名から自分たちが設置したことを隠そうとする行動にも反映しているといえよう。しかも学校設置者の違いに対する敏感な反応は，本章冒頭で示したように，実は取り除かれるべき「学校差観念」を基盤としていた。

その庁立学校に寄せる信頼感は，学校の誘致が地域間で争われることでより高くなっていくかもしれない。というのは，庁立学校の獲得は，当該地がその信用ある教育機関を設置するにふさわしい場所であることが認められたことになるからである。そのためには，たとえ争奪戦への参入動機が好奇心や虚栄心と揶揄されたとしても，同じような市勢町勢にある他の自治体と庁立学校の適地であることを争うことは重要であった。そう考えると，庁立学校設置の建議案に見られる，たとえば「産業ノ殷盛ニシテ民力ノ充実セルコト全道ニ冠絶」「農耕地トシテ自ラ天然ノ恩沢ニ浴シ本道拓殖経綸上枢要ノ位置」[11]といった自らの地域に関する表現は，多分に願望を含んだ自己描写ないしは自己評価であるともいえる。庁立学校が設置されるということは，北海道庁によってその判断が正当なものであると公認されたことを意味することになろう。

さらに，庁立への移管を「昇格」としていることも重要である。このような

言い回しが成り立つためには，同じ中等教育機関であっても市町村立よりも道府県立のほうが格上なのだという了解がなければならないはずである。むろん道庁当局はこのような表現を巧妙に避けている。しかし新聞や道会議員は，しばしば移管を昇格と表現していた[12]。そしてそのような捉え方が，戦後，除去すべき「学校差観念」として是正の対象とされたのである。庁立志向とはより格上と思われる学校を自分たちの地域に設立させようとする心情であり，そのためには経済的負担をも厭わない性向であるといえよう。

(2) 道庁府県立移管と「昇格」

これがひとり北海道だけの問題ではないことについても若干言及しておこう。1918（大正7）年11月の和歌山県会において，郡立高等女学校の県立移管が検討されている。この事案は移管が求められていた和歌山市立商業学校および日高，那賀，伊都の郡立高等女学校のうち，1919（大正8）年度においては，まず日高郡立日高高女と那賀郡立粉河高女の2校を県立に移すというものであったが，この県当局の原案策定に際しては，各地方から「夜討ち朝駈け」の運動があったという。結局県は，「一年二年の経費は郡で負担するといふ条件」を示した日高と，それを上回り「向ふ五ヶ年間負担します」とした那賀を優先して移管する意向を固めてゆくのであるが，この模様を新聞は「経費を背負から今年県立の名を呉れろと云ふ」ことになると述べ，「まるで競売の様なもので何の為の県立やら頓と分らぬ」とやや批判的に報じ，来年の改選を見据えての「女子校問題を担いで次期選挙の表効能書とするらしい魂胆」を見出そうとしている[13]。しかしその新聞も，移管については「県立引直」[14]という語を用いつつも，時折「女学校引上」[15]，そして「当局もまた其昇格必要を認めて」[16]という表現を巧まずして用いている。

それは県会でも同様で，この移管案が論議されはじめると，内務部長さえも「四校ノ昇格」という県会の意向に対し今回2校を選択したのは財政的な都合やむを得ぬことでつまり「県立ニ昇格セシムルト云フコトハ思フニ時期ノ問題デア」ると述べている。県当局も県立移管が昇格であると捉えていたのであっ

た[17]。一方，地元負担で校舎を整備させてから移管するという方法に疑問を抱いていた議員は，県の判断を以下のように強烈な例えを用いながら批判した。

　唯完全デアル，生徒ノ数ガ多イト云フ為メニ県立ニシテヤルト云フコトハ，之レヲ例ヘテ申シマスルナラバ，オ前ハ別嬪ヂヤカラ乃公ノ所ノ息子ノ嫁ニ貰フテヤルオ前ハヘチヤダカラ貰ハスト云フヤウナモノデアル，ヘチヤナ者ハ何処マデモ縁組スルコトガ出来ナイ結果ニナルノデアリマス[18]

　このような北海道以外のケースにも接すると，郡市町村立学校よりも県立の方が格上である，それゆえ県立移管は昇格であるとする県立志向は全国的にも伏在していた感覚であったと考えてよいであろう。ただ1921年の郡制廃止に伴い，多くの郡立中等教育機関が半ば自動的に県立学校へと移管していったため，その後は県立移管のケースは極端に少なくなる。同時に，このように明瞭な県立志向をうかがわせるような事例の収集も極めて困難となることになる。

　対して北海道の場合，開拓を進める関係上，地方自治の発達が他府県よりも後退した地点からスタートしたことから郡は自治体としては存在せず，また開発が進展し他府県に比肩するようになったときには郡制はなくなっていた。しかしかえってそのことが，北海道において町村立学校から庁立学校への移管事例を頻出させることになり，その背景にある庁立志向を考察する機会には恵まれたといえる。

　また，「開拓が主として上からの官製開拓，官の保護政策が基調をなしていたことは，移民のあいだに官への依頼心・保護陳情性を養成し，官尊民卑の風を醸成した」ことが指摘されているが[19]，これはすでに昭和初期において，北海道に赴任した経験のある企業幹部から「一にも道庁，二にも道庁と官を尊ぶの風は，開拓使以来昭和の今日まで依然として変ずることなき北海道独特のものといつても過言ではあるまい」と評されていることであった[20]。官尊民卑は「なんらかの意味で官につらなるものが価値あるものであり，そうでないものは無価値なものという差別が，心理的にかなり明瞭に日本の近代社会につ

200　終　章　研究のまとめと今後の課題

らぬかれてい」くなかで形成された因襲であり[21]，北海道に限ったことではない。ただ歴史的な経緯から北海道ではその風潮がとりわけ強かったということであろう。

その分，北海道における庁立志向は，他府県よりもより増幅した形で現れることになった。庁立志向とは，この官尊民卑を背景にしながら，応分のコストを支払うという形で自分たちが設立に関わった学校を，国家により近いしかるべき場所においてオーソライズさせようとする行動原理といえるかもしれない。

第3節　今後の課題と展望

最後に，今後の課題を示すことで，本研究が戦前の北海道の事例研究にとどまらない問題を抱えながら展開してきたことを記しておきたいと思う。

1．戦後への継承

地元負担と庁立志向の問題は明らかに戦後に継承されている。引き続きその連続性を検討することが課題の第一となる。戦後の北海道においては市町村立高等学校の道立移管が多数確認される[22]が，これは町立中等学校を庁立移管したことと同様であろう[23]。

その際，北海道教育委員会は基準を設け，それに基づく整備を完了しなければ移管を認めないという態度をとっていた。そのため市町村が重い負担にあえぐことになり，北海道議会ではたびたびこれが問題視されている[24]。しかし，道立移管に際し自治体に過大な財政負担を強いるこの基準は緩和されるべきではないかという声に対し，道教委はこのように答えるのであった。

　道教委といたしましては，御承知のとおり，市町村立高等学校の道立移管を昭和二十三年以来昨年までに実に九十七校実施してまいったところでありますが，このうち昭和三十七年以降実施いたしました四十七校は，すべて道立移管基準によったものでありまして，こうした状況を考えますと，現状では他に及ぶ影響のきわめて大きいことなどから，この移管基準を緩和すること

はきわめて困難な問題であると考えている次第であります[25]。

　すでに多数の高等学校をこの基準で移管している以上，これを緩和することは逆に公平を失するという説明であるが，そもそもこれは地元負担の常態化によって出来した事態であり，戦前と変わらぬ構造をそこに指摘することができる。
　にも関わらず，自治体はこぞって道立移管を求め，この重い負担に耐えた。その心情について，ある道会議員は道教委への批判を込めながら以下のように代弁している。

　なぜそれじゃ道立移管するか，それはやっぱり市町村立よりも道立高校という名前が欲しいからであります。道立志向であります。それに依拠をして，それを奇貨として市町村が希望したから移管してやるんだというふうなことをおっしゃるのは，これは本末転倒ではないかというふうに思うんであります[26]。

　庁立志向は道立志向として受け継がれていると考えてよいであろう。とすれば，引き続き道立移管を昇格と受け止めていた可能性もまた高い[27]。従って，戦前との連続性という文脈で戦後の新制高等学校発足時や増設期における地元負担の問題を検討することが今後の課題の一つとなる。
　なお，この連続性の問題がひとり北海道に留まらないことも指摘しておこう。既に和歌山の事例については言及したが，郡制廃止後の昭和期でも他府県において町立中等学校を県立移管したケースは皆無ではない。たとえば，茨城県石岡町に設置されていた町立高等女学校が1938（昭和13）年に県立に移管されている。そしてその祝賀式について当時の新聞は「県立昇格祝賀式」と表現するのであった[28]。
　戦後も同様である。北海道ほどケースは豊富ではないものの，やはり町村立高等学校を県立移管した事例は確認される。宮城県の村田高等学校はその一つ

であるが，移管に際し町から県会議員に政治的な働きかけが行われたようで，その件が「村田高校県立昇格にからみまして，公金の不当授受があつた」として議会で問題にされた[29]。その際，町当局による移管にかける尋常ならざる熱意と，翻って県教委における県立高校整備計画が脆弱であることが難じられ，「新設であろうと昇格であろうとを問わず，県立高校の配置の基本的な方針，計画というものを確立」すべきことが指摘されている[30]。ここでも移管は昇格と捉えられており，その昇格のため激しい運動が展開されたのである。

結果，地元負担によって設立（さらに維持）された都道府県立学校に対し，地域が特別な所有感覚を抱くことは容易に想像がつく。「施設，設備を整えてそれを県に寄付し，県が採納する。」さらにその後の学校整備の費用も担い「県立高校といえども，実は長く長く県立移管後も地元の負担でこの学校を支えてきた」という経緯は[31]，公立高等学校の再編にあってはないがしろにできない事実であろう。

2. 地元負担の重層性

明治後期，財源を地元負担に依存する道庁の中等教育政策を批判する際，北海道帝国大学設立に際し道庁が国に多額の拠出を行ったことを念頭に置きながら，「国ハ時トシテ地方費ニ寄附ヲ求メ，地方費ハ又区長村ニ寄附ヲ求ムルト云フコトニ馴致シテ，是ガ学校計画ノ基礎トナツテ居ル」と発言する議員がいた[32]。本書で検討してきた中等教育機関をめぐる道庁（府県）と基礎自治体との関係は，高等教育機関をめぐる国と地方との関係と相似をなしているという指摘である。

県立の学校をめぐる誘致が県内の地域間で争われるのに対し，高等教育機関誘致運動が県対県，つまりは国内的な問題として展開されることは，1918年暮れのいわゆる「高等諸学校創設及拡張計画」前後における各地の活発な動向からも容易に理解できよう[33]。当時の教育雑誌は「各候補地の運動も亦一層猛烈となるや言を俟たず」として，たとえば「高等農業学校に対しては鳥取と島根とが必死の奪ひ合ひ」，高等学校については「新潟は全県一致を以て高田市を推し，長野も亦松本市を推すこととなり，非常に激烈なる運動を示しつつ

あ」る，と県と県との激しい争いを報じている³⁴⁾。その際の，「敷地及び建築費の寄附を議決し之を齎して文部省に迫まり」「今や必死と運動」する姿は，地元負担を甘受しながら北海道庁に庁立学校の設置を求めた道内の中等学校争奪戦と一致する³⁵⁾。高等教育機関の設置主体としてふさわしいのは国であるという暗黙の了解のもとで，誘致合戦はつまるところ，その国の機関の設置場所としてのふさわしさを競うことであったとすれば，中等教育機関と高等教育機関の誘致運動は同じ構造の下で展開されているといってよいであろう。

　加えて，この誘致運動の熱狂の中で費用負担者の問題が閑却されていくであろうことを予想するならば，国立高等教育機関の設置過程を地元負担という角度から考察する作業は本研究の延長上に位置しているはずである³⁶⁾。

　そしてこの問題もまた，きわめて現代的である。北海道内では戦後も移管という形態で，道立高等学校設置の費用を実質的に地元が負担するという状態が続いたことを指摘したが，他県でも県立高等学校を新設する際，その費用を設置地方が税外負担として支払う事例は数多く確認できる。しかも当初は文部官僚までもが県立高等学校の「新設の場合には校舎，敷地，施設等を地元の市町村に負担させることが慣例となっている」と述べ，この状況を当然と受け止めており³⁷⁾，1960年代初頭にこの新設高等学校への地元負担の問題はピークを迎える³⁸⁾。

　折しもこの時期，国は高等専門学校制度を発足させてこれを国立学校として開設するという政策を展開していた。これに呼応して各地で国立高専誘致運動が活発となり，敷地の提供や開校前のインフラ整備といった地元負担が競われた。文部省もそれを前提に概算要求を行ってしまったためこれが国会で問題となっている。校地の取得費を計上しなかった理由を質された当時の文相荒木萬壽夫は，以下のように弁明した。

　　国立の学校等を設置しますときに，地元でそれを提供してもらうというのは明治以来の慣行だ。文部省もそう思い，大蔵省もそう思い，地元一般もそう思っておるというふうな話が出まして，それならば，土地の関係の概算要求

はつけないで，概算要求をしようという内容が，今概算要求として出ているわけであります[39]

　本書で検討したように，中等教育機関設置に際する地元負担は明治以来から続いてきた。同様に，国立高等教育機関設置に対する地元負担もまた「明治以来の慣行」であった。そして両者の，「文部省の国立の施設である国立高専をつくる場合には」「都道府県において寄付をしてもらう，そうして都道府県の県立の高等学校をつくる場合には」「その希望に即してそこの地元市町村に寄付をしてもらう」[40]という重層的な関係も戦後に引き継がれることになったのである。

　ことほどさように，設置者と初期費用負担者の齟齬は，広範囲にわたるしかも長期間の問題であった。それにも関わらず，これが根本的な吟味の対象とはならなかったことは，今後，重い課題として先鋭化するものと思われる。そもそも，設立に当たって費用を負担したり，移管を望んで設備を整えてきた側にとって，その後の持続はほとんど疑われなかったであろう。むしろ自分たちの負担によって永続性のある学校を獲得できたと考えたはずである。しかし現在，それら都道府県立高等学校はおしなべて縮小再編の対象となっている。北海道の場合，245校あった道立高等学校は2000年代に入ると生徒数の減少を理由に再編が進み，現在まで五分の一にあたる50校近くが廃校あるいは合併によって閉校となっている。その多くはかつての町村立を移管した高等学校や，戦前地元負担によって設置された庁立学校の系譜を引く高等学校である。かつて費用負担に応じた際，地元がこの事態を予見していたとは考えられない。

　教育機関，とりわけ非義務教育の学校は誰によって設立され，誰によって維持運営されるのが適当であり望ましいのか。このような公立高等学校の状況に加え，国立大学の法人化に代表されるように高等教育の再編も進行する中で，学校の永続性を覆すような場面は珍しくなくなっている。どのように再編し，場合によってはどのように閉じるのが適切であるのか。その際には単に経済的な負担だけではなく，その負担に込めた学校に対する期待や負担によってその

地域に学校が設立される意味をも含めての精算がされなければならないはずであり，そうだとすれば設置に際しての費用負担者の問題はこれからも問われ続ける必要があると考えるのである。

注
1)　教第109号「北海道立の高等学校及び盲学校ろう学校設置規則外三件の一部を改正する規則の施行について（通達）」1952年4月8日。
2)　『北海道会第三回通常会議事速記録』第五号，1903年11月16日，72頁。
3)　『北海道会第二回通常会議案第十号乃至十四号調査委員会筆記録』第二号，1902年11月9日，4頁。
4)　『第二回議事速記録』第十号，1902年11月14日，176頁。
5)　「道会雑俎（学校問題）（続）」『北海タイムス』1905年11月9日。
6)　「佐藤道議報告（四）学校問題（二）」『釧路新聞』1911年12月22日。
7)　『北海道会第一回通常会議案第一号外十件調査委員会議事筆記録』第三号，1901年11月5日，27頁。
8)　『大正十二年第六回道参事会会議録』1923年6月20日。十勝農業学校設立の際に北海道庁は帯広町から敷地の寄付を受けたが，その敷地内には官有地が含まれていた。結局道庁は，その部分について国から無償譲渡を申請して認められている。参事会は，これによって一部分でも帯広町は寄付を免れることになり，それを「他ニ影響ヲ及ホス」と警告したのである。
9)　上畠彦蔵『道政七十年』報文社，1941年，62頁。
10)　「北海道苫小牧町立高等女学校名称変更ノ件認可申請」（文-47-3A-1833『高等女学校設置廃止認可・北海道第一冊』「苫小牧高等女学校設置改称」1925年10月16日）。
11)　前者は岩見沢町への「中学校設立ニ関スル件」，後者は愛別村への「農林学校設立ニ関スル件」の建議案である（『北海道会第十九回通常会議事速記録』第十六号，1919年12月14日，411頁および420頁）。
12)　たとえば，町立高等女学校の移管を求める声を「昇格シテ呉レト云フ運動」として北海道会で紹介している議員はその際，「道庁立ニ昇格」という表現を用いている（村田要助の発言。『北海道会第三十六回通常会議事速記録』第七号，1936年12月7日，322頁）。また新聞も中等教育機関増設を決定した道会答申を「町村立中等学校の設立を奨励し，適当の時期に庁立に昇格するの方法を慫慂」していると評価しており（「道会の成績　空前の大予算」『北海タイムス』1921年12月18日），心情的に移管を「昇格」と捉える風潮は強かった。
13)　「五年は七年先でもと嫁入仕度を急ぐ粉河橋本日高の三女学校　運動の裏に選挙準備」『和

歌山新報』1918 年 9 月 17 日。
14)「二高女県立引直」『和歌山新報』1918 年 10 月 12 日。
15)「県会見聞」『和歌山新報』1918 年 11 月 21 日。
16)「両郡立高女県立引直」『和歌山新報』1918 年 11 月 5 日。
17) 内務部長竹井貞太郎の発言。『大正七年通常和歌山県会議事速記録』第六号, 1918 年 11 月 26 日, 20-21 頁。
18) 山崎伝之助の発言。同上, 19 頁。
19) 榎本守恵『北海道開拓精神の形成』雄山閣出版, 1976 年, 214 頁。
20) 上原正道『北海道樺太見聞記』1932 年, 21 頁。
21) 鹿野政直『明治の思想』筑摩書房, 1964 年, 44 頁。
22) すでに統廃合されたものもあるが, 1948 (昭和 23) 年以降, 北海道立に移管された市町村立高等学校は 120 校近くにのぼる。
23) 付言するならば, 町村は独立校舎の不要な定時制高等学校 (第二種高等学校) を設置し, 次に独立校舎を建設してこれを第一種高等学校として道教委から認可を受ける (「市町村立高等学校 (定時制の課程) の設置認可方針臨時特例」1953 年北海道教育委員会告示第 26 号)。第一種の定時制高等学校を一定程度自力で運営することにより, これを全日制に組織変更することができた (「市町村立高等学校 (通常の課程) の設置認可方針」1952 年北海道教育委員会告示第 53 号)。そして北海道は全日制町村立高等学校の移管しか受け入れないという方針を示していた (「市町村立高等学校を道に移管するときの基準」1952 年北海道教育委員会告示第 56 号)。これは, まず小学校に実科高女を併設し, 独立校舎を建ててこれを本科に変更し, しかる後に道庁へ移管するという戦前の庁立高等女学校の獲得方法とほとんど同じである。
24) たとえば,「浜益村立高校などが道立への移管を希望しているようであります。しかし, 基準があってなかなかそう簡単ではないようですけれども, 本来, 高校という問題は道の責任で解決をしなければならないとすれば, これらの基準の問題についても再考すべきではないだろうか。そして, 特に, こういうような高校の校舎の整備を進めるというようなことになると費用の問題でたいへんであります。」という発言 (山科喜一の発言。『北海道議会昭和 49 年第 4 回定例会会議録』5 号, 1974 年 12 月 18 日, 517 頁)。
25) 教育長山本武の答弁。同上, 528 頁。
26) 小田原要四蔵の発言。『北海道議会昭和 55 年第 1 回定例会会議録』13 号, 1980 年 3 月 18 日, 452 頁。
27) そのため「道立移管の整備条件に合致した高校から順次昇格させる」べきであるという発言が出ることになる (木下一見の発言。『北海道議会昭和 54 年第 2 回定例会会議録』8 号, 1979 年 7 月 14 日, 361 頁)。
28)「石岡高女昇格祝賀会挙行」(『いはらき』1938 年 4 月 28 日)。なおこの移管は実科から本科への組織変更を伴うものであったため, こちらの昇格を祝するという側面もあったと

思われるが，町当局の記録でも，「懸案タリシ女学校県移管ハ」「本年ニ入リ諸般ノ準備手続ヲ進メ愈々四月一日ヨリ県立石岡高等女学校トシテ開校シタリ同校ノ昇格ハ独本町ニ限ラス関係町村ノ切望スル所ニシテ」「四月二十七日ヲ以テ官民多数ノ参列ヲ得テ昇格祝賀式ヲ挙行シタリ」と記録されており（「昭和十三年石岡町事務報告書」『石岡市史中巻Ⅱ』1983年所収，262頁），県への移管を昇格と捉えている側面も強い。

29) 平野博の発言。『宮城県議会昭和41年6月定例会（第123回）会議録』2号，1966年7月1日，43頁。
30) 曽根冨二男の発言。同上3号，1966年7月4日，77頁。
31) 原貞次郎委員の発言。「第7回高等学校改革プラン推進委員会（第二推進委員会）議事録」（長野県教育委員会高等学校改革プラン推進委員会，2005年9月7日，25-26頁）。http://www.pref.nagano.lg.jp/kyoiku/koko/gakko/saihen/joho/iinkai/documents/giji07_2.pdf，2014年10月10日閲覧。
32) 村田不二三の発言。『第十八回北海道会通常回議案第一号調査委員会議事速記録』第二号，1918年11月30日，12頁。
33) この経緯については，伊藤彰浩「『高等諸学校創設及拡張計画』の成立」（『戦間期日本の高等教育』1999年，玉川大学出版部，20-50頁）が詳しい。
34)「新設学校敷地選定」『教育時論』1176号，1917年12月，13頁。
35)「直轄学校争奪戦」『教育時論』1166号，1917年9月，43頁。
36) 高等教育機関拡張時において，各県がこぞって寄付に応じようとしていることについて，当時の文部次官田所美治は「学校の設立費に就ては五十万百万の大金を各県競ふて寄附するの有様なれば文部省としては事業計画上頗る便利とする所なり」と語ったと報じられている（「学校問題の前途」『読売新聞』1917年9月9日）。
37) 内藤誉三郎『教育財政』1950年，誠文堂新光社，89頁。
38) 1962年11月に全国高等学校長協会は，文部・自治両大臣宛に「公立高等学校の新増設に対する地元負担解消に関する行政指導方要望について」を提出しているが，そこでは「高校施設の新増設に際し設置者たる道府県から相当額の地元負担を強要される傾向」とそれに伴い学校長が「地元負担金調達に奔走せざるを得ぬ立場に立たされ」ていることが述べられている。その上で設置費用については，「設置者において全額支弁し，地元負担を強要することのなきよう，強力に行政指導を講じていただきた」いとしている（全国高等学校長協会『全国高等学校長協会30年史年表資料編』1980年，72頁）。
39)『第39回国会参議院文教委員会会議録第4号』，1961年10月23日，4頁。
40) 村山喜一の発言。『第43回国会衆議院文教委員会議録第7号』1963年3月1日，7頁。

あ と が き

　本書は，筑波大学博士(教育学)学位論文『戦前北海道における中等教育制度整備政策の研究─庁立学校の設置過程と北海道会』(2013年3月25日)を加筆修正して，平成26年度の科学研究費補助金研究成果公開促進費の助成を受け刊行するものである。各章についての初出は次の通りである。

第一章「開拓期北海道庁の『義務教育後』教育政策に関する考察─特に北海道会における論議とその影響に注目して─」『教育行財政研究(関西教育行政学会)』第23号，1996年

　　　「第一回北海道会における庁立学校整備政策とその決定過程─小樽中学校の設立をめぐって─」『筑波大学教育学系論集』第35巻，2011年

第二章「明治後期北海道における中等学校整備政策と北海道会─自賄主義の定着過程に注目して─」『日本教育行政学会年報』第23号，1997年

第三章「一九〇五年第五回北海道会における中等学校増設計画とその決定過程」『日本教育史研究(日本教育史研究会)』第18号，1999年

第四章「明治末期の北海道における中等学校整備政策とその実施過程─学校種統制手段としての自賄主義の破綻─」『教育制度学研究』第8号，2001年

第五章「大正期北海道における庁立中等学校整備政策─設置方法の転換に注目して─」『日本教育経営学会紀要』第51号，2009年

第六章「昭和前期の北海道における公立中等学校とその移管問題─設置者変更による庁立学校の設立方法に注目して─」『日本教育行政学会年報』第33号，2007年

1

　この研究テーマへの着手が，1994年の科学研究費奨励研究「開拓期北海道における『義務教育後教育』制度形成過程に関する研究」の採択からだとしても，前年1993年秋には申請のために構想を練っていた訳であるから，足かけ二十余年，まさに蝸牛の歩みである。

　ところで，この課題名からもわかるように，はじめ北海道の中等教育制度の整備過程に着目したのは，明治期に，義務教育後に提供されようとしていた分岐型の学校系統が実際にどのように受け止められ整えられたのか，中等教育制度の整備を議論している北海道会の議事録の発言からそれが確認できるのではないか，と考えたためである。確かに道会初回の道庁道会の論争は予想以上に熱っぽく展開されていた。その論争について考察したのが第一章の初出の1996年の論文である。

　しかし道会は回を重ねるごとに論争の舞台から，地方利益としての庁立学校の争奪を調整する場となっていき，庁立であるにもかかわらず，新設費用を地元が負担することが常態化していった。学校設置に際しての地元負担とそれを支える庁立志向は，その後経時的に速記録を分析していく中で，もう一つの重要な検討対象として浮上することになった。ようやく戦前までの検討を一通り終え，これらをとりまとめようとしたとき，第一回目の道会については，当初分析した中等教育論争に加え，院外での折衝を含めた議事進行過程を確認することが研究に決着を付ける上でどうしても必要となった。発表時期としてはもっとも新しい2011年の論文が第一章のもう一つの初出となっているのはそのためである。

　遅遅とした研究の歩みがさらに研究のまとめを遅らせることになったという反省もあるが，一方で，じっくり取り組んだことで，結果的に問題意識を深めたり広げたりすることができたのかもしれない，という言い訳じみた気持ちもある。

2

　北海道の教育については，筑波大学第二学群人間学類在学時から関心を寄せ

ており，卒業論文や修士論文では北海道開拓時代の初等教育制度をテーマとして取り上げた。北海道出身である筆者にとって，北海道をテーマとすることはごく自然なことであった。

　それがどのくらい自然なのかというと，指導いただいた諸先生や先輩後輩諸氏からの「なぜ北海道なのか」という問いに対し，満足させられる答えを用意しないままここまで至ってしまった程度に，である。その間，この問いは絶えず浴びせかけられてきたが，これに対し，北海道は方法でもあり，また目的でもある，と要領を得ない返事しかできなかった。しかし，この'あとがき'という場であれば，単に愛着という言葉に留まらない，名状しがたい北海道への思いが常に研究の底流にあった，という吐露は許されるかと思う。同時に，なぜ北海道なのか，その明確な問いを獲得した瞬間，自分は研究する意欲を失うのではないかという気がして，その問いにまともに向き合うことを避けてきたということもこの場を借りて告白しておきたい。

　物心がついたとき，すでにエネルギー政策の転換により，北海道は勢いを失い始めていた。相次ぐ炭鉱の閉山，ローカル線の廃止といった衰退を目の当たりにしながら私は高校を卒業して道外の大学へと進学した。道立高等学校が数多く閉校していることを本論で述べたが，社会インフラの縮小というこの傾向は今後も続いていくだろう。それを見守ることしかできないという負い目のような感覚も，研究動機の歯切れを悪くしているのだと察していただければ幸いである。

3

　ライフワークと言えば聞こえはよいが，いささか時間がかかりすぎではなかったか，という気持ちはやはりある。それがどれほど長いものであったのかは上述のような問題関心の拡大や変容にも表れているが，研究の途上で執筆道具がワープロ専用機からパソコンに交代したり，史資料の撮影手段が銀塩カメラからデジタルカメラに変わったりと，研究ツールがめざましい勢いでより使い勝手のよいものへ進化していったことからもうかがえる。

　この間，勤務先も転々とし，結婚して子どもが生まれた。実は第二章，三章，

四章の初出論文の執筆時期は，三人の息子たち（蒼・陽・醇）の出生前後と重なっている。生まれて間もない彼らを背負ったり抱きかかえながらダイニングテーブルでノートパソコンに向き合っていたあの時間は，なにものにも代えがたい大切な思い出である。

　本研究の遂行に当たっては，さまざまな方面からご指導，ご助言，ご支援を賜った。院生時代からずっと私の研究を見守ってくださった教育制度学研究室の桑原敏明先生にまず感謝申し上げたい。同様に，日本教育史研究室の斉藤太郎先生にもお礼申し上げる。桑原先生からは，「こう考えたらどうか」，斉藤先生からは「やってみればいいんじゃない」というオンオフ交互のご指導をいただいたと感じている。また教育行政学研究室の高倉翔先生には，研究の進捗についていつも気にかけていただいた。その一方，同じように暖かいご指導とご支援をいただいていた，真野宮雄先生，下村哲夫先生はすでに故人となられ，直接完成をご報告できなかったのは不徳の致すところである。総じて院生時代から，筑波大学教育学系（現在の人間系教育学域）の多くの先生方に目をかけていただいた。学系には，教員全員で学生・院生の面倒を見る雰囲気があったと思う。その伝統が続くことを切に願う。

　院生の先輩後輩の各氏からも研究会や酒席で数え切れないほどの硬軟とりまぜた激励とご指導をいただいた。河原国男，秋川陽一，野津隆志，西山薫，猿田真嗣，藤井穂高，池田賢市，藤田晃之，宮崎孝治の各氏には厚くお礼申し上げる。

　また，学位論文の審査に当たっては，窪田眞二先生，手打明敏先生，伊藤純郎先生，浜田博文先生，平田諭治先生に懇切なご指導をいただいたことを記しておく。

　他にも，最初の赴任先でご自身の経験も踏まえながら何度も学位の取得をすすめてくださった故前田三郎先生，自立して研究することの大切さを教えていただいた関西教育行政学会とその会員の皆様，若さに任せて教育学と教育学教育，教職教育の接点をともに求め続けてきたTEES (Teacher Education and Educational Science) 研究会のメンバー，そして研究者として志を同じくした日本

教育史研究会世話人同期の皆様にも深くお礼申し上げる次第である。

　さらに，テーマの性質上，史資料の有無やアクセスは研究を進める上で決定的であるが，これにも恵まれていたことに感謝したい。なかでも，本研究に必須であった北海道会議事速記録を自由に閲覧接写することを許してくださった北海道議会図書室，貴重な行政資料や数多くの道内新聞のマイクロフィルムを保管している北海道立文書館，オンラインデータベースの構築により容易に学校関係の許認可文書の閲覧を可能としていた国立公文書館の存在は大きかった。北海道立図書館，札幌市中央図書館，市立小樽図書館，市立釧路図書館，函館市中央図書館といった道内の公共図書館，筑波大学附属図書館，北海道大学附属図書館，名古屋大学附属図書館など多くの大学図書館にも大変お世話になった。あわせて謝意を記しておきたい。

4

　確たる展望もないまま大学院への進学することを許してくれた父忠と母征子にも感謝しなければならない。父に直接報告できなかったのは残念であるが，本書を仏前に捧げたいと思う。

　最後に，思いついたらすぐに北海道に史料を求めに渡ってしまい，帰ってくるなり今度は研究室からなかなか戻ってこないという無茶ぶりを文句も言わずに支えてくれた，そして誰よりもまずこの人にわかってもらえなければ意味はないのだと，身振り手振りを交え，必死で研究の構想や，結論の腹案を話す私に根気よく付き合ってくれた妻，正代に心から感謝の意を表したい。

2014 年 10 月

　　　　　　　　　　　　　　　　　　　　　　　　　　　大　谷　　奨

索　引

あ行

旭川工業学校　141
移管　3, 10, 13, 14, 25, 145-147, 151, 161, 174, 176, 177, 180, 183, 196, 204
池田高等女学校　178
一級二級町村制　30
岩内高等女学校　144
岩見沢高等女学校　145
江別高等女学校　178
大蔵省　31
小樽教育会　44, 49
小樽高等商業学校　115
小樽高等女学校　81
小樽商業学校　24, 33, 81, 105, 107, 115, 117, 118, 123, 192
小樽新聞　13, 90
小樽中学校　31, 33, 36, 38, 43

か行

外国語　165
海派　12, 46, 47
加設科目　165
学校差観念　188, 197
学校設置者　3, 8, 195
上川高等女学校　81, 109
上川(旭川)中学校　23, 53, 55, 58, 63, 64, 189
官尊民卑　199
関東大震災　25, 145, 151
起債　171
貴族院　30
喜多方中学校　9
教育課程　165
教育機会均等　2
教育費　7, 22, 31, 32
均霑主義　195
釧路高等女学校　132
釧路新聞　13, 113
釧路中学校　24, 81, 100, 105, 107, 109, 114, 117, 118, 129

経常費　87, 152, 153, 178, 181, 183, 193
県立移管　153, 198, 199, 201
向学心　172
高等教育会議　163
高等諸学校創設及拡張計画　202
高等女学校　19
高等女学校令　2, 4, 20, 163, 194
高等専門学校　203
国立公文書館　161

さ行

裁縫　165
札幌工芸学校　132
札幌高等女学校　31, 33, 50
札幌第二中学校　105, 107, 119, 129
札幌中学校　31
札幌農学校　35
三県一局時代　85
参事会　12, 13, 29, 146
参事官　43, 63
三省訓示　106
視学官　34, 39, 45, 105
市制　30
市町村立高等学校　162, 200
実科高等女学校　162, 163, 169, 182
実業学校　19
実業学校令　2, 6, 194
実業補習学校　167-169
地元利益　17, 24
就学率　2, 4
自由党　29
授業料　60-62, 83
昇格　151, 153, 184, 193, 197, 198, 201, 202
松月組　121
新制高等学校　2, 7, 25, 180, 184, 187
数学　165
政友会　12, 121, 133, 140-142
設置者　68, 152, 161, 183, 187, 204
設置者負担主義　3

設置者変更　175
戦後教育改革　187
空知農業学校　109, 135

た行

退学　35, 37, 38, 189
高島（小樽）水産学校　33
滝川中学校　132, 136, 137, 144
単線型　7
地方長官会議　37
地方費教育施設ニ関スル件　24, 129, 140, 154
地方利益　7, 12, 13, 63, 74, 190, 194
中学校　19
中学校令　1, 2, 4, 18, 194
中等学校　2, 6, 131, 140, 153, 154, 161, 193
中等学校令　6
中等教育史研究会　21
町村制　30
庁立移管　131, 143, 146, 148, 150, 152, 162, 165, 179, 182, 193, 200
庁立学校　3, 7
町立高等女学校　25, 151, 152, 174, 193
庁立志向　11, 25, 72, 75, 125, 150, 151, 162, 183, 187, 188, 191, 193, 196-201
町立中学校　25, 147, 152, 154, 180, 182, 193
十日町中学校　8
道立移管　200
道立志向　162, 201
苫小牧工業学校　155

な行

内務省　31
内務部長　117, 138, 140, 142, 150, 152, 198
長岡中学校　3
名寄中学校　141
日露戦争　98
根室実業学校　96, 110, 112
根室商業学校　81

は行

函館高等女学校　53, 65, 190
函館師範学校　105, 107, 118
函館商業学校　3, 39

函館新聞　13
函館中学校　31, 39
函館日日新聞　13
函館毎日新聞　13
原敬内閣　129
費用負担者　8, 152, 161, 183, 193, 195, 204, 205
費用負担者変更　177, 181, 182
複線型　1, 4-7, 15, 17, 20, 22, 23
複線型教育制度　2
府県制　29, 40
富良野高等女学校　179
富良野中学校　180
北海タイムス　42, 73, 89, 109
北海道（道会）　1, 4, 5, 7, 22, 29
北海道会議事速記録　5, 11
北海道会法　29, 40
北海道教育委員会　187, 200
北海道教育会　48
北海道教育雑誌　31, 46
北海道教育事業計画　67, 98, 190
北海道区制　30
北海道十年計画　31, 33, 34
北海道地方費　12, 30, 32, 68, 145, 152, 162, 183, 191, 193
北海道地方費法　29, 31
北海道帝国大学　202
本別中学校　181

ま行

丸新組　121
水海道中学校　8
室蘭高等女学校　132, 143
室蘭商業学校　145
室蘭中学校　132
文部省　49, 106, 129, 161, 181, 188, 203

や行

余市中学校　131, 193

ら行

陸派　12, 46, 47
留萌中学校　131, 141, 193

〈著者紹介〉

大谷　奨（おおたに　すすむ）

1963年　北海道上砂川町に生まれる
1986年　筑波大学第二学群人間学類卒業
1990年　筑波大学大学院博士課程教育学研究科退学
　　　　大阪女子短期大学，摂南大学，旭川医科大学を経て
現　在　筑波大学人間系教育学域教授，博士（教育学）
専　攻　教育制度学

〈主な著書〉

『「大学における教員養成」の歴史的研究』（共著，学文社，2001年），『近代日本中等教員養成に果たした私学の役割に関する歴史的研究』（共著，学文社，2005年），『高等学校学習指導要領VS大学入試』（共著，東北大学出版会，2012年）

戦前北海道における中等教育制度整備政策の研究
―北海道庁立学校と北海道会―

2014年11月25日　第1版第1刷発行

著者　大谷　奨

発行者　田中千津子　〒153-0064　東京都目黒区下目黒3-6-1
　　　　　　　　　　電話　03(3715)1501(代)
発行所　株式会社 学文社　FAX　03(3715)2012
　　　　　　　　　　http://www.gakubunsha.com

Ⓒ SUSUMU Otani 2014　　　　　　　印刷所　新灯印刷
乱丁・落丁の場合は本社でお取替えします。
定価は売上カード，表紙に表示。

ISBN978-4-7620-2485-6